高等院校立体化创新经管教材系列

电子商务案例分析
(第 2 版)

邵　婷　姜红波　主　编
黄飞飞　李　煊　陈葵花　副主编

清华大学出版社
北京

内 容 简 介

"电子商务案例分析"是为电子商务高年级本科生开设的一门综合性专业课。随着我国电子商务的迅速发展，需要通过案例研究，使学生在调查、讨论与实践的基础上更深入地理解主流的电子商务运作模式并进行创新性的思考。

本书以"培养学生发现问题、分析问题和解决问题的能力"为中心，案例选择体现"扎根中国，融通中外，立足时代，面向未来"的要求，以国内案例为主，国外案例为辅，融合了传统及新兴电商模式，有助于读者全面了解电子商务的现状及发展趋势。本书除了介绍传统的网络零售、B2B 电子商务模式外，还引入对 O2O 与新零售、跨境电商、社交电商、新媒体电商、共享经济等新模式的探讨。案例注重融入课程思政内容，引导学生关注企业的社会责任、电商助农、乡村振兴，以及"一带一路"倡议等重要议题，最终从实践和学术两个方面阐述电子商务的发展现状及未来研究方向。

本书是由长期运用案例教学法的闽台高校电子商务教师及有实战经验的电商从业人员共同打造的理论与实践相结合、可操作性强的电子商务案例分析教程。另外，本书还附有教学课件及教学视频等配套资源。本书既可作为高等院校电子商务专业学生的案例分析教材，也可作为电子商务从业人员和创业者进行案例研究的参考资料。

本书封面贴有清华大学出版社防伪标签，无标签者不得销售。
版权所有，侵权必究。举报：010-62782989，beiqinquan@tup.tsinghua.edu.cn。

图书在版编目(CIP)数据

电子商务案例分析 / 邵婷，姜红波主编. -- 2 版. -北京 ：清华大学出版社，2024.10(2025.2 重印).
(高等院校立体化创新经管教材系列). -- ISBN 978-7-302-67186-2

Ⅰ. F713.36

中国国家版本馆 CIP 数据核字第 2024X59M54 号

责任编辑：陈冬梅
封面设计：刘孝琼
责任校对：吕春苗
责任印制：刘海龙

出版发行：清华大学出版社
网　　址：https://www.tup.com.cn, https://www.wqxuetang.com
地　　址：北京清华大学学研大厦 A 座　　邮　编：100084
社 总 机：010-83470000　　邮　购：010-62786544
投稿与读者服务：010-62776969, c-service@tup.tsinghua.edu.cn
质量反馈：010-62772015, zhiliang@tup.tsinghua.edu.cn
课件下载：https://www.tup.com.cn, 010-62791865

印 装 者：三河市铭诚印务有限公司
经　　销：全国新华书店
开　　本：185mm×260mm　　印　张：14.75　　字　数：358 千字
版　　次：2019 年 11 月第 1 版　2024 年 9 月第 2 版　　印　次：2025 年 2 月第 2 次印刷
定　　价：48.00 元

产品编号：101915-01

前　　言

中国共产党第二十次全国代表大会的报告明确指出，要办好人民满意的教育。教育是国之大计。培养什么人、怎样培养人、为谁培养人是教育的根本问题。育人的根本在于立德。全面贯彻党的教育方针，落实立德树人根本任务，培养德智体美劳全面发展的社会主义建设者和接班人。坚持以人民为中心发展教育，加快建设高质量教育体系，发展素质教育，促进教育公平。本书在编写过程中力求深刻领会党对高校教育工作的指导思想，认真执行党对高校人才培养的具体要求。

"电子商务案例分析"是为电子商务相关专业本科生开设的一门综合性专业课，也是教育部高等教育教学指导委员会规定的专业必修课。通过本课程的学习，让学生熟悉较多的电子商务实例，为学生提供分析、评估电子商务项目的方法，从而使学生在调查、讨论与实践的基础上更深入地理解电子商务运作模式并进行创新性思考。在教学过程中，学生通过自主学习交流及师生互动，能够提升学习的积极性和有效性。

本教材以"培养学生发现问题、分析问题和解决问题的能力"为核心，案例以国内为主，国外为辅，体现"扎根中国，融通中外，立足时代，面向未来"的特点，融合了传统及新兴电商模式，有助于学生全面了解电子商务的现状及发展趋势。在全面介绍案例背景的基础上，以商务模式为主，结合网络经济学、物流与供应链管理等课程涉及的理论，从每个案例中提取若干个值得深入探讨的问题进行阐述。与第一版相比，将互联网金融章节调整为近年来发展迅猛的新媒体电商；案例调整优衣库为本土优秀企业九牧，调整饿了么为更具代表性的美团。并配有教学视频等丰富配套资源。

在课堂教学中，建议采取基于师生互动的教学模式，分为以下几个步骤。

1. 电子商务模式阐释

讲授本书第一章内容时，教师应对其定义、分类、特征应用等基本问题进行系统的讲解，使学生在理解电子商务案例分析模型的基础上，对每一类电子商务模式都有所了解。以加深学生对该类模式的理解和认识。

2. 电子商务案例示范

在阐释电子商务模式内涵的基础上，教师可选择书中的典型案例，按照电子商务案例分析模型进行示范讲解，重点分析其商务模式，使学生掌握案例分析的方法和视角，加深对电子商务模式和电子商务应用的理解，力求达到举一反三的效果。

3. 基于团队的师生互动研讨

当前，互联网已经成为一种不可或缺的学习工具，而团队学习与分享已经成为学习型组织的一种重要工作模式。这种基于互联网和团队的学习主要包含以下 4 个阶段。

(1) 组建团队。

学生在开始学习电子商务案例分析课程时，在教师的指导下进行分组，每组以 3～5 人为宜，由组长组织本团队成员完成案例分析的任务。

(2) 团队实践。

各团队就选择的案例展开分析，分工协作完成资料收集、案例调研、分析整理、归纳总结等。在这一阶段的工作中，要充分利用互联网来收集资料，熟悉案例甚至亲自体验，也可利用本教材配套的知识图谱进行学习，以培养学生整理资料、发现问题、分析问题的能力。

(3) 演示答辩。

学生将本组选择的案例分析内容制作成 PPT 在课堂演示，由老师组织现场答辩，并引导学生就案例分析发现的问题进行讨论，实现进一步交流共享。通过小组间的探讨、互相启发，逐步得到大体一致的意见，最后教师结合课堂讨论做出总结。

(4) 课后讨论。

课后，学生还可通过以下两种方式继续进行讨论和分享。

① 创建电子商务案例讨论群组。任课教师可以在微信、QQ 等平台创建电子商务案例分析课程讨论群组，对案例延伸的问题进行讨论。

② 利用"电子商务案例分析"在线课程。任课教师可组织学生加入智慧树网中本教材对应的在线课程，在问题讨论板块进行交流探讨。

最后，要求各组学生写出案例分析的书面报告，以培养和提高学生的综合分析、总结和书面表达能力。

本教材由厦门理工学院邵婷、姜红波担任主编，邵婷拟定写作提纲和负责全书的总撰、统稿及润色工作，姜红波负责审核全书内容和融合课程思政，黄飞飞、李煊、陈葵花担任副主编。本教材各章节的写作具体分工如下：厦门理工学院邵婷编写第一章、第二章、第三章、第四章、第五章、第七章、第八章、第十一章，陈葵花负责引导案例及微课录制，集美大学黄飞飞编写第六章、第九章，闽江学院李煊编写第十章。另外，厦门理工学院电子商务系杨佩婷、黄慧桢、郭心婷同学在资料收集和内容修订方面做了大量工作，台湾铭传大学颜嘉惠补充部分案例内容，九牧电商总经理赵强为"九牧新零售案例"的编写提供深度支持。

本书获厦门理工学院教材建设基金资助，在编写期间得到了学院领导、教研室同仁及清华大学出版社的大力支持和帮助，在此表示衷心感谢。作者将所积累的十余年电子商务案例分析课程教学与实践经验汇聚于本书，希望能够帮助学生洞察电商发展的主流趋势。电子商务发展迅速，不断地产生新模式和新问题，这使得对电子商务案例内容的总结与分析具有一定的难度和不确定性，本书不妥之处在所难免，恳请各位专家及广大读者批评、指正。

编　者

目 录

第一章 电子商务案例分析概述 1

  第一节 电子商务案例分析的意义和价值 2
    一、电子商务案例分析的意义 2
    二、电子商务案例价值网络定位 2
    三、电子商务案例分析的一般过程 3
  第二节 商务模式及其组成要素 4
    一、商务模式的起源 4
    二、商务模式的作用 4
    三、商务模式的组成要素 5
  第三节 商务模式分析 7
    一、战略目标 7
    二、目标市场 7
    三、产品及服务 8
    四、盈利模式 8
    五、核心能力 11
  自测题 12

第二章 网络零售 13

  第一节 网络零售简介 14
    一、网络零售概述 14
    二、网络零售发展现状 14
  第二节 京东案例 15
    一、京东简介 15
    二、京东发展历程 16
    三、京东的商务模式 17
    四、成功之处 22
    五、结论与未来发展建议 23
  第三节 唯品会案例 25
    一、唯品会简介 25
    二、唯品会发展历程 26
    三、唯品会的商务模式 26
    四、成功之处 30
    五、结论与未来发展建议 31
  自测题 33

第三章 旅游电子商务 34

  第一节 旅游电子商务 35
    一、旅游电子商务概述 35
    二、旅游电子商务模式的类型 36
    三、中国旅游电子商务发展现状 37
  第二节 携程网案例 38
    一、携程网简介 38
    二、携程网发展历程 39
    三、携程网的商务模式 40
    四、成功之处 47
    五、结论与未来发展建议 48
  第三节 马蜂窝案例 50
    一、马蜂窝简介 50
    二、马蜂窝发展历程 51
    三、马蜂窝的商务模式 52
    四、成功之处 57
    五、结论与未来发展建议 58
  自测题 60

第四章 O2O 模式与新零售 61

  第一节 O2O 模式与新零售简介 62
    一、O2O 概述 62
    二、O2O 电子商务的类型 63
    三、新零售概述 63
    四、从 O2O 到新零售 64
  第二节 美团案例 65
    一、美团简介 65
    二、美团发展历程 65
    三、美团的商务模式 66
    四、成功之处 70
    五、结论与未来发展建议 71
  第三节 九牧新零售案例 72
    一、九牧集团简介 72
    二、九牧电商发展历程 73

三、九牧的商务模式 ... 74
四、成功之处 ... 77
五、结论与未来发展建议 ... 79
第四节 盒马案例 ... 80
一、盒马简介 ... 80
二、盒马的发展历程 ... 80
三、盒马的商务模式 ... 81
四、成功之处 ... 84
五、结论与未来发展建议 ... 86
自测题 ... 88

第五章 跨境电子商务 ... 89

第一节 跨境电子商务简介 ... 90
一、跨境电子商务概述 ... 90
二、跨境电子商务的类型 ... 91
三、我国发展跨境电商的意义 ... 93
第二节 敦煌网案例 ... 93
一、敦煌网简介 ... 93
二、敦煌网发展历程 ... 94
三、敦煌网的商务模式 ... 95
四、成功之处 ... 99
五、结论与未来发展建议 ... 100
第三节 亚马逊案例 ... 100
一、亚马逊简介 ... 100
二、亚马逊发展历程 ... 101
三、亚马逊的商务模式 ... 101
四、成功之处 ... 104
五、结论与未来发展建议 ... 105
自测题 ... 106

第六章 新媒体电商 ... 107

第一节 新媒体电商简介 ... 108
一、新媒体电商概述 ... 108
二、新媒体电商的发展模式 ... 110
三、新媒体电商的发展现状 ... 112
第二节 哔哩哔哩案例 ... 113
一、哔哩哔哩简介 ... 113
二、哔哩哔哩发展历程 ... 113
三、哔哩哔哩的商务模式 ... 114

四、成功之处 ... 118
五、结论与未来发展建议 ... 119
第三节 美腕案例 ... 119
一、美腕简介 ... 119
二、美腕发展历程 ... 120
三、美腕的商务模式 ... 120
四、成功之处 ... 125
五、结论与未来发展建议 ... 126
自测题 ... 127

第七章 社交电商 ... 128

第一节 社交电商概述 ... 129
一、社交电商的定义 ... 129
二、我国社交电商的发展阶段 ... 129
三、我国社交电商的发展现状 ... 129
四、社交电商的未来发展趋势 ... 130
第二节 拼多多案例 ... 131
一、拼多多简介 ... 131
二、拼多多发展历程 ... 132
三、拼多多的商务模式 ... 133
四、成功之处 ... 136
五、结论与未来发展建议 ... 137
第三节 小红书案例 ... 138
一、小红书简介 ... 138
二、小红书发展历程 ... 139
三、小红书的商务模式 ... 140
四、成功之处 ... 143
五、结论与未来发展建议 ... 144
自测题 ... 145

第八章 共享经济 ... 146

第一节 共享经济简介 ... 147
一、共享经济概述 ... 147
二、我国共享经济的发展现状 ... 148
第二节 Airbnb 案例 ... 152
一、Airbnb 简介 ... 152
二、Airbnb 发展历程 ... 152
三、Airbnb 的商务模式 ... 153
四、成功之处 ... 157

五、结论与未来发展建议 158
第三节　滴滴出行案例 159
　　一、滴滴出行简介 159
　　二、滴滴出行发展历程 160
　　三、滴滴出行的商务模式 161
　　四、成功之处 164
　　五、结论与未来发展建议 165
自测题 166

第九章　B2B 电子商务 167

第一节　B2B 电子商务简介 168
　　一、B2B 电子商务概述 168
　　二、B2B 电子商务的类型 169
　　三、中国 B2B 电子商务发展情况 169
第二节　1688.com 案例 171
　　一、1688.com 简介 171
　　二、1688.com 发展历程 172
　　三、1688.com 的商务模式 172
　　四、成功之处 179
　　五、结论与未来发展建议 181
第三节　钢银电商案例 182
　　一、钢银电商简介 182
　　二、钢银电商发展历程 183
　　三、钢银电商的商务模式 183
　　四、成功之处 189
　　五、结论与未来发展建议 191
自测题 192

第十章　搜索引擎 193

第一节　搜索引擎简介 194

　　一、搜索引擎概述 194
　　二、搜索引擎的分类 195
　　三、搜索引擎的盈利模式 196
第二节　谷歌案例 198
　　一、谷歌简介 198
　　二、谷歌发展历程 198
　　三、谷歌的商务模式 199
　　四、成功之处 202
　　五、结论与未来发展建议 203
第三节　百度案例 205
　　一、百度简介 205
　　二、百度的发展历程 205
　　三、百度的商务模式 206
　　四、成功之处 211
　　五、结论与未来发展建议 212
自测题 213

第十一章　电子商务的研究方向 214

第一节　电子商务模式创新研究 215
　　一、电子商务模式创新概述 215
　　二、商务模式创新的研究构想 215
　　三、电子商务平台商务模式创新
　　　　演变 216
第二节　学术领域中的电子商务研究 ... 218
　　一、基于电子商务相关期刊的
　　　　统计 218
　　二、电子商务的未来研究方向 223

参考文献 224

第一章　电子商务案例分析概述

【学习要点及目标】

通过对本章的学习，了解电子商务案例分析的意义、方法，熟悉商务模式的主要内涵，重点关注商务模式中的盈利模式和核心能力，初步掌握利用商务模式分析电子商务案例的方法。

【引导案例】

2022年的"双11"，无疑是这个购物狂欢节诞生以来最"低调"的一年，没有主播敲锣打鼓喊"买它"，没有平台你争我夺发战报，甚至大家都很默契地连单场观看量和最终成交额都没有公布。不少商家和平台称打破销售纪录已经不再是唯一的标准，还要为用户提供更多价值。2022年的"双11"，显然已成为电商购物节的分水岭，过去的集中狂欢方式一去不复返，价格战也将变换方式。在消费环境发生改变、消费者越来越理性的当下，平台和商家需要重新思考如何从量变到质变，和消费者建立更持久稳固的关系。

由于消费方式从过去短时间集中爆发到现在慢慢被拉平，消费者有更多时间浏览、对比、思考，自然就不会再像以前那样冲动下单。这些年商家和平台不断推出各种复杂的游戏规则，目的还是希望促进消费者多购买，比如平台内可以跨商家"满300减50"等玩法，就是用有吸引力的产品顺便带动消费者买买其他小零碎。拼单、囤货依然是把价格降下来的主要方式，不过这种方式已经逐渐不被消费者接受了。尤其是一、二线城市，家庭人数越来越少，囤太多东西根本用不完。不玩花样，直接让利消费者，是商家未来必然要思考的事。

如何在不确定中寻找确定性，如何让消费者看见并选择你的商品，如何让你的商品值得消费者等待，是这个"双11"带给商家的新考题。

在平台方面，抖系入局电商时间不长，却一骑绝尘，捧出一批主播，也捧红一批"抖品牌"。2022年"双11"也有一个新现象，在抖音平台发展起来的头部直播间如东方甄选等纷纷入驻淘宝，开启双平台官方直播模式。

淘宝和抖音之间互相渗透、破壁，背后的原因还是用户争夺战，"固粉"和"拉新"两条腿走路。两家平台有不同的商业逻辑，纯卖场式淘宝是人找货，兴趣电商抖音是货找人，对于卖家来说，淘宝拥有巨大的用户数，当然要来蹭蹭流量，而在抖音也能获取精准用户，从公域到私域建立更强的品牌黏性。

双十一的故事还在继续，但是未来主题已不会是、也无法是交易额。"通过今年天猫双十一，我们看到了中国市场的巨大内需潜力和消费活力，中国经济和产业的持续韧性。"阿里巴巴国内数字商业板块总裁表示,数字经济正在更好地服务于实体经济发展,今年双十一是商家多元化的一届,有29万品牌、数百万中小商家、主播报名,超过2100万商品参与双十一。

(资料来源:2022年是分水岭 "双11"进入品牌竞争新时代. 百家号(有删改))

第一节 电子商务案例分析的意义和价值

一、电子商务案例分析的意义

互联网的飞速发展及其在商务活动中的广泛应用,使得电子商务理论研究往往滞后于电子商务实践。这是因为新的商务模式和商务应用层出不穷,而电子商务应用的理论提炼和升华需要时间。电子商务模式和商务应用的丰富使得企业对电子商务人才的能力要求越来越高。尽管电子商务专业人才培养模式和教学体系日趋成熟,但电子商务人才的应用实践能力与企业需求还未能完全接轨。因此,在掌握一定理论知识的基础上,通过学习典型电子商务案例分析,可以达到举一反三的效果,有效提高学生的应用实践能力。

电子商务案例是指在电子商务应用中,某一种电子商务模式在一定领域内的典型应用。电子商务案例分析则要通过对各种商务模式的典型应用进行系统分析,把握各种电子商务模式的内涵、特点以及应用情况,以利于这些电子商务模式的推广和应用。

电子商务案例分析的意义和方法.mp4

二、电子商务案例价值网络定位

对电子商务案例进行由表及里的系统分析,需要在对案例的基本模式和功能结构进行科学定位的基础上,界定这种模式中所包含的各个主体(如相关企业、客户、供应商和合作伙伴等),把握主要的信息流、资金流和物流的特点,明确该模式对各主体的价值以及各参与方所能获得的利益。电子商务模式对各主体的价值以及各参与方获得的利益就构成了电子商务案例的价值网络。电子商务模式中的各参与主体只有明确自身在价值网络中的角色和定位,才能充分利用这种模式开展商务活动。

(一)核心企业

核心企业是价值网络的主体,也就是电子商务案例分析的对象。整个价值网络的主要活动都是围绕核心企业的商务模式进行的,其他各利益主体既是价值网络的有机组成部分,又为核心企业的价值网络活动提供基础设施和服务支持等保障。同时,这些利益相关者也能在企业网络的互动中实现自身价值。

(二)供应商

供应商是价值网络的重要基础,也是核心企业商品或服务的提供者。例如,唯品会的品牌合作伙伴可视为供应商,为其提供平台销售的商品。

(三)用户

用户是价值网络活动中广泛使用互联网的企业和个人，至少包括两个层面：①浏览互联网内容的个人和获取互联网信息的企业，这些用户可以被称为"浏览者"；②积极撰写原创内容的忠诚用户，他们可以被称为"建设者"。因此，用户基础是电子商务模式成功的决定性因素，只有当电子商务核心企业用户数量超过盈亏平衡的临界值时，这种商务模式才有可能盈利。

(四)基础服务商

基础服务商为电子商务企业的运营提供条件保障，包括网络运营商、计算机和手机等终端制造商、应用平台开发商及软件提供商等。随着移动通信技术的发展和智能手机用户的快速增长，移动商务逐渐成为主流的电子商务模式之一。基础服务商已经直接参与到移动商务价值网络活动中，成为影响移动商务模式成功的关键因素。

(五)交易服务商

电子商务的核心环节是交易，而安全、高效的交易要建立在健全的服务体系之上。在电子商务模式的价值网络中，交易服务商提供了支付、信用认证、物流等专业的服务。例如，支付宝除了提供第三方支付和认证服务，还提供理财、保险、贷款等服务。

(六)合作企业

在电子商务模式的价值网络中，尽管各参与主体之间具有广泛的合作关系，但合作企业主要是指与核心电子商务企业具有联盟性质的各类资源，通过其价值网络的运营，与核心企业进行利益分成，进而促进整个价值网络的增值，如谷歌广告联盟客户等。

三、电子商务案例分析的一般过程

分析一个电子商务案例时，首先要判断其所属的商务模式，把握这种电子商务模式的特征和分类，为进行案例分析奠定基础。接下来，通过现有文献、网络调查、实地考察、浏览网站、公司宣传材料等途径尽可能详细地收集案例的基本情况，并进行汇总整理。通过浏览企业网站，在"关于我们"的介绍材料中可以对企业的发展历程、所提供的产品和服务有总体了解，并着重关注企业发展过程中的重要阶段或者重要事件。其次，阅读中国知网等数据库资源内的相关文献和互联网媒体中的报道和评论，进一步了解企业商务模式的内涵和本质。如果条件允许，应对分析的案例进行实地调研，以进一步把握企业的基本情况和商务模式特征。进而要对案例进行由表及里的系统分析，界定企业在其电子商务模式中的价值网络定位，以及如何开展经营活动，具有什么典型特征。最后对案例进行总结，一般要总结该案例的成功因素、存在的问题和面临的挑战，从而提出改进建议以及从整个产业发展的角度，提出一些值得思考的问题，为未来运作电子商务项目提供借鉴。

第二节　商务模式及其组成要素

一、商务模式的起源

商务模式及其要素.mp4

　　从源头上看，商务模式作为专用术语出现在管理领域的文献中大约是在 20 世纪 70 年代中期。美国孔恰尔(Konczal)和多托雷(Dottore)在讨论数据和流程的建模时，首先使用了商务模式(Business Model)这个术语。此后，在信息管理领域，商务模式被应用在信息系统的总体规划中，用于描述支持企业日常事务的信息系统结构，即描述信息系统的各个组成部分及其相互联系，对企业的流程、任务、数据和通信进行建模。

　　20 世纪 80 年代，商务模式的概念开始出现在反映 IT 行业动态的文献中，直到互联网在 20 世纪 90 年代中期普及并成为企业实施电子商务的基础设施之后，商务模式才作为企业界的术语开始流行并逐步引起学术界的关注。此时，商务模式的内涵已经悄然发生变化，即从信息管理领域扩展到企业管理领域。美国数据科学家迈克尔·拉帕(Michael Rappa)指出，商务模式就其最基本的意义而言，是指做生意的方法，是一个公司赖以生存的模式，一种能够为企业带来收益的模式。我国学者荆林波则认为，商务模式是指企业的市场定位和盈利目标，以及为了满足目标顾客主体需要采取的一系列战略组合。

　　上述关于商务模式的特征和组成要素的定义是目前商务模式概念性研究的一条主线，另一条主线是对商务模式进行分类研究。此外，由于互联网技术的发展是引发电子商务模式创新的直接原因，因此，互联网商务模式或电子商务模式也成为商务模式研究的重要议题之一。

二、商务模式的作用

　　美国美世管理顾问公司全球副总裁斯莱沃茨基(Slywotzky)等认识到商务模式的复杂性和重要性，把商务模式看成一种未来制定商务战略和投资战略的重要工具。他们认为，企业竞争的核心是商务模式认知之争，对商务模式的投资能够协助企业的经营者在竞争中获胜。美国沃顿商学院教授阿密特(Amit)和佐特(Zott)认为，在 IT 技术所造就的虚拟市场上，由于企业边界和产业边界变得模糊而容易跨越，包含企业、供应商、合作伙伴及客户等利益相关者在内的商务模式的作用是可以作为一种新的战略分析单元而取代传统的战略分析单元——企业或产业。技术进步是商务模式创新的动因之一，许多文献把商务模式放到一般技术进步的背景下，考察企业商务模式的作用。美国学者切萨布鲁夫(Chesbrough)和罗森布洛姆(Rosenbloom)从商务模式是企业为了从技术中获取价值而建立的合理收益架构出发，认为美国管理学家钱德勒(Chandler)的规模经济和范围经济、美国学者安索夫(Ansoff)等的战略管理、美国学者波特(Porter)的竞争战略等理论可以看作商务模式概念的前身，因为这些理论关注的焦点都是如何把企业的经营、机会及威胁联系起来而获取技术提供的最大价值。他们通过案例研究说明，企业倾向于对适合其商务模式的技术进行投资，有时甚至达到过度投资的程度，反之企业通常不会投资。这是因为技术不能凭空创造价值，企业现有的商务模式不一定适合新技术带来的潜在机会。由于商务模式决定了以多大的成本从何处取得收益,所以必须在一定的商务模式框架下对技术投资进行评价。为此,商务模式可以看成是技术开发和价值创造之间的协调机制。美国管理领域专家维斯西奥(Viscio)和帕斯特纳克(Pasternack)对全球几百家企业的结构、职能和业绩进行的研究表明,起源于19世纪的传统商务模式对于大型的全球性企业已经过时。其主要原因在于商业环境的复杂性增加和对创新的不断激励,企业必须更频繁地寻找价值增值的机会,为此有必要围绕企业的核心能力建立新的商务模式。其应能使企业灵活应对,不断地创造机会并从中获利;此外,还能建立一种新的领导模式以有效地管理资源。美国学者霍克(Hoque)等在谈到商务模式与技术之间的关系时认为,商务模式是企业选择客户及决定如何为客户带来价值的基础,它能识别成功的机会,预测和确定与战略相关的行动。技术专家应在价值主张、运作实施和盈利方式等三大战略原则的指导下识别构成商务模式的各个要素及其相互影响,同时考虑应用什么样的技术来建立商务模式。

由此可见,相关文献中商务模式的概念都是针对新经济条件下的技术进步、市场需求和竞争压力等变化,寻求企业生存和发展的新途径。商务模式的作用是在不同环境条件下,发现新的市场机会、细分市场和瞄准组织结构及生产服务流程中存在的低效部位,整合企业可以使用的内外部资源,并通过各种创新加以挖掘和利用,从而为投资者和客户、合作伙伴等利益相关者创造更多的价值。

三、商务模式的组成要素

美国学者奥弗尔(Afuah)和图奇(Tucci)从电子商务行业出发,认为合适的商务模式将给予企业竞争优势,使其能够获得比竞争对手更高的利润。一个商务模式必须解决以下几个问题:面向的客户是谁?向客户提供什么样的价值?如何提供价值?如何对提供的价值定价?如何在提供价值的过程中保持优势?回答这些问题必须了解企业所处的行业、这个行业主要的价值驱动因素、客户及其价值取向、将价值传送给客户所需要的活动、互联网对以上活动和该行业的影响、企业特点以及如何利用这些特点。他们从各个商务模式中抽取出共有的、赖以获利的因素,并把它们归纳为:客户价值、业务范围、价格、收入来源、相关活动、实施、能力及可持续性等。在这些关键因素中,客户价值因素解决企业是否能够向客户提供独特的或者比竞争者成本更低的产品和服务;业务范围因素解决企业需要向哪些客户(人口结构/地理)提供价值以及哪些产品/服务;价格因素解决公司如何为提供的产品和服务定价;收入来源因素解决付费用户有哪些、每个市场的利润率如何、利润的决定因素有哪些、哪些因素对公司提供的价值有关键影响;相关活动因素解决公司应该在什么时候进行哪些关联活动来提供价值;实施因素解决公司需要什么样的组织结构、机制、人员和环境执行这些活动以及它们之间如何协调适应;能力因素解决公司拥有的能力是什么、有哪些能力不足需要弥补、如何弥补能力的不足、这些能力中是否有一些独特的难以模仿的因素、能力的来源是什么;可持续性因素解决公司哪些能力是其他公司难以模仿的、公司是如何持续盈利的、公司如何才能保持竞争优势。

瑞士学者杜博森·托贝(Dubosson-Torbay)等建立了一个由 4 个部分组成的商务模式框架,即产品、客户界面、基础设施管理和财务要素。它们可以再细分为 9 个子要素,产品包含价值主张 1 个子要素;客户界面包含目标顾客、分销渠道、客户关系 3 个子要素;基础设施管理包含价值结构、核心能力、伙伴网络 3 个子要素;财务包含成本结构、收入模式 2 个子要素。这 9 个子要素分别解决不同问题。价值主张是公司通盘考虑对客户提供有价值的产品和服务;目标顾客是公司想要提供价值所针对的客户群;分销渠道是接触和联系客户的方法;客户关系描述了公司和客户之间确立的联系类型;价值结构描述了为客户创造价值所必需的活动和资源安排;核心能力是执行可重复行为模式的性能表现,是为客户创造价值所必需的行为模式;伙伴网络是以更好地为客户创造价值为目的,在两个或者更多的公司之间自愿发起的合作协定;成本结构是在商务模式中所有财力的资金表示;收入模式描述了公司通过各种渠道获利的方式。

美国学者威尔(Weill)和维塔莱(Vitale)认为,商务模式从本质上讲就是若干模块的不同组合,因此企业可以通过添加或者更换新的模块,或者改变不同模块之间的界面联系规则,来实现商务模式变革。他们提出了"原子商务模式"的概念,并且指出每个原子商务模式都具有战略目标、营收来源、关键成功因素和核心竞争力这 4 个特征。可行的原子商务模式数量有限,它们的组合方式就构成了各种不同的商务模式。原子商务模式彼此间的交互作用力是不同的,某些模式结合后会产生强大的作用力,互不兼容的模式则可能导致商业冲突,因此企业可以通过挑选与组合原子商务模式,并评估其可行性,从而建构最适当的商务模式。

沙弗尔(Shafer)等从 1998—2002 年间有关商务模式的文献中,提取出 12 种典型定义,其中共有 42 个组成要素,有些要素只出现一次,有些要素则重复出现多次。他们将其归纳成 4 大类组成要素,即战略选择、价值网络、价值创造、价值获取(参见图 1-1)。其中战略选择包含 9 个子要素:顾客(目标市场、范围)、价值定位、竞争能力、收入/定价、产出(供给方)、战略、品牌、差异化、使命;价值网络包含 5 个子要素:供应商、客户信息、客户关系、信息流、产品/服务流;价值创造包含 2 个子要素:资源/资产、流程/活动;价值获取包含 3 个要素:成本、财务、利润。这些内容基本涵盖了商务模式的各类核心要素。

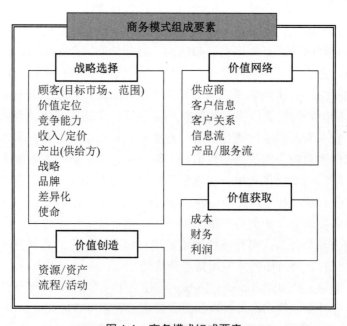

图 1-1 商务模式组成要素

综上所述，影响电子商务企业绩效的首要因素是它的商务模式。本书重点借鉴"原子商务模式"的概念，从电子商务企业的战略目标、目标市场、提供的产品和服务、盈利模式、核心能力以及各利益主体在企业运作过程中的角色和相互关系等几个方面来描述商务模式，说明了电子商务企业如何获利及其未来长时间内的规划。

第三节 商务模式分析

电子商务案例的商务模式分析.mp4

一种电子商务模式要想成功并持续获利，必须明确其愿景与使命。愿景是对企业未来乐观而又充满希望的意象描绘，是企业为之奋斗的目标，是"愿望"和"远景"的结合体。例如，京东的愿景是"成为全球最值得信赖的企业"，这意味着相较业绩和利润，京东更注重企业的社会责任和声誉。

一、战略目标

使命是组织或个体基于其价值观对社会和利益相关者应承担的责任，它揭示组织或个体存在的根本理由，而战略目标是企业使命的进一步具体化。在电子商务价值网络中，核心企业的使命是为利益相关者，尤其是为用户提供价值。即企业必须不断地向用户提供对他们有价值的、而竞争者又不能提供的产品或服务，才能保持竞争优势。如"让天下没有难做的生意"是阿里巴巴的使命，其战略目标就是为中小型企业提供一个销售和采购的贸易平台，让全球的中小企业通过互联网寻找潜在的贸易伙伴，最终借助网络平台达成交易。

从以上分析可见，对电子商务企业战略目标的分析需要回答以下两个问题。

(1) 企业所运营的电子商务模式的核心价值，即企业的使命是什么？与竞争对手相比，有何优势？

(2) 企业是否有明确的战略目标？企业能够向客户提供哪些独特的产品或服务，这些产品或服务具有哪些独特的客户价值？

二、目标市场

电子商务模式的目标市场一般指在市场的某一领域或地域内，核心电子商务企业向哪些用户提供价值服务。企业的目标市场定位是提升网站流量、吸引用户的重要步骤。

尽管互联网打破了地理界限，但电子商务还是具有一定的地域特征，核心企业需要决定向哪个范围的用户提供服务或销售产品。对目标用户的界定，一方面要从地域范围，即用户的地理特征来界定；另一方面还要从用户的性别、年龄、职业、受教育程度、生活方式、收入水平等人口统计学特征来划分。

对电子商务企业的目标市场进行分析，需要回答以下两个问题。

(1) 企业的电子商务模式涉及哪些业务领域，具有什么地域特征？

(2) 企业的用户范围是什么，具有什么特征？

三、产品及服务

选准目标市场后，企业必须确定向其提供什么产品及服务。例如，搜索引擎为普通用户提供的是信息搜索服务，而为广告用户提供的则是关键字排名等广告服务。

进行电子商务企业的产品和服务分析时，需要回答以下两个问题。

(1) 核心电子商务企业为用户分别提供了哪些功能(产品或服务)？哪些产品或服务对企业的电子商务模式起着关键作用？

(2) 企业对提供的产品和服务是如何根据目标市场进行细分的？

四、盈利模式

电子商务案例分析最为重要的内容之一是确定盈利模式。盈利模式是核心电子商务企业的盈利空间、收入模式和定价模式。

(一)盈利空间

不同电子商务模式的盈利能力是有差别的，而盈利能力很大程度上取决于其盈利空间，即相对于供应商、用户、基础服务商、交易服务商、合作商等利益相关者和竞争对手，潜在进入者、互补者、替代者而言，核心电子商务企业所处的地位。例如，定位于服务广大中小企业的阿里巴巴B2B平台，在构建了电子商务生态系统后，其议价能力逐步增强，盈利空间则越来越大。因此，电子商务模式的盈利空间受到其客户价值定位、目标市场、产品和服务特点等因素影响，同时也影响着企业对商务模式的定位。

(二)收入模式

在传统商品市场中，很多企业直接从其销售的产品中获得收益，或者从其提供的服务中获得收入。电子商务企业的收入模式更加复杂。例如，从事网络经纪模式的企业收入来源至少有交易费、信息和咨询费、服务费、佣金和广告费等。而采取直销模式的企业收入则主要来自直接销售，也可以来自广告，还可以通过提升物流效率来增加利润。目前，电子商务的基本收入模式主要有以下7种。

1. 广告费模式

广告费模式是核心电子商务企业或网站所有者利用互联网媒体向广告客户提供产品、服务、品牌等宣传推广，并收取广告费的收入模式。网络广告从制作形式来看，有图片广告、文字广告和视频广告等；从展现形式来看，有Banner广告、插播广告、植入广告、RSS广告、邮件广告和富媒体广告等。

网络广告是使用最广泛和最有生命力的互联网商务应用，几乎所有的电子商务模式都利用广告费模式获得收入。如搜索引擎运营商通过提供关键字竞价排名、品牌推广和网站联盟等广告获得丰厚的收入；网络社区针对特定领域和兴趣需求的目标广告受众，提供针对性较强的网络广告获得收入。而网络工具的广泛应用，使越来越多的广告植入其中，如腾讯视频、爱奇艺都是通过植入广告获得收入。网络经纪、移动商务等平台也凭借其特有的优势，将广告作为重要的收入来源。

网络广告的计费方式多种多样，既有按展现次数和点击次数计费的模式，也有按展现时间计费的模式。而收费标准既有固定收费模式，也有竞价模式，搜索引擎的关键字竞价排名就是竞价模式的代表。

2. 佣金模式

佣金是指在交易过程中第三方或中介根据交易规模收取的费用。网络经纪等电子商务模式都提供了交易中介服务，搭建了买卖双方交易的平台，根据所提供的中介服务向买方或卖方收取交易佣金或手续费。例如，携程网提供机票、酒店预订服务后，可从客户订票费和酒店预订中提取佣金。

3. 销售收入模式

在互联网环境中，销售收入模式是企业通过电子商务平台进行产品批发、零售服务，从而取得收入的模式。

4. 服务费模式

服务费是客户因接受服务而支付给核心电子商务企业的费用，费用的多少取决于客户使用这些服务的频繁程度、时间长短和流量大小。大多数电子商务模式广泛采用这种收入模式，主要分为以下三种。

(1) 技术服务。是指核心电子商务企业将其拥有的核心技术，通过授权使用等方式供其他公司使用，从中收取技术服务费的模式。例如，谷歌向授权使用谷歌网页搜索技术的企业，按照搜索的次数来收取授权使用费，其他拥有搜索引擎技术的企业也通过这种方式获得收入。

(2) 租赁服务。是指核心电子商务企业将其拥有的虚拟网络空间，按照一定的功能划分，向客户或用户提供租赁服务，获得租金收入的模式。例如，阿里巴巴利用其大流量的平台，提供店铺租用服务，按年收取服务费；同样，京东也对第三方在其平台上开设的店铺收取服务费。

(3) 品牌推广服务。随着互联网商务应用的进一步推广，企业越来越重视网络品牌建设，不少网站纷纷推出品牌推广服务，企业在网络品牌推广方面的投入也越来越大。淘宝的钻石展位等则属于品牌推广服务。

5. 订阅费模式

不少电子商务企业具有内容经营商性质，收取内容订阅费就是其主要的收入来源。订阅费就是核心电子商务企业按照一定周期或内容定量收取的固定费用，用户只有缴纳订阅费才能获得定量的内容服务。例如，起点中文网的 VIP 阅读按照章节定价。

6. 会员费模式

在互联网起步阶段，用户可以免费获得不少内容和服务。但是，随着互联网商务应用的进一步推广，不少互联网服务以会员注册费的模式收取服务费用，使会员费模式成为比较成功的收入模式之一。例如，爱奇艺、优酷等视频网站需要付费才能免广告或观看某些热门影视剧。

7. 合作分成模式

在电子商务模式价值网络中，合作商对核心电子商务企业的价值越来越高，合作分成甚至成为核心电子商务企业的重要收入来源。例如，阿里妈妈等广告联盟模式不仅使联盟平台获得源源不断的广告收入，而且使众多加入联盟平台的中、小站点也通过合作分成模式获得可观的收入。作为社交网站的代表，脸书(Facebook)与应用平台开发商的分成，使其盈利模式变得越来越强。

(三)定价模式

从向用户提供的产品或服务中获取收入的关键是合理定价。在电子商务市场中，大多数产品和服务以知识为基础，它们一般具有高固定成本、低可变成本的特点，因而定价具有较大的特殊性。企业定价的目标不单单在于单位产品的利润水平，更重要的是提高产品市场占有率、扩大市场规模。此外，这类产品具有能够锁定用户的特点，使用户面临较高的转移成本。例如，一个注册为阿里巴巴诚信通会员的企业，已经获得比较全面的服务并建立了广泛的业务关系，如果转而使用其他B2B交易平台，就必须放弃那些已经获得的服务，并重新学习使用新的平台，这样会浪费巨大的时间、金钱等，因此企业不会轻易做出转换交易平台的决定。

在具体的定价过程中，企业可以根据其提供的产品或服务性质以及客户特点，采取不同的定价策略。

1. 明码标价

在电子商务定价策略中，最常使用的就是固定价格策略，即明码标价，如在淘宝网中广泛采用的一口价模式。

2. 一对一议价

对于个性化的产品或服务，则可以采取一对一议价的定价策略。这种方式克服了明码标价的缺点，如不少垂直网站所提供的咨询服务主要采用一对一议价模式。

3. 拍卖定价和反向拍卖定价

拍卖定价和反向拍卖定价策略则是在电子商务市场中比较普遍的价格形成机制。前者由卖者向众多买者征求出价，并将产品或服务卖给出价最高的购买者，如易贝网(eBay)是拍卖定价模式的代表。后者是买主对产品或服务出价，由卖主提出投标价，一般投标报价低者能够和买主达成交易，不少企业对原材料的网上招标(电子采购)就采用这种定价模式。

4. 集体竞价

集体竞价是卖主对产品或服务提出初始报价，在一定期限内，根据提出购买需求的买主数量多少，给出一定幅度的价格折扣，到竞价期限时的价格就是最终的价格。曾经非常流行的团购网站就是采用集体竞价的机制。

5. 竞价排名

在搜索引擎广告中，竞价排名是非常重要的一种广告定价模式。搜索引擎掌握某一关键词在搜索结果的排名,广告主在购买关键字时可以自行报价,出价越高则搜索结果排名越靠前。这种定价模式实际上是搜索引擎服务商对搜索结果排列顺序和广告主关键词报价的一种自动匹配。

6. 免费模式

因为部分电子商务产品和服务边际成本很低或者接近于零,所以企业在定价时会更多地考虑不同价格对市场占有率及用户数增长的影响,在某些阶段会采用低价或免费的策略打压竞争对手,抢占市场。

免费模式是互联网商务模式的一种重要经营策略。一般分为4种。

(1) 免费提供产品或服务,建立用户基础后,再通过广告等方式获取收益,免费是为了提高网站流量。如携程网早期不计成本地免费发放会员卡就是采用这种策略。

(2) 免费赠送现有产品或服务,后续对较高版本的产品或更全面的服务收费。如网络游戏、网络出版物等往往采用这种免费定价策略。

(3) 免费赠送某些产品或服务,而对相关产品或服务收费,通过收费产品补贴免费产品,称为交叉补贴。如购买天猫88VIP会员可免费获得优酷、饿了么会员等权利。

(4) 劳务交换。用户通过提供劳务来换取免费服务。如用户使用百度文库时,如果同时贡献内容,就可以获得文库币用于下载付费文件。

电子商务盈利模式在很大程度上表现为电子商务行为对企业价值链结构的改变。信息处理部分,如商品信息发布、客户沟通、供应和分销商订单处理乃至支付都可以通过电子商务手段在网上完成,从而节约大量的成本;采购、进货、发货、销售等物流活动,则可以通过第三方加以完成或使用信息管理系统提高效率,进而降低经营成本;人力资源管理和技术开发中的部分活动也可以通过电子商务方式完成,从而产生管理成本降低的收益。

进行电子商务企业的盈利模式分析,需要回答如下问题。

(1) 从用户价值定位看,其盈利能力或盈利空间如何?
(2) 企业从哪些用户获得哪些收入?
(3) 在企业的收入来源中,哪些因素对企业的利润水平具有关键性影响?
(4) 哪些因素影响企业的收入?
(5) 企业收入来源的定价模式有什么特点?

五、核心能力

核心能力是相对稀缺的资源和特色的服务能力,它能够创造长期的竞争优势。核心能力是企业的集体智慧,特别是把多种技能、技术和流程集成在一起以适应快速变化环境的能力。企业核心能力应该包括以下三个方面。

(一)资源

企业需要有形、无形以及人力资源来支持向客户提供价值的一系列关键活动。有形资源包括厂房、设备以及现金储备。对于从事电子商务的企业来讲,有形资源主要表现在企业的网络基础设施以及电子商务的软硬件建设水平。无形资源包括专利权、商誉、品牌、与客户和供应商的关系、雇员间的关系,以及不同形式的公司内部知识。例如,含有重要客户统计数据的数据库以及市场研究内容。对于从事电子商务的企业来说，这类资源往往包括企业自主设计的软件，访问者或客户的登录信息、品牌和客户群。人力资源是企业员工具有的知识和技能，是企业知识资源的载体，在知识经济时代其作用更加重要。

(二)竞争力

客户价值目标要求企业充分利用其核心能力加强向客户提供的价值。而竞争力是企业将其资源转化为客户价值和利润的能力，它需要使用或整合企业的多种资源。企业的竞争力是可扩展的，例如，本田公司优良的发动机设计能力使它不仅能够向汽车行业提供产品，还使其能够向除草机等动力机械领域扩展其产品线。

(三)竞争优势

企业的竞争优势来源于其拥有的核心能力。这些核心能力往往产生于企业的发展过程中，这些核心能力的形成需要较长的时间，模仿者难以在短期内获得。

进行电子商务企业的核心能力分析，需要把握以下4个问题。
(1) 企业拥有的核心能力是什么？
(2) 企业的这些能力中包含哪些其他企业难以模仿的因素？
(3) 企业如何才能保持竞争优势？
(4) 企业在形成和保持竞争优势的过程中，采用了哪些营销战略？

自 测 题

1. 什么是商务模式？简要谈谈商务模式对于电子商务企业的作用。
2. 电子商务企业的盈利模式主要包含哪些内容？你认为最重要的是什么？为什么？
3. 电子商务企业为何采用免费策略？互联网经济中的免费是真的"免费"吗？

第二章 网络零售

【学习要点及目标】

通过对本章的学习，熟悉网络零售的定义，能够对比综合性 B2C 商城——京东和品牌特卖网站——唯品会的商务模式差异。重点关注网络零售对传统零售方式的颠覆性创新，分析新技术在网络零售中的作用。

【引导案例】

国务院办公厅印发的《关于进一步释放消费潜力促进消费持续恢复的意见》提出，促进新型消费，加快线上线下消费有机融合，扩大升级信息消费，培育壮大智慧产品和智慧零售、智慧旅游等消费新业态。

近年来，在科技赋能和消费升级驱动下，依托互联网、云计算、人工智能等新技术的深化应用，新型消费蓬勃发展。2022 年一季度，中国网络零售市场总体运行平稳。国家统计局数据显示，一季度全国网上零售额达 3.01 万亿元，同比增长 6.6%。有关学者认为，新型消费契合了居民消费向发展型、享受型和品质型消费快速升级的趋势，已成为消费增长的新空间和经济发展的新动能。

新型消费具有明显的数字化、网络化和智能化特点，主要包括网络购物等线上商品零售业态、"互联网+服务"等线上服务新业态、无接触式消费等新模式、平台型和共享型消费新业态等。2019—2022 年，智慧超市、智慧商店、智慧餐厅、智慧商圈等无接触式商业模式和业态快速发展，在线文娱、在线健身、在线旅游等成为消费恢复性增长的新动力。

线上与线下、业态与场景的融合发展，正在成为新型消费的典型特征之一。线上下单和预订、线下体验和配送越来越普遍，线上线下融合消费日益成为主导消费模式。各大网络电商平台积极拓展线下布局。2022 年 7 月，京东 APP 上线"京东新百货"频道，主打来自全球的著名品牌和首发、限定品以及礼盒套装、反向定制新品等，还将在全国范围内布局新百货线下实体店，实现线上线下场景一体化。

2022 年北京、广州、深圳、昆明等地发放消费券，成都打造数字消费生活节、杭州开启数智新消费暨文三数字生活嘉年华……多地通过线上与线下结合方式，不断挖掘新型消费潜力。

在多地积极培育下，富有地方特色的新型消费场景正在形成。在北京，通过完善网络零售、"互联网+流通"、跨境电商等政策体系，"互联网+"消费新模式不断壮大。在广东，5G 网络、数据中心和工业互联网等基础设施建设成为新型消费发展的重要抓手。2021 年广东新建5G基站4.67万座,累计建成17万座,限额以上单位通过公共网络实现商品零售额增长22.5%……

2023年的中央一号文件指出"全面推进县域商业体系建设。加快完善县乡村电子商务和快递物流配送体系,建设县域集采集配中心,推动农村客货邮融合发展,大力发展共同配送、即时零售等新模式"。

根据美团闪购和安永共同发布的《2023年新春消费趋势洞察报告》,即时零售商家与平台共同打造的门店线上化、仓店一体化、商品供给、高效履约等能力,全力保障了消费者年货节的即时需求,成为消费者年货采购的新选择。

2023年3月23日,商务部新闻发言人在例行新闻发布会上透露,商务部将开展三年行动计划,全面推进便民生活圈建设,更好地惠及百姓生活,包括要着重推广网订店送、即时零售等线上线下融合新模式,打造消费增长的新引擎,让行业覆盖内容更加多元,更好地满足人民的美好生活需要。

(资料来源:今年一季度全国网上零售额达3.01万亿元 新型消费正蓬勃发展. 人民网.)

第一节 网络零售简介

网络零售简介.mp4

一、网络零售概述

网络零售是指交易双方以互联网为媒介进行的商品交易活动,即通过互联网进行信息的组织和传递,实现有形商品和无形商品所有权的转移或服务的消费。买卖双方通过电子商务(线上)应用实现交易信息的查询(信息流)、交易(资金流)和交付(物流)等行为。网络零售也称网络购物,主要包括B2C(企业对消费者)和C2C(消费者对消费者)两种模式。

(1) B2C可分为平台型和自主销售型两类。平台型的代表如天猫,提供给商家开店的网络环境,而平台本身不参与商品的销售。京东则属于自主销售型,大多数商品为自营,通过网站直接向消费者销售商品。

(2) C2C的代表为易贝网和淘宝,个人卖家直接在C2C平台上发布商品进行销售。但随着业务的发展,越来越多的个人卖家成立了公司,逐步成长为小B(企业),C2C与B2C呈现相互融合的趋势。

二、网络零售发展现状

《2022年中国网络零售市场发展报告》显示,2022年全国网上零售额为13.79万亿元,同比增长4%,网络零售市场保持稳健增长,市场规模再创新高。从地区来看,我国东部地区网络零售额占全国的比重达到84.5%,同比增长10.7%,在全国网络零售市场中占据主导地位。中部、西部和东北地区网络零售额占全国的比重分别为8.4%、5.7%和1.4%,同比分别增长6.2%、4.1%和7.4%。

网络零售在社会消费品零售总额的占比进一步增大:2022年社会消费品零售总额43.97万亿元,同比下降0.2%。网络零售市场规模为13.79万亿元,占社会消费品零售总额的 31.3%，较 2021 年增长了 1.5%。其中，实物商品网上零售额 11.96 万亿元，同比增长 6.2%，占社会消费品零售总额的比重为 27.2%，较上年提升 2.7%，拉动消费作用进一步显现。在实物商品网上零售额中，吃类、穿类和用类商品分别增长 16.1%、3.5%和 5.7%。

B2C 网络零售额同比增长 5.6%，占网络零售额比重为 79.4%；C2C 网络零售额同比下降 0.6%，占网络零售额比重为 20.6%。B2C 市场份额天猫、京东遥遥领先。2022 年第三季度我国 B2C 网络零售市场(包括开放平台式与自营销售式，不含品牌电商)，天猫依然稳居首位，市场份额占比为 63.1%，较 2022 年第二季度增长 2.2%。京东占 31.5%的份额，较 2022 年第二季度增长 15.1%，紧随其后。唯品会的市场份额为 2.7%，继续保持第三。排名第 4~7 位的电商是：苏宁易购(1.1%)、小米有品(0.4%)、当当(0.4%)、国美(0.2%)。其他电商平台共占 0.7%。

2022 年跨境电商发展迅速，海关总署数据显示，跨境电商(B2B)进出口额达 2.11 万亿元，同比增长 9.8%。其中，出口 1.55 万亿元，同比增长 11.7%；进口 0.56 万亿元，同比增长 4.9%。近年来，跨境电商已成为支持"外循环"的重要引擎，其发展带动了整个产业链条发生变化，以跨境电商为代表的贸易数字化转型将给相关贸易及产业带来深远的影响。

2022 年生鲜电商竞争异常残酷，交易规模为 5601.4 亿元，同比增长 20.25%，增速为近五年来最低。生鲜电商的盈利问题依旧没有得到很好的解决，依靠"烧钱"的生鲜电商入局者纷纷倒下，亏损、收缩、裁员，生鲜电商的难人尽皆知。每日优鲜爆冷，兴盛优选、"盒马邻里"撤城，但与此同时，"本来生活"连续四年盈利，百果园通过港交所聆讯，叮咚买菜布局新业务，生鲜电商领域生机仍存。

2022 年直播电商市场规模达到 3.5 万亿元，同比增长 48.21%。这一年是直播电商动荡的一年，旧格局瓦解，新秩序诞生，直播电商彻底告别野蛮生长。随着"直播带货"消费模式的兴起，中国市场已展示出强大的潜力和活力，加快了实体商业向数字化转型的步伐。

即时零售作为电商新业态新模式也在逐渐释放魅力。渗透行业和品类持续扩大，覆盖更多应用场景，加速万物到家。从水果、餐饮、日用百货，到医药甚至服装等各类商品，"线上下单，30 分钟外卖送到家"已逐渐成为消费者的购物常态。尽管网络零售的销售额增速与前些年相比年有所下降，但其增长率仍高于社会消费品零售总额。预计未来实物商品网上零售占比会逐渐增大。

在消费侧需求受到疫情冲击和经济下行等多重压力叠加的背景下，网上零售业务整体上保持了足够的增长韧性，尤其是在疫情最严重的时期，为满足消费需求、提振消费产业链稳产保供作出了积极贡献。

第二节 京东案例

京东案例.mp4

一、京东简介

京东于 2004 年正式涉足电商领域。2014 年 5 月，京东集团在美国纳斯达克证券交易所正式挂牌上市，是中国第一个成功赴美上市的大型综合型电商平台。2017 年初，京东集团全面向技术转型，迄今京东体系已经投入了近 1000 亿元用于技术研发。2019 年 7 月，京东第四次入榜《财富》全球500强，位列第139位，在全球仅次于互联网企业亚马逊和谷歌母公司字母表(Alphabet)，位列第三。2022年，京东集团净收入达1.05万亿元人民币，同比增长9.9%，这也是京东年收入首次突破1万亿元人民币大关。同时，京东集团在非美国通用会计准则下归属于普通股股东的净利润达282亿元人民币，同比增长64%。

自创立之初，京东就秉持诚信经营的核心理念，坚守正品行货，成为备受中国消费者信赖的企业。京东坚定"客户为先"的服务理念，大力发展自营物流，打造极致消费体验，成为全球领先的新标杆。京东集团定位于"以供应链为基础的技术与服务企业"，目前业务已涉及零售、科技、物流、健康、产发、工业、自有品牌、保险和国际等领域。作为同时具备实体企业基因和属性、拥有数字技术和能力的新型实体企业，京东集团依托"有责任的供应链"，持续推进"链网融合"，实现了货网、仓网、云网的"三网通"，不仅保障自身供应链稳定可靠，也带动产业链上下游合作伙伴数字化转型和降本增效，更好服务实体经济高质量发展。

京东积极履行企业社会责任。2016年起，京东全面推进落实电商精准扶贫工作，通过品牌打造、自营直采、地方特产、众筹扶贫等模式，在全国各地贫困地区开展扶贫工作，上线贫困地区商品超过300万种；此外，京东全面启动"奔富计划"，积极投身乡村振兴，并于2020年10月发布"三年带动农村一万亿产值成长"的目标，截至2022年10月底，已带动农村实现产值超过7000亿元人民币。依托强大的物流基础设施网络和供应链整合能力，京东大幅提升了行业运营效率，降低了社会成本。京东以商品和服务为抓手、以技术创新为依托，通过打造高质量消费，带动实体经济数字化转型，促进产业和消费"双升级"，进一步助力供给侧结构性改革，推动实体经济高质量发展。京东以社会和环境为抓手整合内外资源，与政府、媒体和公益组织协同创新，为用户、合作伙伴、员工、环境、社会创造共享价值。疫情防控期间，京东坚持不间断运营，持续保障民生供应和医疗物资运输，多管齐下促进社会就业。

京东始终坚持"以实助实"，凭借扎实的基础设施、高效的数智化社会供应链、创新的技术服务能力，在保持自身健康发展的同时，一直努力为用户提供极致消费体验、帮助合作伙伴高质量增长、为社会创造更多价值。

二、京东发展历程

1. 1998—2006年：柜台起家、试水电商

1998年6月18日，京东公司成立，以销售光盘、光磁产品、刻录机等批发零售业务起步。
2004年1月，京东涉足电子商务领域，京东多媒体网正式开通。
2006年10月，京东首次引入今日资本风险投资1000万美元。

2. 2007—2013年：自建物流体系、确定战略方向

2007年6月，京东多媒体网正式更名为京东商城。
2007年，京东决定自建物流体系，并确立"全品类扩张"的战略方向。同年7月建成北京、上海、广州三大物流体系，总物流面积超过5万平方米。
2010年12月，京东开放平台正式运营。

2012年11月,京东正式开放物流服务系统平台。

2013年3月,京东完成价值观梳理:客户为先、诚信、团队、创新、激情。新企业价值观的核心是"客户为先"。京东域名正式更换为JD.com。

3. 2014—2019年:上市,京东生态成熟化

2014年5月22日,京东在美国纳斯达克挂牌上市。

2014年6月,开通微信"购物"一级入口,推出"智能云"平台。

2015年10月,与腾讯联合宣布推出全新合作项目"京腾计划"。

2016年6月,京东首次进入BrandZ全球最具价值品牌百强榜,排名第99,品牌价值达105亿美元,同比增长37%。同月,与京东到家合并后重组的众包物流平台新达达宣布,其物流系统已与京东商城的配送系统完成对接。自此,新达达平台上200多万众包配送员将纳入京东商城物流体系,为其提供最后一公里配送服务。

2017年4月,京东物流子集团正式成立。

2018年6月,京东与谷歌签订战略合作协议,双方将围绕零售创新展开全方位的深度合作,共同开拓国际零售市场。

2019年8月,京东集团入选科技部国家人工智能开放创新平台名单,领衔国家新一代智能供应链人工智能开放创新平台建设,推进智能供应链国家战略发展。

2019年10月,京东集团在福布斯全球数字经济100强榜排名第44位。

4. 2020年至今:二次上市,更新战略定位

2020年6月,京东集团正式在香港联交所二次上市,募集资金近300亿港元,用于投资以供应链为基础的关键技术创新,从而进一步提升用户体验及提高运营效率。从一家"领先的技术驱动电商公司"转型为"领先的以供应链为基础的技术与服务企业"。

2021年12月,腾讯宣布以中期派息的方式,将所持约4.6亿股京东股权发放给股东。本次派息后,腾讯对京东持股比例由17%降至2.3%,不再为第一大股东。

2022年7月,京东物流重庆巴南"亚洲一号"智能物流园区获重庆市商务委授予的重庆市"中心城区应急物资中转站"牌匾,成为全国首个落地的"城郊大仓"项目。

截至2023年6月30日,京东供应链基础设施资产规模达到1408亿元,构建起货网、仓网、云网"三网通"的深度融合体系。通过链网融合,京东不仅有效保障了自身供应链的稳定性和可靠性,还带动供应链产业链上下游生态企业数字化转型和降本增效,助力实体经济平稳高质量发展。

三、京东的商务模式

(一)战略目标

本着"技术为本,致力于更高效和可持续的世界"使命,以"客户为先、诚信、协作、感恩、拼搏、担当"的价值观,京东致力于成为一家"为社会创造最大价值的公司"。京东在商业领域一次又一次突破创新,取得了跨越式发展。与此同时,京东不忘初心,积极履行企业社会责任,在助力实体经济高质量发展、促进高质量就业、带动高质量消费、推动乡村振兴、提升社会效率、推动供给侧结构性改革等方面不断为社会作出贡献。

2023年6月18日，京东向56万员工发送了一篇题为《凝心聚力迈向"35711"梦想》的全员信，正式提出了面向未来20年的"35711"梦想：京东能有3家收入过万亿元人民币，净利润过700亿元人民币的公司；5家进入世界五百强的公司；7家从零做起市值不低于1000亿元人民币的上市公司；能为国家缴纳1000亿元人民币税收；提供超过100万个就业岗位。

为此，京东聚焦主航道，贯彻下沉市场、技术服务、国际业务三大战略。在下沉市场上，通过在"极致低价"和"丰富供给侧"两方面共同发力，提升供应链能力，触达更多下沉市场增量用户，同时结合"百亿补贴""春晓计划"等活动不断丰富下沉货盘；在技术服务上，京东将持续提升自研占比，不断完善差异化的产品矩阵；在国际业务上，京东将以完善供应链基础设施作为支点，持续深化海外供应链能力建设。

(二)目标客户

京东最初的目标客户是计算机、通信产品、新型数码产品、娱乐类电子产品和家电产品等的个人消费者或企业消费者。随着平台商品覆盖范围越来越广，如今京东的目标客户已是注重产品质量和物流服务时效性的全体消费者。

从职业角度看，京东商城的主要客户是白领、大学生和其他有稳定收入却没有足够时间上街购物的消费者。这些人整体学历水平较高，熟悉网络购物，不仅消费意愿强，消费能力也较好。其中每年走出校门的数百万大学毕业生群体是京东的重点目标客户市场。2021年9月30日至2022年9月30日，京东拥有核心业务年度活跃用户5.883亿，同比增长6.5%。其中，京东集团的日均活跃用户数以双位数的幅度同比增长，零售用户购物频次和用户平均贡献收入(Average Revenue Per User，ARPU)保持增长势头。截至2022年末，京东PLUS会员在籍会员数量达3400万。

(三)产品和服务

京东集团主要提供以下产品和服务。

1.京东零售：成为全球最值得信赖的零售及零售基础设施服务商

目前京东零售是京东集团的收入和利润核心，占京东集团总收入比重超过90%，已完成电脑数码、手机、家电家居、服饰、美妆、运动户外、奢品钟表、生鲜、生活服务、工业品等品类覆盖，拥有超1000万最小存货单位(Stock Keeping Unit，SKU)自营商品。京东零售由商品自营业务、平台电商业务和全渠道业务组成，目前主要围绕京东商城展开。京东商城是一站式综合购物平台，近年来又推出京东国际，主营跨境进口商品业务，专注原产地直购模式，具有自营直采、突出原产直销、京东配送优势，已吸引近2万个品牌入驻，产品来自美国、加拿大、韩国等70多个国家和地区。京东财报显示，2021年，京东零售业务收入为8663.03亿元，同比增长24.83%，其中自营业务是京东零售的主要收入来源，占比达到94.15%。到2023年，京东零售实现收入9453.43亿元，同比仅增长1.7%，增速明显减缓。

京东"全链路服务"基于供应链优势，为用户建立了全时段、全周期、全场景、全渠道四个维度的保障：不仅有京东客服全天24小时服务，还建立了多领域专属顾问团队，协助用户处理全场景下的专业问题。京东 185 项基础服务以及上百项环节保障已形成用户售前、售中、售后全周期保障。2021 年和 2022 年,除物流及消费类服务外,京东零售仅在用户服务方面投入超 400 亿元。

2. 京东科技:更懂产业的数智化解决方案提供商

(1) 京东金融,以智能化、内容化为核心能力,与银行、保险公司、基金公司等近千家金融机构,共同为用户提供专业、安全的个人金融服务。京东金融涵盖理财、借贷、保险、分期四大业务板块,主要有京东众筹、京东白条这两个产品。

(2) 京东云,依托京东商城电商优势而开发的云服务平台。京东云提供了基础云、数据云、数据交易平台、行业解决方案等服务,初步形成了一个完整闭环的电商云服务链条。

3. 京东物流:成为全球最值得信赖的供应链基础设施服务商

京东集团 2007 年开始自建物流,京东物流集团于当年 4 月 25 日正式成立。京东物流是中国领先的技术驱动的供应链解决方案及物流服务商,以"技术驱动,引领全球高效流通和可持续发展"为使命,致力于成为全球最值得信赖的供应链基础设施服务商。京东物流建立了包含仓储网络、综合运输网络、最后一公里配送网络、大件网络、冷链物流网络及跨境物流网络在内的高度协同六大网络平台,具备数字化、广泛和灵活的特点,服务范围覆盖了中国几乎所有地区和城镇,不仅建立了中国电商与消费者之间的信赖关系,还通过 211 限时达等时效产品和上门服务,重新定义了物流服务标准,客户体验持续领先行业。

截至 2023 年 9 月 30 日,京东物流运营超 1600 个仓库,过去三年新增超过 700 个仓库,仓储网络总面积已超过 3200 万平方米。通过自建的京东物流配送系统,京东零售销售的商品配送及时、准确,同时大大降低了配送成本。配送服务包括 211 限时达、次日达、极速达、夜间配、自提柜和无人机等。

4. 京东健康:致力于成为"国民首席健康管家"

京东健康是京东集团旗下专注于医疗健康业务的子集团,成立于 2019 年 5 月,基于"以医药及健康产品供应链为核心、医疗服务为抓手、数字驱动的用户全生命周期全场景的健康管理企业"的战略定位,已经成为中国领先的医疗健康商品、服务、解决方案提供商,产品及服务可覆盖医药健康全产业链、医疗全流程、健康全场景、用户全生命周期。京东健康的业务范围涉及了健康商品营销与销售、医疗健康服务、数字健康解决方案、智慧医疗解决方案等领域,同时与产业链上中下游各环节的企业、机构进行合作,以打造更加完整的大健康生态体系。

(四)盈利模式

京东集团业绩报告显示,2023 年全年收入达 10 847 亿元,较 2022 年全年增加 3.7%。其中服务收入为 2134 亿元,同比增长 17.8%;商品收入为 8712 亿元,同比增长 0.7%;全年经营利润达 352 亿元,同比增长 24.7%,超出市场预期。京东零售经营利润率继续保持稳步增长,2023 年全年达到 3.8%,日均活跃用户数加速增长,零售用户购物频次和平均每用户收入继续保持增长势头。京东商城的盈利来自直接销售收入、平台使用费、会员费、广告费、资金沉淀收入等。下面从利润点、利润对象、利润源分析京东商城的盈利模式。

1. 利润点

利润点是企业提供产品或者服务,让企业获得利润的项目。京东主要提供了以下几项产品及服务。

(1) 自营商品。京东拥有自营商品,特别是计算机、笔记本、平板电脑、手机等 3C 产品,更是以正品保证、无忧售后吸引客户。京东商城主要利润来源是从供货商的包销模式中获取的产品差价和返点收益。京东商城还利用收到顾客货款和支付供应商的时间差产生的资金沉淀,进行再投资,从而获得盈利。

(2) 第三方平台。京东为其他卖家提供了销售平台,同时也提供店铺或产品的宣传推广等服务。京东商城根据服务类型收取相应比例的费用,如收取平台使用费 6000 元等,同时根据不同的店铺经营类目,收取 1 万元至 10 万元不等的平台保证金。广告费也成为其营收来源之一。

(3) 会员服务。京东 PLUS 付费会员能够享受无限免邮、最高 3%返利、折上 95 折等优惠服务,会员费为 99 元/年。截至 2022 年底,超过 3400 万的付费会员为京东营收持续增长打下了坚实的基础。

(4) 自营物流。京东自建物流仓储配送体系,为自营产品、平台其他商家提供物流服务,另外还对外提供仓储配送业务。

(5) 技术服务。京东向第三方开放技术平台,给供应商和合作伙伴提供全面的技术解决方案。

(6) 其他附加产品。如金融领域的京东白条、小金库等。

2. 利润对象

利润对象是指企业的目标客户。京东的利润对象是使用京东 APP 或网站购买京东自营商品的消费者、需要仓储配送服务和技术服务的消费者、供应商和合作伙伴、第三方商家和广告投放商等。

3. 利润源

利润源是利润获得的渠道或途径,是企业发展和生存的基础。京东根据不同产品与服务,采取相应的获利方式,如自营销售收入、入驻商家年费、平台使用费、店铺保证金、商家广告费、物流服务收入、会员费、技术服务收入以及京东白条等附加产品获得利润等。2023 年京东平台及广告服务收入 847.26 亿元,物流及其他服务收入 1287.12 亿元。

(五)核心能力

1. 以消费者为核心的"正品+服务体验"

随着生活水平的提高,越来越多消费者更加关注产品质量与服务。而"正品+服务体验",是京东 20 年来最大的"底色"。很多人将京东作为网上购物的首选,主要原因是认为在这里买得放心,尤其是京东自营的质量有保证,通过更加丰富的品质好货打动消费者内心,这和京东从成立起就坚持正品经营的理念有很大的关系。而为了解决消费者对售后服务的担忧,京东给用户提供有品质、有保障、能放心的商品,不断完善服务体系,还在行业首创价格保护、上门换新、家电延保等服务,在用户中积累了超高的口碑。此外,京东还提供一些特色服务，比如家电以旧换新、节能补贴、拍卖业务等，满足客户的不同需求。

除了自营业务，京东还吸引了大量第三方商家入驻，为消费者提供更多元化的商品选择。京东对第三方商家进行严格的筛选和管理，确保商家和商品的质量。在平台模式下，不仅合作的商户数量多，而且涉及的行业也更广泛，这大大丰富了京东的库存单位(Stock Keeping Unit，SKU)，为京东的商品交易总额(Gross Merchandise Volume，GMV)和全品类化做出巨大贡献。2022年1月，京东逐步开放类目运营模式，支持商家店铺多类目经营，聚焦类目发展以及商品的丰富性。类目运营模式使商户得以参加其他类目的活动、获得多元化的平台资源，极大推动了京东全品类化进程，更好地满足了消费者需求。

2. 稳定高效的供应链能力

稳定高效的供应链能力是京东发展的根本支撑和驱动引擎。2020年，京东集团正式升级定位为"以供应链为基础的技术与服务企业"。作为供应链公司，自营物流能力、采购能力以及供应链对外服务能力共同构成了京东的业务壁垒。京东深度参与采销、仓储、物流等环节，为消费者提供从品质到时效的多重保障，打造了更优质的购物体验。

(1) 京东物流能力

自营仓配型物流模式使京东"快"于平台型电商。仓配模式通过需求预测将货物提前放置在离消费者更近的仓中，减少搬运次数从而提高配送速度。2009年3月，京东成立了自有快递公司，物流配送速度、服务质量得以全面提升。2010年4月初，京东商城在北京等城市率先推出"211限时达"配送服务，在全国实现"售后100分"服务承诺。90%以上的自营订单可以在24小时内送达。自2009年至2024年，京东陆续在天津、苏州、杭州、南京、深圳、宁波、无锡、济南、武汉、厦门等50多座重点城市建立了城市配送站。此外，京东在北京、上海、广州、沈阳、成都、武汉等大城市已经建立了28个智能化物流中心——亚洲一号。

京东铺设了全国性物流基础设施并形成一体化供应链。六大网络通过多年整合优化，京东物流成功实现了与商流的协调，能够依据商品特征有针对性地为不同行业提供物流解决方案。

(2) 京东自营采购能力

京东与制造商长期合作增强了自身的采购能力，且能够通过配置大量采购人员来保证自营商品的高品质。基于多年采购经验，一方面京东能够持续提高向制造商采购商品的比重，甚至成为其授权经销商；另一方面，京东能够获得更有利的采购条款并获取稀缺商品。

(3) 京东库存管理能力

京东通过库存管理的高周转效率形成领先壁垒。京东将预测算法、库存模型和大数据应用到库存管理系统中，降低跨区履约、提升周转效率，从而实现降本增效。京东拥有精准的需求预测能力，能够依据运营经验及运筹优化算法对消费者偏好做出预测，规定商家入仓的SKU种类及数量，从而降低货品滞销积压的风险。入库后，京东通过数智化能力实现商品可视、库存可视、订单可视，进一步实现库存与订单之间的有效协同。

3. 科技创新能力

2017年初，京东集团全面向技术转型，相继建立了大数据、AI和云事业部。六年来，京东持续投入了超过1000亿元用于技术研发，通过"以实助实"帮助传统制造业发展壮大。2023年一季度，技术创新和精细化运营带来效率提升，履约费用降低至近年来同期最低水平。秉承"以科技引领产业数智化升级，推动世界更加高效和美好"的使命，致力于为城市、企业、金融机构等各类客户提供全价值链的技术性产品与服务。

四、成功之处

京东的成功，除了对目标市场的定位精准，有足够的资金支持，还归功于其专注低价好货及供应链物流服务的"多快好省"的策略。

(一)目标客户定位精准

互联网用户以25～34岁的青年为主，而计算机、通信和消费类电子产品的主流消费人群正是他们。这意味着京东商城的主流消费人群与互联网主流用户重合度非常高，使其具备了开拓市场的前提。

垂直类B2C商城只需要上万种商品就可以满足大部分消费者的需求，但综合类B2C商城至少需要10多万种商品才能满足运营需求，商品数量的增多必然导致工作难度和人员配备增加，管理难度提高。京东商城最初进入市场时以3C为切入点，做垂直类B2C，精准锁定目标客户，了解客户需求，并提供其所需要的产品和服务，同时培养客户的忠诚度，形成品牌效应。

(二)多渠道融资，坚实的运营资本

2007年4月至上市前，京东共获得近30亿美元的风险投资。2014年5月22日，京东在美国上市，市值为260亿美元，成为仅次于腾讯、百度的中国第三大互联网上市公司。2016年1月，京东金融集团获得来自红杉资本、嘉实资本和中国太平投资的融资金额66.5亿元。2020年6月，京东集团正式在香港联交所二次上市，募集资金近300亿港元。充足的资本使得京东能够不断扩充平台销售品类，并深耕物流与供应链领域。

(三)低价、丰富的商品和便捷的服务

对于B2C公司来说，网络生存的法则就是"低成本、高效率"。京东商品价格制定从不参考同行价格，而是在商品的采购价上，加上5%的毛利，即为京东的价格。京东利用低价迅速征服消费者，不断扩大销售规模。同时提供"一站式"服务，集成了商品销售、支付、物流与配送、售后保障、技术支持等为消费者提供便利。

京东商城在2007年开始尝试扩充产品线。2008年下半年，京东正式在3C的基础上增加日用百货商品。至2023年已经拥有超1000万SKU自营商品，其中涉及数码、计算机、家用电器、服装、化妆品、运动、母婴、食品等多个领域。2023年3月，京东商城第三方平台共有超过25万个签约商家，近百万种商品入驻。平台商户同样可以享受京东的仓储、配送、客服、售后、货到付款、退换货和自提货等服务，减少自建服务体系的成本。

京东除了提供传统的售后服务之外，还提出"家电一站式"服务，承诺客户购买京东自营商品享受30天价保、30天质量问题包退、180天质量问题包换的服务。在退换/售后栏目把处理完的工单标志为换新订单、补发订单、补偿申请或者退款申请。此外，消费者还

可额外购买延保或以换代修等增值服务,无忧售后让消费者买得放心,用得安心。

(四)自营物流,高效的配送服务

京东物流建立了高度协同的六大网络,还通过 211 限时达等时效产品和上门服务,重新定义了物流服务标准。2022 年,京东物流完成对德邦物流的收购,快速获得了一张覆盖全国的快运网络,京东航空的常态化运营也有效地促进一体化供应链的降本增效。截至 2023 年 9 月,京东在国内 50 多座城市运营了超 1600 个大型仓库,拥有 6780 个配送站和自提点,含云仓生态平台的管理面积在内,京东物流仓储总面积超 3200 万平方米。京东物流还在全球拥有近 90 个保税仓库、直邮仓库和海外仓库,总管理面积近 90 万平方米。京东专业的配送队伍能够为消费者提供一系列专业服务,全面满足消费者对不同品类、不同消费场景的时效需求,将用户体验带入"按需配送"时代,保障用户享受到卓越、全面的物流配送和完整的"端对端"购物体验。

(五)资金和库存周转效率高

京东利用电子商务的短账期优势,提高资金周转效率,降低成本。京东商城在创立之初,就自建信息系统,根据消费者在网上的点击率、关注程度、过往的购买量等信息,迅速对产品销售做出预判,并对产品销售全过程——订单确认、仓储、拣货、物流、配送等环节进行信息化管理,充分利用电子商务的高效率优势,尽可能缩短账期。过去十年间,京东自营商品库存单位在持续增长至超过 1000 万的基础上,库存周转天数不断优化,2023 年四季度库存周转天数降至 30.3 天,以全球领先的供应链能力提升整个产业链的周转效率。更快的周转,也有助于厂商开拓新的增量市场。

五、结论与未来发展建议

京东商城是最受中国消费者欢迎和最具影响力的电子商务网站之一。2023 年,京东集团成功跻身世界 500 强企业排行榜,位列第 52 位,成为中国第一大民营企业。这一成就令人瞩目,京东集团不仅是国内首家实现超过 1 万亿人民币营收的民营企业,更在国内树立了民营企业的典范。自成立以来,京东凭借其卓越的电商平台和全面的供应链管理持续保持着快速增长的势头。然而,京东的崛起,也伴随着一系列全新的挑战。作为中国第一大民企,京东不仅需要保持创新动力以及竞争优势,同时还肩负着承担社会责任、推动可持续发展的重要使命。

(一)面临的挑战

1. 研发及并购的投入巨大

京东的自建物流投入巨大,投资构建一个覆盖全国的仓储配送网络,需要上百亿元的资金。虽然目前京东的各种物流服务和设施已经逐渐完善,但随着商品交易量日益增长,想要继续保持良好的客户体验,仍需要不断投入资金以提升物流效率。特别是 2017 年京东全面向技术转型后,迄今已经投入了近 1000 亿元用于技术研发。同时,京东通过投资并购切入汽车、旅游、餐饮、生鲜等领域,为全面满足京东优质用户的多元化需求,也为公司长远发展进行战略布局。

2. 竞争对手的压力

京东面临着与其他电商平台的竞争日益激烈的局面，这些平台包括阿里巴巴旗下的淘宝、天猫及线下零售商等。在电商市场中，京东竞争对手众多，其中最强大的对手莫过于阿里巴巴。在市场份额上，阿里巴巴长期占据主导地位，京东则一直处于追赶者的角色。此外，近年来拼多多等社交电商的崛起，也给京东带来了新的竞争压力。如何在激烈的市场竞争中保持优势，是京东面临的一大经营挑战。为了保持自身的竞争力，京东需要在增加用户黏性、提升品牌认知度、提高产品和服务质量等方面下功夫。

3. 活跃用户数增速放缓

进入 2022 年后，京东的活跃用户数同比增速明显放缓，从 16%降至 6%。一方面可以理解为用户基数变大后，影响增速，另一方面是国内电商市场从增量竞争转入存量竞争，拉新用户的竞争更加激烈所致。

"年度活跃用户数"是指在财报截止日之前的十二个月内至少有过一次购买动作的账户。2022 年前三个季度，京东活跃用户稳定在 5.8 亿左右。而京东第四季度的财报中，并未披露年度活跃用户数，也未说明原因。隐去年度活跃用户数之举，引发业界更多猜想。

(二)未来发展建议

1. 回归零售核心，重拾低价策略

2023 年以来，京东回归零售的核心，重拾低价策略。"低价是京东过去获得成功最重要的武器，以后也是唯一基础性武器"，要将低价在京东提升到前所未有的高度。京东在平台方面提供了包括百亿补贴、PLUS 会员补贴等在内的大额福利，免运费门槛由 99 元大幅调低至 59 元，京东认为可通过优化履约成本而节省出可以用于补贴的经费，以及通过规模效应让商家在降价的同时使效益最大化。商品驱动方面，要注意畅销品与长尾商品相结合、新品提前抢发、新消费品类及时上位等。要做到任何品类、品牌，京东上总有更便宜的。

2. 由零售向零售+基础设施服务商转型

京东立足于"以供应链为基础的技术与服务企业"战略定位，将自身的供应链基础设施开放出来，助力产业链供应链降本增效、提质升级，从而进一步将供应链从商业价值、产业价值，进一步延伸到社会价值。为此，京东将增加第三方商家的参与，促进产品多样化。其目的是扩大消费者和商家规模，同时促进第三方业务的长期发展。其最近宣布的组织结构调整可能会在中期提高第三方业务的灵活性，但是这种调整可能会在短期内给收入增长带来额外的阻力。另外，京东电商云可与广大商家、用户、电商独立软件开发商和应用开发者共同培育电商应用生态。

3. 无界零售构造新生态

京东通过"无界零售解决方案"实现了与腾讯、百度、奇虎360、网易、搜狗、爱奇艺、搜狐等诸多一线互联网公司线上线下数据的融合、场景的贯通和交易的同步。而通过这一系列的合作，京东帮助其背后的品牌商们几乎触达到全国互联网用户，并能够利用各个平

台的数据资源、用户流量，辅以大数据和人工智能算法，实现精准营销。京东通过无界零售战略拓展了流量来源，让零售场景和入口变得更加多元化，同时也提高了流量转化的效率，在流量成本激增的今天，依然能够保持获客成本的相对稳定。

自 2022 年开始，京东开始更加注重"线下实体"的发展。在 2023 年的 618 期间，京东家电专卖店在下沉市场新开门店数高达 724 家，同期 13 家京东城市旗舰店也相继开业。京东发力线下可能旨在聚焦于"即时零售相关能力"。京东创新零售事业部的"线下资源"整合中，"前置仓类资产"是一个非常关键的类型，不只包括社区团购相关资产，也包括了七鲜(京东旗下连锁生鲜超市)。在新的模式中，七鲜完全可以成为区域内的前置仓，并和即时零售业务结合。这需要整合资源，并对资源进行有效的协同。

第三节 唯品会案例

唯品会案例.mp4

一、唯品会简介

唯品会成立于 2008 年底，当时的金融危机为企业带来的库存危机成为唯品会的发展机遇。通过对市场的深度分析，唯品会最终选择以"品牌特卖"这一定位进入电商行业，抓住清理库存这一细分市场，占据用户心智。

唯品会作为一家做品牌特卖的网站，主打正品保证、深度折扣、限时特惠抢购的网络闪购模式。截至 2023 年第二季度，已有超过 41000 国内外知名品牌强势入驻唯品会。潮流服饰、时尚美鞋、品质家纺、精美配饰、萌美童装、母婴用品、大牌化妆品、高级奢侈品等一应俱全。入驻唯品会的部分知名品牌如图 2-1 所示。

图 2-1 入驻唯品会的知名品牌

唯品会聚焦"好货"战略，坚持与"好品牌"合作，由专业买手团队深入挖掘"好款式"，与品牌合作共同建立强供应链"好质量"供货体系，实现货品的"好价格"，为消费者提供极具性价比的品质好物。

根据艾瑞咨询集团发布的《中国网络限时特卖市场研究报告》，唯品会长期领跑中国限时特卖市场,同时也是全球领先的特卖电商。唯品会在中国领创"品牌折扣+限时抢购+正品保障"的独特商业模式,并持续深化为"精选品牌+深度折扣+限时抢购"的正品特卖模式,每天准点上线数百个正品品牌特卖,为消费者提供超值的购物惊喜。2023年第二季度财报显示其净营收、净利润、活跃用户数和订单数均实现了同比增长,延续了43个季度连续盈利的纪录。

唯品会以提升我国甚至全球消费者的时尚品位为目标,为消费者打造唯美的生活格调和高品质的生活态度。唯品会以"合作伙伴也是客户,尊重每一位合作伙伴。真诚合作,诚信经营,形成共建共生共赢的生态环境"为原则善待合作伙伴;以"怀感恩之心,在环境、社会与治理(Environmental Social and Governance,ESG)方面积极践行企业责任,塑造健康企业形象;以坚持公益,帮助更多有需要的人"为态度回报社会;以"客户至上、简单正心、快速高效、创新精进、协作担当"的核心价值观获得成功。

二、唯品会发展历程

2008年12月,唯品会名牌限时折扣网正式运营。

2012年3月23日,唯品会成功登陆美国纽约证券交易所,成为华南地区首家在纽约证券交易所上市的电子商务企业。

2013年1月,唯品会主动访问用户比例升至31%,在B2C网站中排名第一。

2016年5月,唯品会"唯品国际"频道全新升级,继续深化"正品、精选、价格、服务、规模"五大核心差异化竞争优势,将原有的"跨境商品特卖平台"升级为用户"遇见全球美好生活"的"生活方式平台"。

2017年12月,腾讯公司出资6.04亿美元、京东出资2.59亿美元对唯品会进行A股认购。两家互联网公司巨头通过广告链接等多种方式,帮助唯品会创造新的购物入口,以自身用户为基础增加唯品会的客流量。

2018年5月11日,唯品会宣布唯品国际与京东全球购在供应链和采购方面达成合作。

2019年7月10日,唯品会收购杉杉奥莱100%股份,开始布局线下奥莱业务,深度整合线上特卖和线下特卖。

2020年12月,唯品会布局的首个城市奥莱项目——唯品会(合肥)城市奥莱正式开业。

2022年,唯品会同时荣获"2022福布斯中国年度最佳雇主"和"2022中国年度最具可持续发展力雇主"两项大奖。

2024年2月28日,唯品会发布2023年财报,全年商品交易总额为2080亿元,同比增长18.7%,首次突破2000亿元。

三、唯品会的商务模式

(一)战略目标

唯品会的使命是"传承品质生活,提升幸福体验",愿景是"成为全球一流的电子商务平台",定位为时尚综合类零售平台。为此需要不断倾听和理解客户需求,主动提升客户体验,提供超预期的产品和服务,不断给客户制造惊喜,为客户创造价值。

唯品会将宣传语从"一家专门做特卖的网站"升级为"全球精选 正品特卖"再到"品牌特卖,就是超值"后,依旧延续了其核心主张"品牌特卖",并进一步深化"超值"概念,体现其打造更高性价比平台的决心。唯品会作为中国最大的名牌折扣网站之一,积极打造自身成为B2C电子商务平台上名牌折扣网上第一店,中国的网上奥特莱斯,以高质量的产品、专业的设计和运营、完善的售后等服务消费者,旨在提高中国消费者的时尚品位。

(二)目标客户

2023年唯品会活跃用户数为8740万,以二、三线城市年轻人居多,女性用户占比高于男性。这些地域的消费者收入低于一线城市,想拥有品牌商品但购买正价品牌商品的能力较弱。由于京东的用户以一、二线城市中产阶层为主,而唯品会二、三线及以下城市的用户占70%,唯品会与京东达成战略合作后,京东的优质用户补充了唯品会的用户来源。2018年第二季度,来自腾讯、京东的新客户数量占唯品会该季度新客户总数的24%。

唯品会最初定位的客户群为20~35岁的年轻白领,他们对生活品质有一定要求并具备一定消费能力。唯品会中的商品以较低折扣进行销售,这更易于刺激青年群体对品牌产品的消费欲望。据相关数据显示,唯品会在收入有限、却渴望"高质价比"消费的90后群体中相当受欢迎,从2017年年中开始,90后成为唯品会占比最高的客群,目前唯品会新增用户中90后占比超50%。随着90后的成长和社会角色的多元化,在购买力上,无论是客单价还是人均订单量,与唯品会其他用户的差距正在逐渐缩小,成为消费主力的态势逐渐明朗。

(三)产品和服务

每天早上10点和晚上8点,唯品会准时上新品牌折扣商品,涵盖名品服饰鞋包、美妆、母婴、居家等各大品类,为消费者带来愉悦的"网上逛街"的体验和超高性价比的购物惊喜。同时,唯品会为用户提供了以下服务。

1. 正品保障

唯品会售卖的品牌均为正品,并由中国太平洋财产保险股份有限公司对用户购买的每件商品进行承保。

唯品会销售的商品均从品牌方、代理商、品牌分支机构、国际品牌驻中国办事处等正规渠道采购,并签订战略正品采购协议。不仅如此,唯品会对供应商的资质都进行严格审查,营业执照等五证、产品检验报告及品牌授权许可文件,缺一不可。对于进口商品,还要求供货商必须提供进关单据等文件;对于3C、化妆品、食品等产品,均依据国家规定要求供应商提供商品特殊资质证书。

2. 支付服务

唯品会支持多种在线支付方式,包括网银支付(储蓄卡与信用卡支付)、唯品卡、支付宝、微信等,能够最大限度地满足客户的个性化需求。

3. 配送服务

唯品会与多家快递公司合作配送商品,会员在唯品会成功购买商品的每一个订单,系统都会默认生成一个包裹。目前唯品会暂时不提供自选物流的服务，而是根据收货地址和商品种类选择最合适的物流公司为会员配送，配送范围覆盖全国大部分地区(港澳台地区除外)。

当成功订购商品后，唯品会承诺在指定的时间内把订购的商品送到顾客的手中，其中包括购买的商品、送货单、商品发票等。验货与签收商品是配送服务中的重要方面，唯品会已与配送公司签订先验货后签收协议，顾客在配送人员在场的情况下，当面验收商品。唯品会承诺如有任何问题，可与唯品会客服联系解决。

唯品会在华南、华北、西南、华中、华东、东北和西北一共设立了七大仓储物流中心与五大海淘保税商，并建立了智能化和自动化仓储，大幅提升拣货、出库效率。2019年11月，唯品会正式宣布与顺丰签订物流配送的合作协议，旨在优化其物流运营效率，降低自身的履约费用，为消费者提供优质的送货服务，持续提升用户的消费体验。

4. 售后服务

售后服务是整个交易过程中不容忽视的重要环节，唯品会一直致力提升用户购物体验，为消费者建立了一系列完善的售后服务机制，除了行业普遍提供的7天无理由退换货之外，更凭借自营仓储系统和顺丰配送特别推出极速退换服务；退货所产生的运费，由唯品会提供10元礼品卡补贴，力求让消费者买得放心，退得顺心。唯品会承诺的售后服务还包含维修服务、保险理赔、投诉及建议等。

5. 金融服务

唯品会衍生出与之相关的金融服务，从而为其业务合作伙伴创造价值，并最终使目标客户受益。唯品会拥有唯品花、唯易贷、唯多利、唯品宝等互联网金融产品，为消费者及供应商提供融资借贷及资金财务管理的相关服务。

(四)盈利模式

唯品会采用闪购模式销售商品或提供服务，通过收取销售佣金、会员费以及产品推广的费用等获取利润。唯品会的利益相关者主要有消费者、品牌供货商、物流配送企业及广告商，其基本价值网络如图2-2所示。与京东和腾讯达成战略合作后，唯品会将建立起更为牢固的利润屏障。不论是对增加唯品会的购物入口、用户数量，还是对唯品会未来产品的扩充和市场的扩张，都奠定了良好的基础，有助于提高其行业竞争力。

尽管唯品会本质上是一个商品销售平台，但由于专注的是闪购市场，并且是最早把闪购做大做强的网站，先动者优势明显。唯品会毛利率高的一个原因在于其在闪购市场的议价能力。唯品会引入新品牌进入线上销售的流程是，首先与品牌商议价，以极低的价格达成协议，后把商品引入线上，唯品会只支付货物价格的10%~15%的押金，对于长期合作的品牌商甚至不用支付押金。其次通过线上的促销活动销售商品，最后把剩余的商品返还给供应商，大大降低了资金占有率，这是唯品会实现盈利的关键。与此同时，马太效应使得唯品会在闪购市场迅速成长，尽管曾经有当当的"尾品汇"等竞争者相继进入闪购市场，但是由于其大部分产品为正价，与部分折扣的定位相违背，难以控制价值链，无法动摇唯品会的地位，现在大多已黯然退出市场。

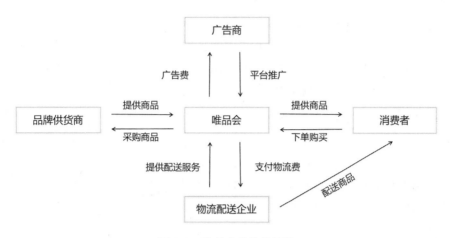

图 2-2　唯品会的价值网络

唯品会超级 VIP 会员(SVIP)连续包年费用为 79 元/年,高价值用户规模不断扩大,会员费收入不断增加,是唯品会稳健发展的关键。在深度折扣(折上 9.5 折)、会员权益与增值服务的基础上,平台为 SVIP 新增高德打车、顺丰同城、必胜客宅急送等福利券包,吸引更多用户加入。截至 2023 年第二季度末,唯品会 SVIP 活跃用户数同比增长 23%,约贡献线上消费的 44%。

唯品会采用自营平台、自有仓库、全链路自营模式将正品直接送到用户手中。唯品会的闪购模式,决定了其网站上出售的商品每天都在更新,其上下架速度非常快。库存周转天数是指企业从取得存货开始,至消耗、销售为止所经历的天数。2019 年,唯品会存货周转天数 32.55 天。极快的库存周转率是唯品会实现盈利的另一关键因素。

受到疫情等因素的影响,唯品会 2022 年全年业绩比上一年有所下滑。2022 年唯品会全年净收入总额为 1032 亿元,同比下降 11.9%;全年商品交易总额为 1752 亿元,而上一年为 1915 亿元;全年毛利润为 216 亿元,较上一年同期的 231 亿有所下降;活跃客户数量为 8480 万,同比下降 9.7%。但与此同时,SVIP 用户仍是消费主力,占比不断提升,优质客户群体进一步扩大,助推平台高质量发展。

(五)核心能力

1. 精准定位,极高的复购率

唯品会精准定位于闪购市场,开创"品牌折扣+限时抢购+正品保障"的营销模式,为客户创造了紧张刺激的限时限量抢购场景。唯品会活动预告如图 2-3 所示。

图 2-3　唯品会活动预告

唯品会精准锁定价格敏感人群，培养目标客户的消费习惯，极高的复购率是其持续盈利的主要原因。据统计，老客户所产生的销量是新客户的15倍以上，开发一个新客户的成本是维护一个老客户的5倍左右。唯品会复购率常年保持在90%以上，用户黏性极高，与其他电商企业相比，具有巨大的优势。

2. 商品精选的导购价值

唯品会并不是一家导购网站，但其最大的价值恰恰却是导购所创造的。购物本应当是件轻松、快乐的事情，但用户置身于网上海量的商品中往往感受到的是茫然。唯品会的价值就在于其站在独立第三方的角度，从海量的商品中为消费者做了一次精选，并且由于这些商品背靠一定的品牌认知度，产品质量也相对有保证，因此唯品会能通过口碑逐渐地与消费者建立信任感。

3. 与品牌供应商直接合作

唯品会与品牌供应商直接合作，有助于货品的质量管理及库存管理，几乎不会产生临时缺货、周转不及时等状况。唯品会专做"正品"，就需要对品牌方严格挑选，不断增强与品牌方的合作力度，进而扩大产品规模，提高品类质量。由于免除中间商费用，大大降低了采购成本，使用户能够享受到更多的优惠。此外，与品牌方建立长久合作的关系，对于唯品会的价格谈判、折扣控制力度也起到至关重要的作用。

4. 独特的仓储物流体系

目前唯品会全国仓库总面积超过300万平方米，其蜂巢全自动集货缓存系统大大提升了仓储物流效率。唯品会的仓储管理模式中最具特色和竞争力的就是"零库存"模式，采用品牌产品集中一次促销的模式，每种商品从进仓、上线、促销、下线到退货，周期往往不超过30天。由此，唯品会要求仓库作业与线上平台商品的上线下架周期高度配合。"零库存"模式与唯品会专注于限时打折、闪购的营销方法有着很大的关系，唯品会大宗出货能力非常强大，每天都会有100个品牌授权特卖，限售时间一到，库存商品马上就要从仓库撤掉，腾出空位从而上架新的单品，这样就大大减少了品牌商的现金流压力，加速了品牌商的资金周转率，缩短了供应链。

通过"干线+落地配"的物流模式，由自营仓储中心配送至目标城市，再选择当地的快递公司做"送货上门"的二次落地配送，这种模式的好处是可让电商做最擅长的运营业务，减轻资金压力，但也对管控与物流商的合作提出了更高的要求。

四、成功之处

唯品会顺应时代需求，以品牌特卖来吸引消费者，以限时抢购来刺激消费者。与天猫等电商平台大而全的模式不同，唯品会深度合作国内外品牌超过6000家，全国7大仓储系统，11家海外公司当地直采，自营入仓，保证优质；超千人专业买手亲身体验，通过大数据及智能分析，精准推荐品质好货。通过品牌授权实现深度折扣，保证全网最高性价比。

唯品会SVIP用户具有高复购率、高购买力、高留存率等特点，为唯品会的业绩做出了不少贡献。

除了形式上的创新，完善的配套服务组合也成为其打造"回头客"的关键。在物流环节，唯品会通过自营平台、自有仓库、顺丰配送模式将正品直接送到用户手中，有效加强了对物流环节的控制力度，大大提升了客户体验。

另外，唯品会为顾客提供了完善的售后服务体系，解决消费者的后顾之忧。除了贴身产品外几乎所有的商品都能够 7 天无条件退换货。因商品质量问题产生的退换货，退换货运费由唯品会承担；因个人原因产生的退换货，唯品会提供 10 元唯品币/单的退货运费补贴。申请退货的流程也非常简便，在网上能够很快完成操作。

五、结论与未来发展建议

唯品会依靠正品保障、精选知名品牌、限时特卖、自建的仓储物流以及良好的售后服务赢得用户，使其得以保持较高的复购率，成为中国知名的电商平台。另外，唯品会与腾讯和京东达成了战略合作关系。腾讯和京东为唯品会提供流量和内容的支持，微信钱包入口和京东 APP 入口为唯品会提供了大量的用户流量。唯品会和京东的客群形成互补，共同打造更完整的电商生态链。

随着大数据、人工智能和数字化等技术对供应链的改进，用户直连工厂(Customer to Manufacturer，C2M)模式对供应链环节的优化升级，让品牌商对生产制造环节把控更为得当，库存尾货更少。另外，头部电商平台的加入和直播电商的兴起，消费者选择多，特卖壁垒逐渐降低。

(一)面临的挑战

1. 综合电商平台加入竞争

唯品会作为我国第一家特卖电商，打开了"正品特卖"的市场蓝海，天猫、京东、拼多多这样的综合电商平台也纷纷加入特卖行列。

在综合类电商平台上，品牌商也可以自己去库存，开设官方 outlets(奥特莱斯)店。以服装品牌 GXG 为例，其在淘宝平台上就开设有官方 outlets 店。品牌商自己去库存意味着没有中间商赚差价，且官方店与去库存店分开，也不用担心品牌形象会受到影响。

对于消费者而言，综合类电商提供的商品不只有旧款低价大牌正品，还有更多新款低价大牌正品。拼多多发力百亿补贴，将品牌新品都加入补贴，淘宝、京东也均推出百亿补贴、聚划算、秒杀等针对品牌商品的优惠活动。拥有更多低价大牌新品的综合电商平台相较于仅有低价大牌库存的唯品会，更有吸引力。这对于专做特卖的唯品会而言，就意味可能会有大批客户流失，从而对其营收造成严重影响。

2. 直播电商平台兴起

流量大的直播电商平台，具有清库存的天然功能。直播带货不是零售，更多的是营销行为，目的是为了清库存、推新品、实现 C2M 等。在抖音、快手、淘宝直播等平台上，品牌方直接开设官方直播间，或是通过知名主播来带货。而唯品会的营销方式较为传统，主要包括明星广告代言、影视剧植入广告、冠名支持热门综艺节目等方式。唯品会没有第一时间紧跟时代潮流，其"闪购"商务模式也面临着前所未有的挑战。

3. 客户购买体验下降

唯品会的平台反馈率和客户满意度两项都表现优秀，但是唯品会的回复时效性却明显低于其他电商巨头企业，是唯品会发展较为明显的一个短板。其负面反馈主要包括换货难、缺少价格保护机制、发错商品、货不对版、商品有使用痕迹等。唯品会的盈利模式容易导致其忽视售前售后服务的重要性，许多品牌特价商品一经上线便被抢购一空，无法为用户提供售前精心比较和询问客服的时间；其次，唯品会提供的退换货服务缺少对用户个性化需求的考虑。以上问题影响客户的购物体验，进而可能影响企业的发展。

(二)未来发展建议

唯品会凭借电商平台为品牌商去库存提供新的场景起势，此后发展多年，仍没能脱离信息网站式的品牌特卖模式。而后来者拼多多以"新流量"入局，激活京东、唯品会都没能妥善利用的微信社交私域流量，以下沉市场为基础终成头部电商平台之一；抖音、快手以"新流量""新场景"激活平台内短视频流量，结合"直播间"这一新的人货交易场景入局电商领域。淘宝、京东也在发展中积极求变，淘宝于 2016 年最先布局直播电商，淘宝新零售、京东无界零售等线上线下结合的零售模式也在不断探索创新。

找到新流量、新模式、新场景，电商行业后来者才有"超越点"。唯品会主营商品为服装、化妆品，是后疫情时代人们购买欲降低后最先砍掉的消费，这使得平台市场占有率不断下降，亟需做出改变。

1. 赋能实体，助力品牌商家数字化转型升级

唯品会利用"红帆计划"帮助成长型品牌商家构建新的增长曲线。通过流量扶持、场景创新、产品共建、中台赋能等方式，助推品牌商家数字化转型升级，此外，还联手拓展市场增长新空间。唯品会为符合条件的成长型品牌商家匹配专属流量策略，打造新场域，持续加大品牌曝光度，提高商品周转率。平台还通过在数字化投放、会员渠道等方面提供便捷、个性化的服务，帮助品牌洞察用户诉求，开展分层与精准运营，提高营销效果和转化率，从而和消费者建立更紧密的关系，促进品牌口碑的传播。唯品会与成长型品牌商家合作打造高质量、高性价比的差异化货品，并帮助品牌商家开展运营分析，提高人货匹配效率。唯品会优化付款流程，帮助品牌商家快速回笼资金。在经销模式下，唯品会的平均付款周期仅为 25 天。"全电发票"管理模式还可以进一步降低品牌商家结算成本。此外，随着政企合作深化，平台帮助成长型品牌商家提升在促消费活动中的参与度，共拓市场。

2. 持续丰富差异化货品供给，满足用户需求

为满足用户多元化需求，唯品会应继续推动品牌结构升级。2022 年，平台上的新锐品牌业绩实现突破，有 51 个新锐品牌销售额同比增长超过 100%。此外，唯品会推出小粉盒、唯品奢、新潮风格等全新栏目，结合各类主题活动场景，打造新锐、国际大牌和风格类品牌的孵化阵地。围绕新兴消费趋势建设的货品矩阵及栏目体系，有效提升了平台年轻用户的渗透率，也带动了细分品类的快速增长。

与此同时，唯品会还推出风格多样化的定制货品，丰富差异化货品供给，为用户带来焕然一新的体验。以 2022 年第四季度为例，定制款商品数量及整体销售额环比增长超 100%，

其中，波司登等品牌定制款商品销售额环比增幅超过 150%。

3. 积极推动乡村振兴，探索社区共建新路径

唯品会持续推进唯爱妈妈、唯爱心等战略公益项目，并在乡村振兴、社区共建、特殊群体就业等领域多措并举，切实践行企业社会责任。截至 2023 年一季度末，唯品会累计公益支出超 5.61 亿元。其中，在广州市花都区塱头村，唯品会以文化振兴为切入点，加大公益性投入，旨在探索乡村高质量发展、实现共同富裕的可持续模式。该项目总投入超过 2 亿元，项目的全部收入将用于回馈村民及乡村振兴事业发展，带动村民持续增收。同时，唯品会打造"一仓一村"公益项目，推动各地物流中心和海淘仓与周边村落形成一对一帮扶模式，围绕助农助销、促进就业、人文关怀等方面推动乡村振兴，助力提升乡村生活水平。

唯品会应继续基于对消费者需求的深入洞察，从货品供给、优质服务、用户融合等方面深化差异化优势，进而推动平台长期高质量、可持续发展。

自 测 题

1. 你认为京东难以被模仿的核心能力是什么？
2. 面对消费者对于京东信用体系的质疑，京东应如何应对？
3. 你认为唯品会能够长期保持盈利的关键是什么？
4. 京东与唯品会合作后，分别为双方带来哪些收益？
5. 在消费者越来越讲究性价比的大背景下，阿里、京东、拼多多等电商巨头纷纷加码低价策略，试图抢占唯品会的"品牌特卖"赛道。唯品会如何保持自身的优势，应对激烈的市场竞争？

第三章　旅游电子商务

【学习要点及目标】

通过对本章的学习，熟悉旅游电子商务中在线旅游(Online Travel Agency，OTA)模式的代表企业携程网以及用户生成内容(User Generated Content，UGC)模式的代表企业马蜂窝的商务模式。重点关注商务模式中的盈利模式和核心能力，分析网络经济学中先行者优势及网络外部性在这些企业中的体现。

【引导案例】

2023年第一季度，旅游市场迎来强劲复苏，不论是淄博烧烤，还是特种兵旅游，都掀起了现象级的热度，旅游业迎来了新的春天。同时，旅游业也发生了深刻的变化，尤其是以非一线市场复苏为主动力的国民新旅游成为新风向。这让早早深耕非一线城市的旅游企业迎来"收获期"，都在一季度收获"开门红"的业绩。

据文化和旅游部公布的2023年一季度国内旅游数据报告显示，一季度国内旅游总人次12.16亿，比上年同期增加3.86亿，同比增长46.5%。国内旅游收入1.30万亿元，比上年增加0.53万亿元，增长69.5%。这其中，福建、湖南、海南、内蒙古等地旅游接待人次均超过2019年同期。

事实上，假期只是旅游业火热的放大器，经历了三年行业的寒冬，今年一季度旅游业一直在持续复苏和回血。同程旅行的2023年一季报显示其实现营收25.9亿元，同比增长50.5%。经调整净利润为5亿元，同比增长105.6%。而另一个OTA平台携程2022年年报数据显示，携程全年实现净营业收入200亿元，同比增长0.08%；实现净利润13.67亿元，扭亏为盈。同程旅行、携程等OTA平台的财报相当于旅游业的晴雨表，向好的表现给市场和资本打了一剂强心剂。

2023年的旅游市场还呈现出一些新的特点——国民新旅游，标志点在于"大众化"。越来越多的人参与到旅游中来，国民化、大众化释放了更大的动能，周边游、周末游成为常态。另外，非一线城市的居民，正在成为旅游的"主力军"，同时，90后、00后的新生代消费者成为主要的旅游人群。在新消费的浪潮下，用户的消费习惯和需求都发生了显著的变化。在这些变化当中，蕴藏着新的商机，谁又能抓住新机会？在国内旅游行业快速复苏的大背景下，对于在线旅游平台而言，想要抢到新蛋糕、持续增长，需要的是对市场的敏锐度，以及拥抱新变化的灵活度。

(资料来源：百家号.OTA企业集体回暖背后，"国民新旅游"热潮能延续多久？)

第三章 旅游电子商务

第一节 旅游电子商务

旅游电子
商务简介.mp4

一、旅游电子商务概述

旅游电子商务，又称在线旅游，是通过互联网、移动互联网及电话呼叫中心等方式为消费者提供旅游相关信息、产品和服务的行业。在线旅游涵盖了在线机票/火车票预订、在线住宿预订、在线度假预订和其他旅游产品及服务(商旅、保险、WiFi 等)。旅游企业利用先进的计算机网络、通信技术和电子商务的基础环境，整合企业内外部资源，扩大旅游信息的传播和推广，实现旅游产品的在线发布和销售，为旅游者与旅游企业提供一个信息共享、增进交流、满足游客出行需求的平台。

我国在线旅游产业中，上游资源供应商主要包括航空公司、铁路总公司、酒店供应商、景区供应商等；中游则包括旅行社、批发商、代理商和分销商等；下游通过在线分销或直销，以及 UGC、社交媒体、门户网站和搜索引擎等渠道，服务线上和线下用户。如图 3-1 所示。

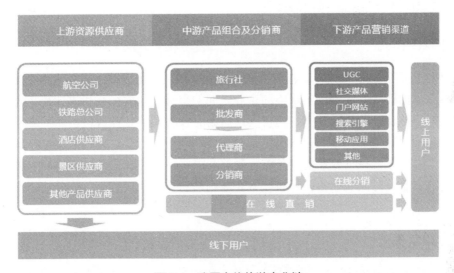

图 3-1 我国在线旅游产业链

(资料来源：艾瑞咨询《2018 年中国在线旅游行业研究报告》)

2020—2022 年，疫情三年，旅游行业业绩出现断崖式下滑，旅游业占 GDP 的比重从疫情前 2019 年的 6.7%，到 2020 年的 2.2%，再到 2022 年的 1.7%，三年时间降低了 5 个百分点，约 6 万亿元。在此期间，国家陆续出台关于在线旅游高质量发展的政策。2020 年 11 月 30 日，文化和旅游部等十部门联合印发《关于深化"互联网+旅游"推动旅游业高质量发展的意见》。2022 年，"互联网+旅游"发展机制更加健全，旅游景区互联网应用水平大幅提高，建设了一批智慧旅游景区、度假区、村镇和城市，线上线下旅游产品和服务更加丰富，个性化、多样化水平显著提升。2023 年 3 月，文化和旅游部发布的《文化和旅游部关于推动在线旅游市场高质量发展的意见》提出，为进一步加强在线旅游市场管理，保障旅游者合法权益，发挥在线旅游平台经营者整合交通、住宿、餐饮、游览、娱乐等旅游要素资源的积极作用，促进各类旅游经营者共享发展红利，推动旅游业高质量发展。

在高质量发展政策指引下，旅游行业发生了巨大的改变。其中，数字化和信息化已到达新高度，成为旅游业从"自救"到"发展"的重要一环。景区在游客锐减期间抓住机会进行数字化转型，通过电商、直播销售门票和景区周边商品。此外，景区按照自身定位，采取各类数字化手段，包括云直播、推出 APP 等，为今后发展积累人气和热度。同时通过数字化管理提升旅游质量，例如流量监控、安全秩序维护、文物保护等。另一方面，互联网和数字技术的融合再次推动在线旅游、虚拟旅游、在线展览等新业态迅速崛起，为文旅行业带来了新的发展机遇。

2023 年第一季度国内旅游总人次 12.16 亿，比上年同期增加 3.86 亿，同比增长 46.5%，国内旅游收入 1.30 万亿元，比上年增加 0.53 万亿元，增长 69.5%。

随着互联网及电子商务的发展，目前，90%的游客通过网络和手机客户端进行相关数据搜索，超一半的游客通过在线及手机客户端正式预订旅游产品。随着我国旅游市场的主力消费人群转为 90 后甚至 00 后，在线旅游的整体渗透率约为 63.8%，而低线市场的渗透率仅为 20%左右，这些数据说明我国在线旅游仍然具有很大的发展空间。

二、旅游电子商务模式的类型

(一)B2B 模式

旅游电子商务 B2B 模式，是指旅游企业在互联网上注册网站，向其他企业提供旅游服务或旅游商品的模式。它可以实现不同企业之间的交易，如旅行社和旅行社之间、旅行社和酒店之间、旅行社和景区之间，也可实现旅游企业与其他企业或机构网上交易功能，如大型企业经常需要处理大量的公务出差、会议展览等旅游事务，他们常会选择和专业的旅行社合作，由旅行社提供专业的商务旅行预算和旅行方案咨询服务，开展商务旅行全程代理，从而节省企业时间和成本。还有一些企业则与特定机票代理商、旅游饭店保持比较固定的业务关系，由此享受优惠价格。

(二)B2C 模式

旅游电子商务 B2C 模式，也就是电子旅游零售。交易时，旅游散客先通过网络获取旅游目的地信息，然后在网上自主设计旅游活动日程表，预订酒店客房、车船机票等，或报名参加旅行团。对旅游业这种地域分散的行业来说，B2C 模式方便旅游者远程搜寻、预订旅游产品，从而克服距离带来的信息不对称。通过旅游电子商务网站订房、订票是当今应用最为广泛的电子商务形式之一。另外，旅游电子商务 B2C 模式还包括销售旅游产品，提供中介服务等。

(三)C2B 模式

C2B 是由旅游者提出需求，旅游企业决定是否接受旅客的需求，或者是由旅游者组成群体与旅游企业讨价还价的一种模式。旅游电子商务 C2B 模式主要通过电子中间商(专业旅游平台、综合电商平台的旅游服务)进行。这类电子中间商提供虚拟开放的网上中介市场作为信息交互的平台，旅游者可以直接在平台发布需求信息，企业查询后双方通过交流自愿达成交易。

(四)UGC 模式

UGC 即用户将自己原创的内容通过互联网平台进行展示或者提供给其他用户。该模式下，用户不再只是观众，而是互联网内容的生产者和供应者。在旅游电商领域，UGC 模式指的是游客在网络社区内发表游记、攻略来帮助其他旅行者了解目的地的相关信息，并为其提供理性的旅游预订参考，比如马蜂窝就属于这种类型。

三、中国旅游电子商务发展现状

中国旅游电子商务市场经历了萌芽期、高速发展期、混战期，直至携程、去哪儿、飞猪等"旅游电商原住民"割据为王，市场竞争才趋于稳定。继第一代 OTA 携程、去哪儿、艺龙、同程，与第二代 OTA 美团、飞猪之后，生于移动互联网时代的抖音、快手、小红书等平台的入局打破了平静的在线旅游市场，显然是 OTA 们的第三代对手。据市场调研机构极数(Fastdata)数据，截至 2022 年，中国在线旅游行业中，携程、美团、同程、去哪儿、飞猪市场份额分别为 36.3%、20.6%、14.8%、13.9%、7.3%，其他旅游平台市场份额占比为 7.1%。

(一)疫情改变在线旅游发展态势

经过 20 多年的发展，我国在线旅游规模稳步扩大。然而 2020 年之后，疫情反复导致旅游行业受到沉重打击，业务量大幅下降，在线旅游发展受挫。《2022 年度中国移动出行市场数据报告》显示，2022 年在线旅游市场规模为 7460 亿元，同比降低 13.61%。此外，在用户规模上，2022 年在线旅游人数为 4.22 亿，同比降低 6.29%。

另一方面，疫情让人们更依赖线上渠道，如抖音、小红书也纷纷进入在线预订行业，基于流量和更为直接的内容展示转化用户下单。内容平台的入局带动用户结构朝年轻化发展。按照用户年轻化程度排名：飞猪>美团>抖音旅行>小红书，同程的年轻用户和全体用户分布持平，携程主要面向中高端市场，用户分布更偏成熟。

(二)旅游电子商务平台呈现多元化市场格局

目前，触及游客终端的旅游电子商务平台主要包括 OTA(如携程)、UGC(如马蜂窝)、综合电商平台的旅游服务(如飞猪)以及新进入市场的抖音酒旅等类型。各地旅行社、旅游景点、酒店和航空公司等也纷纷建立企业网站，宣传旅游产品、发布信息和提供旅游定制等中介服务。总体而言，各类旅游电子商务平台，功能互补、相互竞争，呈现多元化的市场格局。

三家头部平台携程、同程、美团，其战略重点各有不同：携程主打中高端市场，客单价和用户黏性较高；同程主打性价比，依托携程的资源及微信小程序，以更低的成本获得稳定流量支持，共享携程库存，拓展产品覆盖面；美团由高频本地生活场景如外卖、团购向酒旅业务导流，用户需求以本地游为主。

(三)移动端成为主流渠道，新技术带来新机遇

自 2010 年起，中国部分旅游电子商务平台就开始关注并布局移动互联网，着手推出 APP 应用。如今，中国旅游电商约有 90%的交易量来自移动端。前景可期的移动旅游市场，加上可观的微信生态流量，推动在线旅游品牌纷纷开展"超越 APP"跨平台布局。以途牛为例，除了 APP 和 M 站(移动端网页以外)，其正利用小程序矩阵在微信端构建服务闭环，不仅有普吉岛、中国香港等核心目的地攻略，还有涵盖产品预订和内容互动的途牛门票、途牛特惠、途牛问答等。

大数据、人工智能、5G、VR/AR 等新技术应用渐趋成熟，引导在线旅游行业的产品及服务升级。一方面，就供给端而言，OTA 基于线上数据沉淀，可实现对用户偏好更为精准的分析，以此持续优化和丰富服务内容，提供更加高质量的个性化、定制化旅游产品。另一方面，VR/AR 的场景化应用，为用户足不出户遍览全球美景带来可能，通过出行前沉浸式体验提升用户出行意愿，能够进一步刺激在线旅游需求的释放。

(四)在线旅游平台亟需创新获客渠道和营销方式

运营成本高、产品同质化严重、管理模式不完善等问题让许多在线旅游平台陷入了亏损的困境，疫情三年更是雪上加霜。要想走出困境实现盈利，需提升产品和服务质量、加强口碑营销、打造特色卖点，满足消费者多样化的需求。另外，还需创新获客渠道和营销方式。如同程旅行背靠微信生态向三线及以下城市下沉，通过微信支付界面的两个入口获得稳定的流量。2022 年，约 80%的平均月活跃用户来自微信小程序。同程旅行推出的"机票盲盒"等营销活动，也帮助其实现了用户的增长。只有得到消费者认可的平台，才能在竞争激烈的在线旅游市场走得更远。

第二节 携程网案例

携程网案例.mp4

一、携程网简介

携程旅行网创立于1999年，总部设在中国上海。作为中国领先的综合性旅行服务公司，携程成功地整合了高科技产业与传统旅行业，向超过2.5亿会员提供包括无线应用、酒店预订、机票预订、旅游度假、商旅管理及旅游资讯在内的全方位旅行服务，被誉为互联网和传统旅游无缝结合的典范。

携程集团(Trip.com Group)是全球领先的一站式旅行平台，面向全球用户提供完整的旅行产品、服务及差异化的旅行内容。集团提供超过 120 万种全球住宿服务，480 多家国际航空公司，以及超过 31 万项目的地内活动，并与超过 3 万家合作伙伴共同满足客户不断变化的需求。

对于中国游客，以及越来越多的国际游客而言，携程是值得信赖的旅行平台，用户可以通过携程进行任何类型的旅行预订。携程的产品及服务组合多样化，吸引了全球的用户群体。

近年来，携程不断加大在人工智能、云计算等方面的研发和投入力度，创新科技投入

占比远超全球其他同类企业。在服务上，携程在全球约有 1 万名客服人员，配备的深度神经网络客服机器人拥有 21 种语言的全球化服务能力，通过全天候、标准化、快捷性的服务做好全方位保障，充分满足消费者需求。此外，携程先后发布了"六重旅游保障""先行赔付""全球旅行 SOS 应急机制""阶梯退改"等创新举措，服务标准行业领先。为应对新冠疫情，携程启动多项举措保护用户和合作伙伴的权益，发起"旅行复兴 V 计划"和"BOSS 直播"，履行社会责任，推动行业复苏。

2016 年，携程加快全球化脚步。当年 1 月战略入股印度领先的在线旅游公司 MakeMyTrip；2 月，在新加坡成立东南亚区域总部；10 月，与美国三大华人地接社纵横、海鸥、途风达成战略合作协议；11 月，收购英国旅行搜索平台天巡(Skyscanner)。2019 年 8 月，携程通过股权置换交易，成为 MakeMyTrip 的最大股东。2019 年全年，携程总交易额突破 8650 亿元人民币，净利润超过 65 亿元。

2021 年 3 月，携程集团开始实施"乡村旅游振兴"战略，计划在未来五年打造 10 家标杆性公益农庄，规模化赋能 100 个旅游村以及培养 10000 名乡村旅游振兴人才。携程通过打造乡村文旅项目持续关注乡村振兴发展，关注资源不平等地区群体，致力于缩小"数字鸿沟"，促进城乡和社会的协调发展。携程还持续推出乡村振兴学园项目、乡村旅游产品体系和乡村旅行相关内容 IP 等，从民宿产业升级、产品生态构建、旅游服务提升和营销引爆等多个维度，推进乡村振兴战略。通过履行社会责任，携程致力于成为具有全球影响力和受人尊敬的在线旅游企业。

二、携程网发展历程

1999 年 10 月，携程旅行网成立。
1999 年 10 月，携程酒店预订量创国内酒店分销业榜首。
2000 年 11 月，携程并购北京现代运通订房中心。
2003 年 12 月，携程在美国纳斯达克上市。
2004 年 10 月，携程建成国内首个国际机票在线预订平台。
2005 年 9 月，携程进军商旅管理市场。
2008 年 7 月，携程南通呼叫服务中心正式启动。
2010 年 3 月，"携程无线"手机网站正式上线。
2010 年 10 月，携程入围 2010 中国旅游集团 20 强。
2013 年 4 月，携程全球门票预订平台上线。
2014 年 12 月，携程成为中国最大旅游集团。
2015 年 7 月，携程跻身中国互联网企业十强。
2016 年 7 月，携程首次登上《财富》中国 500 强榜单，获评达沃斯论坛 2016 年"全球成长型公司"。
2016 年 8 月，携程成立我国首个"旅游安全管理中心"。
2017 年初，携程入选《快公司》2017 中国十大最具创新力企业和 2017 十大最具创新力旅游企业；11 月，完成对 Trip.com 的收购。
2017 年 4 月，携程布局二、三线城市的 5500 家体验店落地。
2018 年 9 月，携程上线"高铁游"频道，瞄准万亿级新市场。

2019年2月,百度宣布与携程达成深度合作。

2019年10月,携程成立20周年,实现高品质和全球化公布G2战略,集团英文名改为Trip.com Group。

2020年10月,携程提出"深耕国内 心怀全球"新战略。

2021年4月,携程在香港联合交易所上市。

2023年5月,亚马逊云科技宣布与携程集团成立"联合创新实验室"并展开长期合作,加速数字化、智能化创新从而为旅行者提供更好的服务。

2023年8月,携程成为亚太地区首家加入SBTi的旅游企业。SBTi是基于气候科学、旨在帮助企业设定减少碳排放、以符合《巴黎协定》限制全球温升幅度要求的一项全球倡议。携程商旅逐步打造"绿色酒店"和"绿色飞行"相关专题,有关"绿色住""绿色飞""绿色行""绿色差旅"等环保产品在携程APP陆续上线。

三、携程网的商务模式

(一)战略目标

携程网最初的战略定位为"旅游百科全书",随着旅游行业竞争压力上升及大众旅游的兴起,携程不断调整定位,逐步向旅游产业链上下游渗透,以订房订票、预定线路业务为主要盈利点。2016年,携程加快推进全球化战略,旨在实现旅游产品供应链、品牌和研发的全球化。为此,携程不断拓展欧美及亚洲市场,确立全球品牌形象,不断提高助力中国人走遍全球的服务能力。2020年10月29日,携程集团在成都召开了2020全球合作伙伴大会,宣布了"深耕国内、心怀全球"总体战略,并提出了"从内容、产品、供应链和质量四个方向深耕国内旅游市场"的发展目标。2022年,携程CEO称通过认真学习领会二十大报告精神,更加明确了携程未来发展方向,坚定了"建设成为全球最大的国际旅游企业和最具价值、最受尊敬的在线旅游企业"的发展目标。

(二)目标用户

携程的四大主营业务为住宿预订、交通票务、旅游度假及商旅管理,主要的目标市场为中高端观光、度假旅行以及商务旅行。随着旅游大众化时代的到来以及与去哪儿网的合并,其大众旅游与观光度假者的比例将不断增加。

在国内市场,携程主要面向商旅、自由行、跟团游、酒店和机票等产品的消费者;在全球市场,携程的目标客户主要是国际自由行、出境跟团游、境外酒店和机票等产品的消费者。用户平均年龄35.6岁,25~50岁用户占比接近八成,高线城市拥有最主要的用户群体,一线、新一线、二线城市的用户占比达到78%。由于其大多为商务旅行人士和散客,因而业务季节性并不明显,不存在传统旅游企业利润季节波动性的劣势。

(三)产品与服务

1. 住宿预订服务

住宿预订是携程目前长期保持营收和利润占比最大的板块,携程酒店预订服务如图3-2

所示。携程拥有领先的酒店预订服务中心，截至目前，携程已与全球 200 余个国家、80 余万家酒店建立了合作关系，商旅用户已突破 3400 万。同时，携程依托渠道优势，保证酒店价格具有竞争力。另外还通过酒店+景点的套餐形式出售旅游服务，且支持团购模式。国内五星级酒店的订单一半以上是通过携程预订系统完成的。此外，携程还提供民宿、农家乐等特色住宿预订服务。

图 3-2　携程酒店预订服务

2. 交通票务预订服务

交通票务预订服务主要是预订机票、火车票及其他相关服务。携程机票业务的成功是因为用户体验好，满意度高。携程与航空公司建立战略伙伴联盟，代理国内主要航空公司的机票和 300 多家国际航空公司运营的超过 300 万条航班航线，打造了中国领先的机票预订服务中心，如图 3-3 所示。携程拥有全国联网的机票预订、配送和各大机场的现场服务系统，为会员提供国际和国内机票的查询预订服务。在客户服务方面，提供线下免费送票、人工预订改签及咨询业务。2011 年 7 月 5 日，携程推出高铁板块，为消费者提供高铁和动车的预订服务，可以预订半个月以内的车票。同时携程还为客户提供其他交通票务相关服务，如航空和火车保险销售、网上值机等服务。

图 3-3　携程机票预订服务

3. 旅游度假业务

旅游度假业务是携程重点培育的"战略种子业务"，其引入高质量度假概念，并细分成主题旅游，周边旅游，境内旅游，港澳台旅游等多种形式。每一种形式内容详尽丰富，可供游客做不同选择。自由行产品依托充足的行业资源，为会员提供酒店、航班、轮船、巴士、代驾等丰富完善的配套服务，以合理的行程安排和深入的旅行体验为特色，逐步塑造团队游行业新标准。携程设立了超过 20 家度假类产品专卖店，每一家店都会为客人提供无重复的旅游产品线，可供游客组合、自选的线路众多，如图 3-4 所示。

图 3-4　携程旅游度假产品

4. 商旅管理业务

携程企业商旅(如图 3-5 所示)的目标客户为企业或集团公司,致力于提高它们的商旅水平。携程以成熟的业界资源为基础,通过整合酒店、航空公司等资源,包括国内及国际协议航空、协议酒店以及商旅专属预付费类特价酒店,向企业客户提供多种商旅套餐组合,提高企业的出行效率。

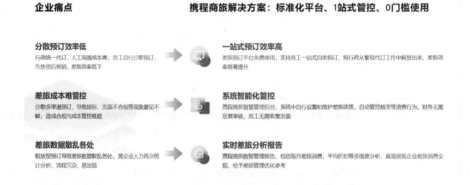

图 3-5　携程企业商旅预订

5. 当地向导服务

自携程 2017 年 7 月 5 日宣布推出"当地人带你玩"以来,已有全球 80 个国家的 8000 多名当地向导加入这一平台,在 800 多个目的地城市提供向导服务。游客可在平台上根据年龄、性别、价格、服务次数、点评等选择自己心仪的向导,如图 3-6 所示。选择后,还可与向导沟通,初步确定需求。在出行前,向导也会根据游客的需求定制个性化的游玩线路。确定行程后,游客即可在平台上确认合同、在线支付。2020 年 2 月 19 日,携程宣布发起"景区云旅游"活动,联合 8 家供应商,免费开放超过 3000 家景区的近 7000 条语音导览产品。

第三章 旅游电子商务

图 3-6 携程当地向导

6. 携程金融

携程与多家银行合作推出联名信用卡。该卡不仅具有合作银行提供的基本功能与服务，同时也享受携程会员专属服务。携程信用贷已为百万用户提供优质的旅行信贷服务，"拿去花"则是一款信用消费服务。此外还有财富管理平台，提供各种理财产品。

携程旅行网 2011 年推出代号为"游票"的预付卡产品，此后逐步优化产品的用户体验及支付范围，2013 年，正式定名"携程礼品卡"(如图 3-7 所示)，其分为"任我行""任我游"两类产品。携程礼品卡可预订预付费类酒店、惠选酒店、机票、火车票、旅游度假产品和团购产品等。

图 3-7 携程礼品卡

7. 携程社区

携程社区收录了全球 7 万个旅游目的地及 2 万个景点介绍，涵盖了全球目的地美食、住宿、交通、购物、行程安排等旅游攻略信息，并分享各地旅游者游记，旅游心得及问题解答，堪称世界旅游目的地大全。

此外，携程也在不断开拓其他旅游相关市场，如旅游保险、签证服务等，以满足消费者多样化的需求。

(四)盈利模式

2023年旅游行业加快复苏，携程把握机遇，加大对AI技术投入，并从产品、内容、服务等多维度入手，持续提升服务质量。2023年携程集团全年净营业收入为445亿元，同比增长122%。其中，住宿预订营收为173亿元，交通票务营收为184亿元，旅游度假营收31亿元，商旅管理营收23亿元，分别同比增长133%、123%、294%、109%。

可见，携程的主要收入来自：住宿预订、交通票务、旅游度假、商旅管理，此外还有广告投放和商场合作等。携程的盈利模式总体上可概括为：从航空公司、酒店、景区等上游供应商获取代理权限，以批发商的优势获取低价，再重新定价卖给消费者，通过收取佣金同时赚取差价实现盈利。

携程的几大盈利点如下。

1. 住宿预订

携程作为行业领先的住宿预订企业，截至目前，已与全球200多个国家、60多万家酒店建立了合作关系。用户通过携程成功预订和入住酒店后，携程可从中获取差价，并且合作酒店需要付给携程一定比例的佣金。携程在酒店预订业务方面不提供返现的毛佣金率可以维持在10%~15%，但在中小城市市场会提供一些返现活动以保持竞争力，其净佣金率大约为8%~10%。

2. 交通票务预订

携程旅行在交通票务预订上始终占据领先优势。从细分市场看，主要包括机票、火车票、汽车船票、租车包车业务等。最初，用户通过携程预订机票，航空公司机票本身的价格与代理价格之间的差价是其利润的主要来源，另外还有一部分佣金收入。自2015年国资委向几大国有航空公司提出"提直降代"(几家国有航空公司未来三年内直销比例要提升至50%，同时代理费要在2014年的基础上下降50%)的要求之后，南航宣布机票代理费降至0，其他航空公司陆续跟进，国内机票进入"零佣金"时代。目前航空公司给携程平台的机票佣金是每张11~12元，但平台人工成本是27元左右。也就是说，每卖一张票，大概亏16元，这让携程的机票收入大幅缩水。保留机票事业部的原因在于，用户订机票时可能会同时预订酒店、民宿，因此可以把机票销售当成一个引流入口。

为此，携程与保险公司合作，提供航空意外险、延误险等附加产品供消费者选择，使保险佣金成为其盈利的重要来源。以携程这样的规模，拿到保费金额的80%甚至更高的比例作为代理佣金已经是公开的秘密。搭售保险以及推出机票酒店套餐等新模式显然比单独卖机票的旧模式利润更高。此外，随着旅游消费方式的转变，租车包车业务量也逐渐提升，目前在大部分一线、二线及热门旅游城市该情况表现明显，作为平台方也可以接入各种租车公司，从中进行抽成。

3. 旅游度假预订

旅游度假预订也是携程盈利的主要来源之一，包含自由行、半自助游、跟团游等多种形式，如图3-8所示。携程囊括了全球7万个旅游目的地及2万个景点介绍，并且在北京、天津、广州、深圳、成都、杭州、厦门、青岛、沈阳、南京、武汉、南通、三亚等城市设立分公司，服务网络覆盖国内 60 多个大中城市。2022 年携程度假对跟团游服务进行了保障升级，推出"行前 2 天免费退"，好评率 96%以上的产品参与了保障内容，当年旅游度假产品营业收入达 7.97 亿元。

4. 商旅管理

携程商旅于 2006 年正式进军商旅管理市场，2015 年年初，携程商旅 PC 端全新改版，全面覆盖全球机票、酒店、在线管理报告等核心产品。紧接着携程企业商旅 APP 新版本正式上线，实现了一键中英文语言版本切换和多币种转换功能，更便于开展国际机票和境外酒店等业务。携程商旅为大型企业提供对接客户公司自有系统的工具，实现统一管理、便捷服务；同时通过基于互联网思维的平台模式，为中小型企业提供标准化、自动化、自助化的差旅管理服务，极大地满足了中小型企业客户高效率、低成本的差旅管理需求。

截至 2024 年第一季度，携程商旅用户数突破 3400 万，拥有超 1.5 万家大型企业客户，近 5000 万名企业员工，包括 300 家世界 500 强和近 200 家中国 500 强，服务于 96 万家中小企业。其中，小企业差旅自助平台在 2017 年正式命名为"携程商旅通"。2023 年全年商旅管理业务营业收入为 23 亿元。

图 3-8 当地旅游产品

5. 广告投放

越来越多的企业看中携程在行业内的领先地位，尤其是会员数量的优势，选择与其合作投放广告。通过置换携程与自身行业的优势资源，扩大双方业务规模，实现共赢。携程除了广告投放外，还通过深挖当地旅游资源，结合目的地旅行的季节性和平台用户的出行数据给予合作规划，助力品牌推广，增加新客数量。携程广告能够满足不同客户的需求，已成功地为车企、金融、3C、快消、旅游等各类广告主提供优质推广方案，广告收入逐年递增，使得广告投放成为携程的一个重要利润点。

6. 商场合作

携程与世界各地旅游景点的热门大型购物百货商场达成商务合作关系，收取相应的佣金。携程向用户提供优惠券或返现，用户在指定商场购买商品时，若满足要求即可使用优惠券，这就给携程及商场合作方同时引流，实现双赢，如图 3-9 所示。

图 3-9 携程商场合作

(五)核心能力

1. 一站式服务

携程为用户提供"一站式"旅游服务,包括机票、火车票、汽车票、船票、打车租车、酒店、门票、旅游线路、签证等50余类,并以单项业务和线下门店为依托,加上民宿、邮轮游、高端定制旅游等,全方位覆盖我国在线旅游用户群体,几乎能够满足用户出行的所有需求。

2018年携程升级了所有产品线的服务承诺,并投资了后端技术和系统以优化产品和服务流程。截至2018年年底,各主要产品线的净推荐值(NPS,一个反映客户对产品和服务满意度的重要指标)平均同比提升了35%。这充分反映了携程在产品可靠性、服务性以及客户保障方面的进步,进而提高了用户的留存率,建立起竞争对手难以突破的壁垒。

2. 规模效应

携程拥有世界上最大的旅游服务联络中心,1.2万个座席,呼叫中心员工超过10 000名。规模化的运营不仅可以为会员提供更多优质的旅行选择,还保障了服务的标准化,并降低运营成本。据携程2018年财报披露,携程年度交易用户总数达到1.35亿。根据网络外部性的概念,用户从使用某产品或服务中得到的效用与用户的总数量正相关。这就意味着携程庞大的用户数量将会带动用户总所得效用几何级数增长,进而吸引更多的用户使用携程,形成正反馈。2019年携程总交易额达8650亿元,连续两年居全球在线旅游行业第一。

3. 技术创新

携程建立了一整套现代化服务体系,包括海外酒店预订新平台、国际机票预订平台、客户管理系统、房量管理系统、呼叫排队系统、订单处理系统、E-Booking机票预订系统、服务质量监控系统等。早在2007年,携程便在业内率先推出了酒店实景图、酒店点评系统等功能,解决了用户与酒店之间信息不对称的难题。2013年携程发布"大拇指+水泥"策略,构建指尖上的旅行社,为移动人群提供无缝的旅行服务体验。近年来,携程通过大数据分析用户的浏览和预订信息,更好地辨别不同客户的出行需求,从而为其提供精准的推送服务。此外,还可以准确预测旅游高峰,提前为旅游景点分散大批游客,避免拥挤,提升用户满意度。2023年7月,携程发布首个旅游行业垂直大模型"携程问道",为用户进行智能化出行推荐服务，大幅缩短制定旅游攻略时间，同时也减轻了携程客服压力。

4. 服务体系规范

先进的服务管理和控制体系是携程的又一核心优势。携程将服务过程分割成多个环节，以细化的指标控制不同环节，并建立起一套精益的服务体系。同时，携程还将制造业的质量管理方法——六西格玛体系成功地运用于旅行业。目前，携程各项服务指标均已接近国际领先水平。2023年第一季度，携程集团国内呼叫中心和海外呼叫中心，累计受理的复杂类事件比2019年提升近70%，问题一次性解决率相比2019年同期提升超50%，服务质量和客户满意度也随之大幅提升。

四、成功之处

(一)先进的经营理念

携程秉承"以客户为中心"的原则，以团队间紧密无缝的合作机制，一丝不苟的敬业精神、真实诚信的合作理念，建立多赢的伙伴式合作体系，从而共同创造最大价值。成立之初，携程的成功经验是"鼠标+水泥"模式，那时PC机尚未普及，"鼠标"的重要性远不如呼叫中心，而"水泥"是酒店的。所以对携程更准确的描述应当是"一座桥梁"，一端是旅客、另一端是酒店和票务公司。

(二)先行者优势

携程在发展了数量众多的会员之后，对于相同模式的市场后进者即是一个强硬的壁垒。携程提供全方位的旅行产品及服务，可以满足不同消费群体的需求。携程通过战略投资旅游百事通、与美国三大旅行社战略合作、收购天巡、合并去哪儿等手段，整合在线度假市场"生态圈"，旨在建立起一个更完善的国际旅游生态系统。除非竞争对手可以提供更低的折扣、更便捷可信的服务，否则无法轻易转移携程会员，这也使其市场先发优势最终转化为核心竞争力。

(三)领先的信息技术

技术是携程持续发展的强大驱动力和竞争力，将人工智能、大数据应用到产品中，可为消费者提供更为优质快捷的服务。携程结合消费者的使用习惯进行智能推荐，降低了浏览产品、预订决策的难度。数据分析是携程最为关注的技术核心之一，目前携程用户每天通过搜索、浏览和预订所产生的数据，大约为100TB。通过深入挖掘这些数据，可以清楚地知道用户是否对飞机舱位敏感，还可以预计未来三个月用户心仪的目的地。数据的挖掘和分析，是携程进行技术革新的重要基础，能够为用户提供更个性化的服务。

(四)持续创新能力

创立之初，携程通过推出"自由行"，开创了旅游新模式。2013年，随着移动互联网风潮渐起，移动互联网技术与旅游业动态化、碎片化趋势相呼应，改变了旅行的预订模式、营销方式和场景体验。在传统利润趋薄、竞争对手林立的大背景下，梁建章重返携程，担任董事会主席兼首席执行官，对携程的移动战略以及旅行行业在移动互联网的发展趋势进行判断与分析，首次提出"拇指+水泥"的理论，指出无线端将是行业最重要的战场，也是携程突出重围的关键。

2020年新冠疫情后，携程进行技术升级和营销创新，打造社区+直播+星球号旗舰店，不断的创新激活了用户的旅游灵感，开拓出了更多的产品可能性，同时也引领了商旅产品、旅游度假产品等创新。趁行业低谷来修炼内功，实现效率升级和服务升级。

五、结论与未来发展建议

携程自成立以来，从简单的票务预订，到成立亚洲最大的呼叫中心，再到建成"互联网+"的综合票务预订平台，现已成为拥有上亿用户的行业巨头，为会员提供旅行"吃、住、行、游、娱、购"等各方面服务。然而，此前出现了携程泄露用户信息等负面新闻，与合作伙伴、客户存在矛盾的报道也屡有出现。在旅游市场竞争不断加大，市场趋于饱和的环境下，携程面临诸多的挑战。

(一)面临的挑战

1. 商业模式面临竞争者挑战

后起的在线旅游平台如飞猪等提供的产品和携程差异化较小，而且涵盖了携程未涉及或较少着力的细分市场，导致携程市场份额遭到侵蚀。不仅如此，随着自助游和中高端定制出游开始受到消费者的青睐，许多旅游平台将票务、酒店、旅游业务等交给提供商本身，向消费者展现透明的、对等的信息，更符合当下消费特点。

2. 产品质量及服务信用问题

携程为了向会员提供更具有竞争力的产品和价格来留住老客户、获取新客户，且保持一定的利润率，不惜以自身的分销能力为筹码，提高佣金率。而随之而来的是供应商为了控制成本，降低产品质量，以次充好，将应对客户的直接成本以及商誉受损的间接成本转移给携程。携程作为中介性质的平台，若没有上游供应商多样化、高质量的产品支持，必然影响下游用户的满意度，降低客户黏性，其行业巨头的地位也会受到影响。诸如"订单中附带早餐的房间需要收取早餐费""通过携程购买的机票无法正常使用""靠海的房型被替换成没有窗户的房型"等投诉，极大地影响了用户满意度及携程的信誉。

3. 屡陷大数据"杀熟"争议

数字经济时代，大数据成为各行业经营决策的核心要素，大数据"杀熟"指互联网平台基于采集的海量用户信息、消费记录等，通过算法分析对用户进行画像，进而制定不同价格策略，即同样的商品或服务，不同用户显示或支付的价格不同，经济学又称其为"价格歧视"。

在线旅游平台是大数据"杀熟"的重灾区之一，平台经营者往往利用不对等的信息差进行价格投机，对不同账号、不同等级的用户差异化对待，让利润最大化。消费者投诉携程大数据"杀熟"主要集中在票务和酒店预订上，而这两块是携程核心业务，收入占2022年全年营收近八成。携程则称大数据"杀熟"一直是消费者的误解，携程没有权利改变机票价格,价格高低与携程没有利益关系。酒店、民宿价格不透明是消费者质疑携程"杀熟"的另一个焦点。2021 年,央视《消费主张》栏目曝光,河北张先生和妻子在携程订同一个酒店时出现"区别对待",在同为新用户、同样房型、相同入住时间的条件下,出现价格不同的情况。

2022 年 3 月 1 日施行的《互联网信息服务算法推荐管理规定》指出,算法推荐服务提供者不得根据消费者的偏好、交易习惯等特征,利用算法在交易价格等交易条件上实施差别对待等违法行为。携程应避免利用大数据算法分析获取不当利益,维护企业形象。

(二)未来发展建议

1. 加紧内容化布局,调整商业模式

随着信息在大数据时代变得更加廉价,单纯凭借不对称的信息"买低卖高"的模式已经渐渐失去了在线旅游市场发展的主导地位。顺应时代且更加注重信息对称、透明的 OTP 模式(Online Travel Platform,在线旅游平台)已然兴起,携程的商业模式亟待调整。

另一方面,由于场景化消费需求增加以及短视频内容平台的兴起,短视频、直播、KOL/KOC(Key Opinion Leader,关键意见领袖/ Key Opinion Consumer,关键意见消费者)种草和跨界营销等内容营销已成为酒店业常见的带货模式,能带来更多的流量与成交量。数字化背景下,各大酒店、景区纷纷发展各自的 APP 和抖音号,客户的预订渠道早已不局限于携程等综合预订平台。

Z 世代群体逐步登上社会舞台,他们对旅游服务的要求是足够"小众"、有特色,并能满足社交需求与个人形象管理需要。据华经产业研究院数据,Z 世代在线旅游用户占比从 2020 年的 23.3%上升至 2021 年的 28.7%,为增速最快的群体,这对在线旅游平台的服务与营销能力提出了更高的要求。携程也在加紧内容化布局,开始重视入驻平台的 KOL 数量,并积极引导用户进行内容创作。站在新起点的携程,正通过自我进化与自我创新迎接新时代。

2. 深度合作,合理分配上下游利益

在竞争压力大的形势下,携程更需要公平地分配好供应商与用户的利益,而不是陶醉于自身看似"强大"的分销能力却忽视上游合作商的利益。在信息获取成本低、信息逐渐趋于透明的环境下,只有当携程为上游企业节省下来的渠道费用小于一体化成本时,双方的共赢局面才能形成。

为此,携程推出一系列举措与合作伙伴实现价值共创。如 2022 年以来,"携程口碑榜"上榜商家平均额外可获得超 10%的 GMV 和 20%的流量。携程机票联合多家机场和航空公司共创"嗨飞节",活动期间订票量环比增长 27%;携程酒店的"出行特惠"产品,则累计为超过 3000 万交叉用户送去优惠,也为商家带来了约 100 亿 GMV。

3. 通过线下门店扩张下沉市场

目前,一、二线城市为我国在线旅游的主要渗透区域。相比之下,下沉市场潜力仍有待开发。据西南证券数据,截至 2020 年底,三线及以下城市手机用户在线旅游 APP 安装率仅为 18%,下沉市场存在较大发展空间:一方面,国内三线及以下城市受疫情影响较小,

旅游消费恢复速度较快；另一方面，随着生活水平的提高，低线城市居民可支配收入增加，其生活成本和压力较一、二线城市居民低，旅游消费的能力和意愿也在不断增强，在线旅游市场增量可期。

携程正在加码线下旅游新零售，通过门店扩张获得更多低线城市的线下流量。2019 年，携程旗下的线下旅游门店数量达到 7000 家，线下门店对跟团游业务 GMV 贡献率达到 35%～40%。2023 年 4 月，携程旅游渠道事业部 CEO 称，不到 90 天，携程已签约超过 1300 家门店，其中正式营业的已有 500 家左右，分布在 20 个省(直辖市)，携程也在三、四、五线城市和县级城市不断布局。在线上业务发展放缓的形势下，线上线下相结合是业务发展的新引擎。

4. 拓展海外市场

随着国内竞争的加剧，拓展海外市场也逐渐成为携程的重要战略，国际旅游市场未来几年有很大的增长潜力和机会。携程具有向国外游客提供产品和服务的优势，特别是东亚的游客，他们喜欢的旅游目的地与中国的游客类似。因此，携程可与合作伙伴一起，为世界各地的游客提供一站式的服务，比如与英国天巡在国际机票预订，与美国 Priceline 在亚洲以外地区的国际酒店预订方面紧密合作，拓展海外市场。

第三节 马蜂窝案例

马蜂窝案例.mp4

一、马蜂窝简介

随着互联网的发展和旅游需求的上升，人们改变了以往在实体旅行社报团出游的方式，更多地转向去在线旅游市场寻找更适合自己的旅游产品和旅游信息。马蜂窝的创始人将在线旅游的发展分为三个时代：第一个时代是在线旅游代理商的时代，对线下旅游产品进行整合，在线上出售；第二个时代是垂直搜索时代，对在线旅游资源进行整合，方便用户检索信息；第三个时代是旅游攻略产品时代，是个性化旅游需求的体现，是前两代产品所无法满足的。马蜂窝就是一个基于个性化旅游攻略信息构建的自由行交易与服务平台。

马蜂窝旅游网是中国领先的旅行玩乐社区，也是中国年轻一代常用的旅行 APP。得益于"内容+交易"的核心优势，马蜂窝更理解年轻人的偏好，将复杂的旅行决策、预订和体验，变得简单、高效和便捷。马蜂窝是旅行社交网站，是数据驱动的平台，也是新型旅游电商，提供全球 6 万个旅游目的地的交通、酒店、景点、餐饮、购物、当地玩乐等信息内容和产品预订服务。基于十几年的内容积累，马蜂窝通过 AI 技术与大数据算法，将个性化旅行信息与来自全球各地的旅游产品供应商进行连接，为用户提供与众不同的旅行体验。马蜂窝独有的"内容获客"模式能够高效匹配供需，助力平台商家提升利润率，并重塑旅游产业链。

自 2010 年公司化运营以来，经大量旅行者自主分享，马蜂窝社区的信息内容不断丰富和完善，每月帮助上亿旅行者出行，成为年轻一代首选的"旅行神器"。与传统旅游网站相比，马蜂窝更潮、更酷，深谙"年轻一代的选择"，帮助他们从不同角度，重新发现世界。截至目前，马蜂窝已经收录了国内外众多旅游目的地攻略。依靠注册用户提供的大量一手信息，马蜂窝已先后制作推出了各类目的地旅游攻略路书。路书设计精致、新颖，内容涵盖当地吃、住、行、游、购、娱等各方面的翔实旅游信息，给无数自助游爱好者提供了丰富详细的旅行指南，受到了用户的普遍欢迎。

2023年"生成式AI"技术快速演进，AI大模型成为互联网行业最大热点。其通过海量的旅行数据可以极快的速度创作内容，但无法保证内容的真实性、准确性和时效性，而这些恰恰是旅行者最重要的关注点。马蜂窝作为中国最大的旅游社区，优质的旅行内容与丰富的新玩法产品结合，形成了庞大的数据资产，恰好弥补了AI的短板。马蜂窝有两大内容"神器"，一个是以"新、准、全"为标准的"北极星攻略"，它不仅能整合信息，还能随时被验证且无限更新，当地用户和旅行者对攻略的修订和纠错，都确保了攻略的准确性和实用性。在此基础上，马蜂窝还推出了另一个神器——"即时攻略"，旅行者可以在目的地专属社群咨询一切相关问题，会有专业人员提供解答，并根据旅行者需求给出定制化建议，帮助其实现高效决策。

二、马蜂窝发展历程

2006年1月，网站上线。

2010年3月，正式成立公司投入运营，注册用户数15万。

2011年4月，上线首款APP客户端"旅行翻译官"。

2011年10月，获得资本500万美元A轮融资和200万美元无息贷款。

2012年6月，开始商业化尝试，半年收入超千万元，其主要来自广告及佣金分成。

2012年10月，注册用户数超过400万，PC端用户数在3年内增长40倍，攻略累计下载量6000万次。

2013年4月，获得启明创投领投的1500万美元B轮融资。

2014年6月，注册用户数突破5000万。

2015年2月，获得高瓴资本、Coatue、CoBuilder、启明创投的C轮融资，累计融资逾亿美元。

2015年9月，注册用户数达1亿，其中80%来自移动端，月活跃用户数达8000万。

2017年11月，获得来自鸥翎投资、美国泛大西洋资本集团(General Atlantic)、淡马锡、元钛长青基金、厚朴基金的1.33亿美元D轮融资，参与前几轮投资的今日资本、启明资本、高瓴资本继续跟投。

2018年2月，"蚂蜂窝旅行网"正式更名为"马蜂窝旅游网"，并启动新一轮品牌换新。

2019年5月23日，完成2.5亿美元新一轮融资。此轮融资由腾讯领投，美国泛大西洋资本集团、启明资本、元钛长青基金、联创旗下NM Strategic Focus Fund、eGarden ventures共同跟投。

2020年12月，发布全新攻略品牌"北极星攻略"。

2021年，获《新京报》年度个性化旅游社交平台奖。

2022年，目标定位从"中国最大的旅行社区"到聚集年轻的"最大目的地社区"。马蜂窝已完成从"消费决策内容"到"官方精选产品"的闭环，并打出"攻略+社区+服务"的组合拳助力"最大目的地社区"。

2023年，加入华为鸿蒙生态共创"旅游+AI"新体验。

三、马蜂窝的商务模式

马蜂窝旅游网是基于旅游社交和旅游大数据创建的新型自由行服务平台,其用户最初来自网友之间口耳相传,当用户数量发展到一定规模的时候,用户生成内容就成为马蜂窝网站内容的主要来源。经过挖掘和分析将这些内容形成结构化的旅游数据并循环流动。马蜂窝的商务模式参与者主要有马蜂窝平台、"攻略作者"用户、消费者用户和第三方企业,其中第三方企业包括旅游服务供应商以及广告投资商,如图3-10所示。

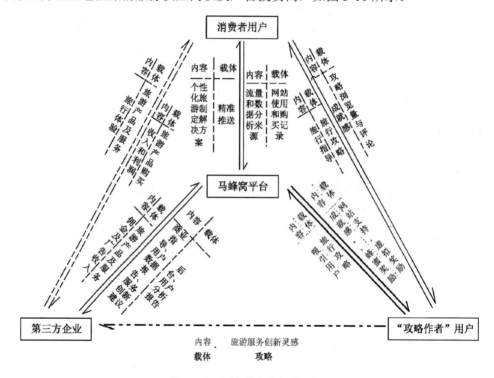

图3-10 马蜂窝商业模式示意图

(资料来源:李纯青,陈泓霖,张洁丽.第三方买单的商业模式价值共创内在机理分析——以马蜂窝为例[J].广西财经学院学报,2020,33(1):121.)

马蜂窝依据用户偏好及行为习惯,为其提供个性化的旅行信息、自由行产品交易及服务。用户之间通过内容进行交流和反馈,而马蜂窝既是用户生成内容的接受者,又是用户生成内容的审核者,它决定了什么样的内容可以被加工整合成攻略路书,进行二次传播。用户可以接受马蜂窝的推荐,也可以根据自己的意愿另行查找信息。

马蜂窝通过旅游攻略来吸引用户,进而吸引第三方供应商。用户为马蜂窝提供数据积累基础,使得马蜂窝有机会分析大量用户数据,进而为消费者进行精准推送,为供应商精准营销且提供用户行为数据分析报告。同时,攻略也是马蜂窝数据分析的重要基础,将攻略中的文本数据进行沉淀、挖掘、场景化应用,可以发现新颖的旅游方式。

(一)战略目标

"实现每一个旅行梦想,是马蜂窝的使命。"两位创始人写道,"我们的愿景是,只要有旅行者能到达的目的地,就有马蜂窝提供的服务。"马蜂窝致力于做"全球旅游消费指南",站在自由行消费者的角度,帮助用户做出合理的旅游消费决策,"出门之前,先上马蜂窝!"UGC、旅游大数据和自由行交易平台形成马蜂窝的核心竞争力,社交基因是马蜂窝区别于其他在线旅游网站的本质特征。马蜂窝决策者认为单凭上一代"UGC+平台交易"的策略无法在当下的激烈竞争中胜出,"攻略+社区+服务"的组合拳才能形成新的差异化和核心竞争力。未来马蜂窝要进一步巩固内容社区生态这一核心阵地,夯实旅游消费决策第一入口的地位,同时在"周末请上车"、旅游产业互联网等创新项目的引领下走上第二增长曲线,打好"攻略+社区+服务"的组合拳,捍卫中国最大的目的地社区地位。

(二)目标用户

马蜂窝的目标客户主要是自由行用户,其消费特点与传统的跟团游有所不同,他们更注重的是优质、个性化的产品与服务。

目前,马蜂窝的用户涵盖全球超过 200 个国家的 1000 万名旅游者,以自由行、年轻人群为主。自 2006 年上线运营以来,马蜂窝注册用户量持续攀高,截至 2022 年已有超过 1.3 亿名用户,其中大部分来自北京、上海、广州、深圳、香港等一线大城市,也不乏海外旅居人士。他们热爱户外旅行,钟情于自驾游,拥有专业的摄影技术,因此,马蜂窝凝聚的是一个高质量的旅游爱好者群体,他们具有如下特点:第一,年轻,敢于探索未知;第二,家庭负担小,消费能力强;第三,对旅行品质的要求高。他们不喜欢上车睡觉、下车打卡,而是更希望体验和感知每一个目的地,并且在旅行中小秀一下(嗡嗡和朋友圈),旅行后大秀一场(游记)。用户在马蜂窝中既是信息的传播者又是信息的接收者,在分享旅行经历的同时也能够获得旅游攻略,从而做出合理的旅游决策。决策的关键在于以下 6 个要素:第一是交通(包含大交通和当地交通),第二是住宿,第三是当地重要景点,第四是当地特色体验或经典线路,第五是当地美食,第六是当地特色商品购物。

(三)产品和服务

马蜂窝针对自由行用户提供了旅游攻略、旅游产品以及社交等服务。

1. 目的地

精选全球 60 万个旅游目的地并推荐旅游线路。同时附有不同的酒店及自由行攻略,方便初次出游的旅行者进行对比选择,如图 3-11 所示。

2. 旅游攻略

旅游攻略推荐的内容一般由马蜂窝认证商家和马蜂窝攻略作者撰写,其中也有节选自用户游记的内容,如图 3-12 所示。

3. 旅游问答

马蜂窝旅游问答是旅行者获取个性化旅行信息的平台,旨在"所有人帮助所有人";旅行者不用进行大量的搜索和整理,只提出一个问题,就能快速得到其他用户的个性化解答,就好像有几个靠谱的朋友在给马蜂窝用户出谋划策。

图 3-11 目的地经典线路

图 3-12 旅游攻略推荐

这些个性化的解答来自马蜂窝数百万的资深旅行者，他们拥有丰富的自由行经验，比一般的旅行者了解更深入，甚至有当地长期生活的经历。马蜂窝用独特的算法和运营手段，保证这些问题能快速地被相关用户解答。不管是旅行前还是旅行中，用户都可以随时随地提问题，随时随地获得信息。马蜂窝问答是更快捷、简短、个性化的旅游攻略，也是马蜂窝一贯推崇的"分享精神"的体现。

4．酒店预订服务

与其他旅游电商平台有所不同，由于专注目的地服务，马蜂窝提供酒店预订服务，用户通过平台可以预订全球 140 万家国际酒店和民宿。马蜂窝站在自由行用户的角度，打破按行政区域预订酒店的传统，专门设计了按旅行兴趣区域划分酒店的方式，令酒店预订变得更加高效、轻松和有趣，用户在 5 分钟内即可完成操作。

5. 当地游服务

除了传统的跟团游和自由行，马蜂窝还推出了"当地游"，旨在为自由行用户找到值得体验的本地游乐项目，涉及景点门票、美食特产、交通票务、演出展览、当地娱乐1～5日游等，为旅行者提供超值且富有特色的自由行产品。通过与全球各地的合作伙伴对接，马蜂窝在当地直接采购旅游产品和服务，省去中间交易环节，让用户和当地供应商都能享受到快捷的交易体验。

6. 游记

（1）蜂首游记

自2010年8月9日开始，由马蜂窝编辑每天精选一篇游记挂在首页上，被选中的游记可以在首页上滚动出现5天，得到最大限度的曝光，从而增加游记人气，使其拥有更多与其他用户互动的机会，如图3-13所示。能够登上蜂首的游记一般拥有以下几个特点：图片精美、攻略详细、经历奇特、文字优美等。

图3-13 马蜂窝首页蜂首游记板块

（2）宝藏游记

宝藏游记是马蜂窝每个目的地页面下置顶的优秀游记，通常包含大量的实用信息，能从行程、景点、路线、交通、语言各方面为用户提供帮助，极具参考价值。

(四)盈利模式

马蜂窝通过整合用户分享的游记和攻略，提取其中有关行程、酒店的信息，为用户打造精准的旅游产品，并利用其交易平台进行销售。马蜂窝并非直接与攻略里提到的商家谈判，而是成为用户和在线旅游代理商沟通的桥梁。马蜂窝的核心是帮助用户做出旅游的消费决策，而其他OTA是售卖机票和住宿。

马蜂窝的主要盈利模式有两种，一是将消费决策与在线旅游代理商连接起来，从而收取佣金；二是为旅游机构提供品牌宣传的平台。

1. 撮合交易获得佣金

马蜂窝只做撮合交易。一方面可使用户获得良好的旅行体验；另一方面，也为旅游代理商带来了巨大的流量，而马蜂窝自身则收取服务佣金。这样的三赢是马蜂窝最核心的商业模式。

2. 旅游机构广告宣传费

马蜂窝运用独有的攻略引擎技术计算消费排行榜。例如马蜂窝能够通过用户在游记里面提及的次数、评价的口碑，以及拍摄照片的数量，计算出该景点的酒店排行榜。每一间陈列的酒店后面都会附上评价数量、来自多少位用户以及在游记中被提及的次数，以帮助用户做出决策。马蜂窝也与 OTA 平台进行合作，使用户可以跳转至在 OTA 平台完成酒店预订，而马蜂窝则获得相应的广告宣传费用。

(五)核心能力

1. 自由行交易平台

马蜂窝通过搭建自由行服务平台，在移动端、PC 网站、微信、微博等社交媒体，为合作伙伴提供全方位的产品展示、引流、线上支付、大数据支持和销售服务体系等 O2O 解决方案。

马蜂窝把旅游大数据与自由行合作伙伴共享，使其能够参考自由行产品销售数据、旅游点评、旅游问答、旅游攻略、游记等数据，生成更多贴近用户需求的产品，持续提升服务和自身品牌建设。

马蜂窝也把庞大的用户流量与线下企业共享，"无佣金"的方式使合作伙伴不用砸钱买流量，从而节省高额的推广费用。双方共同致力于为消费者提供高性价比的自由行产品，实现用户、线下企业、马蜂窝平台价值共创。

2. 富有原创力的新鲜内容

以经验分享为主的网站内容一直都是马蜂窝区别于同行的最大竞争优势之一。马蜂窝网站创建初衷就是让旅行者有一个分享旅游经验故事的平台，并未考虑到其潜在的商业价值。平台的建立意外获得了很好的反响，到 2009 年时，平台已经积累了 10 多万用户，并且拥有质量相当高的分享内容，两位创始人这才开始思考后续的商务模式。内容分享至今仍是平台的主营业务，而这些丰富、原创、新鲜的内容则成了马蜂窝的核心竞争力之一。

3. 数据研究中心

马蜂窝有自己的数据研究中心，能对注册用户的数据进行分析整理，定期发布用户行为、自由行、出境旅游数据报告。

自由行数据分析系统打通了企业内部和外部的信息流、产品流和服务流，能够系统地分析 PC 端、移动端的自由行用户行为偏好，如攻略下载、旅游搜索、旅游问答、游记浏览、查看旅游点评等，从而得出自由行的热门目的地、航班、酒店等聚焦性购买需求数据。根据这些数据，马蜂窝与全球供应商合作，进行自由行产品的反向定制和销售、优化和重构。

马蜂窝发布的《十一旅游趋势报告》《中国出境游报告》系列数据报告，一方面持续总

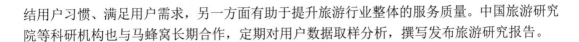

结用户习惯、满足用户需求，另一方面有助于提升旅游行业整体的服务质量。中国旅游研究院等科研机构也与马蜂窝长期合作，定期对用户数据取样分析，撰写发布旅游研究报告。

四、成功之处

根据马蜂窝大数据显示，2016 年 1~10 月，用户撰写的游记数与上年同比增长 28%，很多人在写游记时并不是三言两语带过，而是在用"匠心"撰写。马蜂窝用户人均阅读游记 7 篇，平均阅读时间达到 22 分钟。这充分说明用户在认真阅读，并非一扫而过。可见，不论是撰写还是阅读，用户都认真对待。作为传播者的用户真心分享经验，作为接受者的用户用心吸取经验。

(一)海量数据产生全网领先的内容

从用户的访问，到内容的产出、以及深度浏览和评价交易信息等，在马蜂窝上，每天新产生的数据量超过 3 个 T。根据马蜂窝官网实时披露的数据，马蜂窝平台真实点评 2100 万条，旅游问答超 521 万个，共 935 万人参与，攻略下载次数为 7.6 亿，领先全网。

(二)提高小众旅游景点的曝光度

当马蜂窝用户决定到一个地方旅行时，往往倾向于下载当地的攻略路书以便对该地有一个整体的了解，攻略路书是通过众多用户所提供的信息整合而成的。对于书中没有提到的景点，平台的景点板块可以给予补充。

创建新景点，需要将景点图片和介绍进行上传，经过官方审核方可创建成功。百度搜索中，新创建的景点链接在搜索结果中的排名比较靠前。无论是用户主动搜集，还是平台的宣传推广，都能够提高景点的曝光度。

游记本身带有攻略的功能，一些小众的旅游景点如果不依靠去过的游客分享可能难以被了解。当用户参考他人的游记来到这些地方，并且将自己的行程分享出来后，就形成了一个循环的传播模式，每循环一次，就再一次强化了传播效果。

例如，《#城市游记#这不是游记，这是关于梧州的——广告》于 2015 年登上马蜂窝首页，其中介绍的梧州近代建筑群和中山纪念堂，如今就被更多的人所知晓，同时也使用户了解了梧州的历史。有用户留言："国庆和朋友去了梧州，很大部分的参考就是来自你的游记！谢谢!!"而在这位留言用户的梧州游记中，同样也提及了蜂首游记中提到过的梧州近代建筑群和中山纪念堂。

(三)口碑传播提升优质景点的形象

对口碑传播的研究可以追溯到 20 世纪 60 年代，其最早是指没有商业利益关系的人之间面对面交流产品或公司的信息。随着互联网的发展，传统的口碑传播已经被搬到了网络上，淘宝、大众点评中的每一条评论都是口碑传播的体现，由于发表评论的都是有过真实体验的用户，所以这些评价对其他用户来说极具参考价值，也更容易影响其他用户的决策。

马蜂窝已积累真实点评 2100 万条，点评即起到口碑传播的效果。一些优质的景点即使知名度不高，在获得大量的正面评价后，利用口碑传播效应也能够提升形象，迅速提高知名度。

(四)游记记录了旅游景点的细节

大多数用户在撰写游记时喜欢分享自己在旅途中拍摄的照片，对擅长摄影的用户来说更是如此，他们用心拍摄照片，精心挑选照片，为照片做后期的修饰并插入游记中。同时，用户十分喜欢将景点现场的文字解说展板拍摄下来，以便其他用户对景点有一定的了解。

除此之外，游记其实也算作用户的旅行日记，用户除了会介绍自己去过的景点外，还会分享一路上遇到的故事，这些带有景点真实信息的游记也吸引着其他用户阅读。因此游记不仅丰富了景点传播的内容，也让更多的人接收到更加真实完整的景点信息。

(五)通过"大数据+旅游"助力攻坚扶贫事业

2017年以来，马蜂窝依靠自身平台和资源优势，深度参与了贵州旅游产业发展与旅游扶贫事业，致力于通过"大数据+旅游"为攻坚扶贫事业助力，积极履行企业社会责任。

一些贫困村镇有良好的原生态风光和旅游资源，这恰好也吻合了年轻旅行者深度体验的需求，马蜂窝通过将这种供需进行高效匹配，给贵州旅游带去新的活力，为脱贫攻坚提供助力。2018年10月，"马蜂窝旅行者之选"在贵州全面铺开，结合旅游大数据、旅行者需求及本地口碑筛选，以线上与线下相结合的方式，为游客呈现具有地方特色的贵州旅游消费指南。同时将贵州众多目的地的美食、景点、玩法等旅游特色进行系统化梳理，使其线上呈现更加结构化，方便游客在马蜂窝上查询相关信息，从而吸引更多的游客前往贵州旅游。

五、结论与未来发展建议

时下，攻略、点评的商业化已是大势所趋，浏览点评后再决定消费行为是许多人的习惯。于是，优质点评、精彩攻略等成为旅游在线网站争夺的稀缺资源。作为首家以内容生成为主的旅游网站，马蜂窝被外界称为"旅游独角兽"。但随着旅游电商的不断发展，市场竞争日益激烈，马蜂窝也面临着诸多挑战。

(一)面临的挑战

1. OTA平台加大对内容的投入

旅游电商市场的竞争十分激烈，为了更好地吸引用户，寻找差异化，各大OTA平台也开始尝试UGC，加大对内容的投入。如OTA巨头携程就推出了氢气球专栏，邀请美食、娱乐、影视等不同领域的名人以及自媒体发布旅游内容，提高平台流量。阿里巴巴旗下的旅游出行服务平台飞猪也推出目的地板块，提供旅行攻略等内容，从而起到消费引导的作用。OTA平台用户基数大，它们也做UGC，给马蜂窝带来较大的竞争压力。

2. 网站评价管理不到位，存在虚假信息

对马蜂窝网站的酒店服务进行评价，无需在该酒店有消费行为，只需要登录账户并绑定手机号即可操作。这也就解释了为什么不少酒店评价下的回复会出现各式各样的广告，

同时也不排除酒店存在买水军刷好评的行为。这在一定程度上说明，该网站向用户提供的点评信息是存在虚假可能性的。

3. 入驻商家缺乏统一管理

从"旅行商城全球商家入驻"链接进入相应页面后发现，仅有立即入驻、入驻流程及常见问题三个部分，对于商家入驻后的培训、管理及惩罚机制并未做系统说明，说明页面呈现出来的信息并不完善。

(二)未来发展建议

1. 丰富内容表现形式

马蜂窝要与时俱进，丰富内容表现形式，发挥自身的竞争优势。近两年，短视频已经成为内容呈现的主要方式之一，而随着 5G 时代的到来，视频甚至是 VR、AR 都会逐步成为主流，图片加文字的内容表现方式已经远远不能满足日益年轻化的用户群体。马蜂窝在旅行分享 APP "嗡嗡"中已经推出了 VLOG(视频博客的记录方式)以及旅行直播，以吸引年轻用户的关注。在未来，马蜂窝应该不断尝试引入更多样化的内容表现方式，给用户带来更好的体验，提高自己的市场竞争力。

2. 确保信息真实性

《旅游法》第四十八条规定，发布旅游经营信息的网站，应当保证其信息真实、准确。《电子商务法》第十七条规定，电子商务经营者不得以虚构交易、编造用户评价等方式进行虚假或者引人误解的商业宣传，欺骗、误导消费者。

马蜂窝旅行网的商业模式是以高质量原创内容吸引用户，根据用户个性化需求推荐产品，其核心在于对用户输入内容进行利用与管理。这就要求平台所呈现出的所有攻略、游记、点评均应当来自用户真实体验且内容真实客观。因此，平台在获取用户信息时不应满足于绑定手机号，用户在平台产生消费订单应作为其点评的必要条件。同时平台应对用户点评等实行先审核后公布，避免出现不良信息或垃圾广告，影响用户体验。

3. 完善平台监管机制

《电子商务法》第七十条也明确规定，国家支持依法设立的信用评价机构开展电子商务信用评价，向社会提供电子商务信用评价服务。当前，我国在线旅游领域的监管相对薄弱，一些监测、咨询机构会时常发布相关数据报告，但是这些机构多为商业化公司，其发布相关监测报告有较强的商业目的，缺乏相应的公正性、权威性，甚至还可能成为一些公司数据造假的合谋。为此，旅游平台要借鉴公证机构和评级机构的做法，构建中立、权威的第三方数据监测和信用机构及管理体系，确保相关数据真实有效。

马蜂窝中大多数旅游线路产品均由第三方商家提供，由于其缺乏信息服务的专业培训，经常会产生用户服务失败的情况，给平台造成不可挽回的损失。因此，平台应制定严格的规章制度，提高对入驻商家的管理强度，加强培训和考核力度，提升用户服务意识，以规范化的奖惩制度约束其信息服务行为，从而维护用户与平台的利益。

自 测 题

1. 航空公司、酒店及传统旅行社纷纷建立自己的电子商务网站,提供更低价格的机票、酒店或旅游线路;阿里、美团等电商平台也涉足旅游领域;内容平台如抖音、小红书也纷纷进入在线预订行业,携程如何直面竞争,保持先行者优势?
2. 大数据时代,旅游电子商务网站如何从内容产生价值?
3. 旅游电商的未来应该是大而全还是细分市场?

第四章　O2O 模式与新零售

【学习要点及目标】

通过对本章的学习，熟悉 O2O(Online to Offline，线上到线下)模式中，外卖 O2O 的代表美团、传统行业转型新零售的代表九牧及盒马的商务模式。通过几个案例的对比，关注 O2O 向新零售的转变，以及新零售对传统零售方式的颠覆性创新，分析新技术在新零售中的作用。

【引导案例】

2023 年上半年，休闲零食行业出现前所未有的变局。一方面，2022 年零食行业规模接近万亿，但根据欧睿数据及预测，未来 5 年休闲零食行业零售额年度平均复合增长继续低于 GDP 增速，竞争压力加大。另一方面，原本增速极快的电商渠道也出了问题。根据研报数据统计，2022 年下半年，休闲零食行业引以为主的电商渠道出现回暖，单月交易总额提升至 120 亿～150 亿元，但 2023 年 2 月以后，电商渠道呈现断崖式下跌，电商渠道休闲零食月度交易规模已经回落到 60 亿～80 亿元。休闲零食领导品牌良品铺子发布的 2023 年中期财报显示，公司营业收入为 39.87 亿元，归属上市公司股东净利润为 1.89 亿元，同比略微下滑。虽然公司的账面业绩增速放缓，但细看财报，仍能发现不少亮眼之处，如渠道变革的进一步推进，新品类的加速推出等等，都凸显出公司坚定变革的决心。

长期以来休闲零食产业渠道能力非常重。统计数据表明，超市销量的稳定和便利店的崛起，意味着未来想在渠道领域破局，就必须使线上线下渠道均衡性增长。在经历了生产为王(2000 年前)、渠道为王(2000—2010 年)、渠道去中心化(2010—2020 年)等不同阶段后，随着零食专营店爆发，行业正式进入到以质取胜阶段，综合供应链实力(产能、研发、渠道触达)将成为制胜法宝。换句话说，现在是比拼综合供应链实力和线上线下渠道结合能力阶段。良品铺子正通过打通线上线下的通路，并以高端零食的差异化加速布局，同时在线下亦大举扩张门店数量，迅速提升品牌知名度，最终跑通了商业变革闭环。

良品铺子在 2023 年中期报告中展现了其全力推动全渠道运营的决心，并多途径寻求优化渠道经营质量。在门店方面，良品铺子以战略眼光布局全国，重心集中在湖北、广东、四川和江苏等核心城市。迄今为止，公司在全国范围内新开设了 323 家门店。截至报告期末，公司共拥有 3299 家门店，覆盖了 23 个省份、自治区、直辖市和 178 个城市的核心商圈、交通枢纽、街边和社区，形成了从核心商圈到社区门店的多层次网络覆盖。

良品铺子重视线上线下的融合，一方面，利用会员平台实现私域引流，2023 年上半年到店人数增长520%。美团、抖音游戏创新玩法、短视频内容种草培养进店消费习惯,订单增长379%。店圈团购挖掘中小企业日常节令团购福利需求,客户数同比增长34%。另一方面,优化包装与规格,适应各平台差异,在美团和朴朴销售增长72%,在天猫超市生活超市平台增长16%。发挥内容电商优势推广场景化、功能化产品,成功打造鲜炖银耳羹和水果沙琪玛千万级爆款。良品铺子线下门店也在进化,为了深度满足用户对多样化产品和舒适购物体验的需求,成功地构建出"六代大型店铺"。同时,适时增设了咖啡、烘焙、短期保存等热门商品,以吸引更多的客流量并推动门店销售的稳步提升。

(资料来源:谁在对零食行业的未来布局)

第一节 O2O 模式与新零售简介

一、O2O 概述

O2O模式与新零售简介.mp4

O2O 这一概念最早于 2010 年由美国试用品营销、广告服务商 TrialPay 创始人亚历克斯·拉姆贝尔(Alex Rampell)提出,他认为 O2O 商业模式的关键是吸引线上用户到线下实体店中去消费,相比以前无法准确衡量广告效果的模式,可追踪、可衡量、可预测是其巨大的进步。此后逐渐发展衍生出线下到线上、线上到线下再到线上、线下到线上再到线下三种模式,其核心都在于跨互联网的线上线下交流互动。通过发现机制对买卖双方进行最佳匹配,以线上平台做中介,以支付与物流体系做支持,以全渠道的无缝穿梭满足消费者随时随地购物、娱乐、社交的综合消费需求体验。

从狭义上讲,O2O 是指消费者通过线上平台在线购买并支付/预订某类服务/商品,并到线下实体店体验/消费后完成交易过程;或消费者在线下体验后通过扫描二维码/移动终端等方式在线上平台购买并支付/预订某类服务/商品,进而完成交易。狭义的 O2O 强调的是交易必须在线支付或预订,同时商家的营销效果是可预测、可测量的。

此外,还有一种比较常见的形式,称为本地生活服务 O2O,是指与百姓日常生活相关的线上线下服务,包含餐饮、休闲娱乐、美容美护、酒店、婚庆、亲子、旅游及教育等行业,外卖平台饿了么和美团即属于这一类型。

O2O 商业生态系统构成如图 4-1 所示。其中,核心供应链系统包括消费者、物流服务商、O2O 平台企业、线下实体店、支付服务商等要素,是整个 O2O 商业生态系统的核心与运行基础;环境支持系统包括政府机构、认证机构、金融机构、电信服务商等要素,既可以为核心供应链系统提供各种支持服务,也可以通过核心供应链系统获得价值增值;竞争系统包括实体消费店、广告商、软件商等要素,对核心供应链系统产品的生产、销售产生影响,诱导核心供应链系统发生变革,反之,核心供应链系统决定竞争系统的成员类型;宏观环境系统包括经济、法律、政策、科技、文化、自然等要素,是核心供应链系统的运行基础,它对整个 O2O 商业生态系统提供基础设施与不断进化的外部动力,对系统内部成员产生环境选择压力。

第四章　O2O 模式与新零售

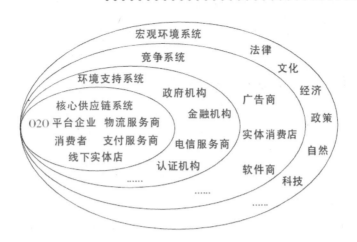

图 4-1　O2O 生态系统结构图

(资料来源：王丽平，李艳. O2O 商业生态系统的价值共创过程模型与机制[J]. 企业经济, 2018, 37(4): 43.)

二、O2O 电子商务的类型

(一)线上到线下

团购是这种模式的主要代表形式，消费者在团购网站中挑选产品，在网上下单并完成在线支付后可以取得消费凭证，凭借凭证就可以到指定的实体店去享受服务，从而完成消费。早期 O2O 商务模式的开展主要得益于团购网站的推广，有的学者甚至认为团购网站是 O2O 电子商务的主要模式之一。

(二)线下到线上

O2O 商务模式的核心是线下，也可以说，线下是 O2O 商务模式的根基。消费者购买的商品和服务主要由线下提供，通过线下的体验，再到线上去完成交易。线下的产品和服务出现的问题也可以通过线上快速得到解决，使得消费者的满意度和忠诚度都有一定的提高。

(三)线上线下融合

线上与线下渠道完全互通，将线上消费者引导至线下实体店消费，也可将线下实体店的消费者引导至线上消费。以苏宁、国美等大型零售商为代表。例如：苏宁线上线下同价，把实体资源互联网化为线上引流，再整合线上资源为线下导流，实现全场景智慧零售，有效地增强消费市场的覆盖面。

三、新零售概述

2016 年 10 月，阿里云栖大会提出了"新零售"的概念，指出未来线下与线上零售将深度结合，再加上现代物流、大数据、云计算等创新技术，构成未来"新零售"。2017 年 3 月，《C 时代　新零售——阿里研究院新零售研究报告》中对"新零售"做出了明确的定义："'新零售'是以消费者体验为中心的数据驱动泛零售形态。"根据众多学者及行业权威人士的观点，可将"新零售"的特点概括为以下几个方面。

(一)线上线下与现代化物流的高度融合

线下的企业必须走到线上去，线上的企业必须走到线下来，线上线下与现代物流融合，才能真正创造出新零售，其目的是为消费者提供全渠道、全方位的服务。

(二)大数据及云计算技术驱动

通过大数据以及云计算技术的结合应用，了解不同地区、不同时段的消费者喜好，建立以需求推动生产的供应链模式，减少库存成本与损耗成本，优化零售效率。

(三)以消费者为核心的零售理念

"新零售"的核心要义在于推动线上与线下的一体化进程，使互联网力量和实体店终端形成真正意义上的合力，从而完成电商平台和实体零售店面在商业维度上的优化升级。同时，促进价格消费时代向价值消费时代的全面转型。此外，有学者也提出新零售就是"将零售数据化"，将其总结为"线上+线下+物流，核心是以消费者为中心的会员、支付、库存、服务等数据的全面打通"。

简而言之，新零售即企业以互联网为依托，通过运用大数据、人工智能等先进技术手段和心理学知识，对商品的生产、流通与销售过程进行升级改造，进而重塑业态结构与生态圈，并对线上服务、线下体验以及现代物流进行深度融合的零售新模式。

四、从O2O到新零售

(一)新零售的政策背景

2016年11月11日，国务院办公厅印发《关于推动实体零售创新转型的意见》(国办发〔2016〕78号)(以下简称《意见》)，明确了推动我国实体零售创新转型的指导思想和基本原则。同时，在调整商业结构、创新发展方式、促进跨界融合、优化发展环境、强化政策支持等方面做出具体部署。《意见》在促进线上线下融合的问题上强调："建立适应融合发展的标准规范、竞争规则，引导实体零售企业逐步提高信息化水平，将线下物流、服务、体验等优势与线上商流、资金流、信息流融合，拓展智能化、网络化的全渠道布局。"

(二)新零售的发展动因

1. 线上零售遭遇天花板

虽然线上零售替代了部分传统零售的功能，但从两大电商平台——天猫和京东的获客成本可以看出，电商的线上流量红利见顶；与此同时线下边际获客成本几乎不变，且实体零售进入整改关键期，由此导致的线下渠道正面临价值重估。线上电商始终没有找到能够提供真实场景和良好购物体验的现实路径。因此，在用户的消费过程体验方面要远逊于实体店面。不能满足人们日益增长的高品质、异质化、体验式消费需求将成为阻碍传统线上电商企业实现可持续发展的"硬伤"。

2. 移动支付等新技术的普及

线下智能终端的出现及由此带来的移动支付、大数据、虚拟现实等技术革新，进一步开拓了线下场景和消费社交，让消费不再受时间和空间的制约。

3. 居民消费观念转变

在我国居民人均可支配收入不断提高的情况下，人们对购物的关注点已经不再局限于价格低廉，而是愈发注重消费过程的体验和感受。因此，探索运用"新零售"模式来启动购物体验的升级，推进消费方式的变革，构建零售业全渠道生态格局，成为传统电子商务企业实现创新发展的又一次有益尝试。

第二节 美团案例

美团案例.mp4

一、美团简介

美团是一家科技零售公司，以"零售+科技"的战略践行"帮大家吃得更好，生活更好"的公司使命。美团于2010年3月4日成立，从团购网站起步，在阿里、红杉、腾讯等多轮融资的支持和自身的战略组织下，从2010—2012年的"千团大战"中成为5000余家团购网站激烈竞争中的胜利者。充足的融资不仅为美团初期提供了强大的资金支持，也为美团与大众点评的合并提供了助力。2013年11月，美团外卖正式上线。依靠初期积累下来的商户规模，迅速拉动用户增长，成为外卖市场龙头企业。2018年9月20日，美团在港交所挂牌上市。近几年来，美团加速业务发展，开始进行多元化拓展，覆盖了人们的"衣食住行育乐"等基本生活领域，成为生活服务行业领先的电子商务服务平台。

二、美团发展历程

2010年3月4日，美团成立。

2010年8月，获得了红杉资本1200万美元A轮投资。

2011年7月，获得阿里巴巴和红杉资本5000万美元的B轮融资。

2012年，推出电影票线上预订服务。

2013年，推出酒店预订及餐饮外卖服务。

2014年，推出旅游门票预订服务。

2014年5月，获得3亿美元C轮融资，领投机构为泛大西洋资本，红杉资本及阿里巴巴跟投。

2015年10月8日，美团与大众点评宣布合并。

2015年11月，阿里确认退出美团，腾讯顺势追加10亿美元投资。

2017年，推出生鲜超市业务，进一步扩展即时配送服务至生鲜及其他非餐饮外卖类别。

2018年9月20日，美团在港交所挂牌上市。

2019年5月，美团正式推出新品牌"美团配送"，并宣布开放配送平台。

2020年7月，美团取消支付宝支付方式狙击阿里。

2021年7月13日晚，美团宣布腾讯认购事项已完成，所得约4亿美元将用于技术创新。

2023年4月13日，美团举行品牌发布会，正式向市场推出"美团企业版"，帮助更多企业进行消费管理。

2023年5月21日，美团宣布，旗下全新外卖品牌KeeTa正式于香港推出，KeeTa App将于5月22日早上8时餐厅营业后，正式启动送餐服务。

2023年8月28日，美团外卖宣布继续加强即时配送的合作生态建设，分别与顺丰同城、闪送、UU跑腿达成合作。

三、美团的商务模式

(一)战略目标

自成立以来，美团持续推动服务零售和商品零售在需求侧和供给侧的数字化升级，和广大合作伙伴一起努力为消费者提供品质服务。美团的使命是"帮大家吃得更好，生活更好"。2016年以后，美团的总体战略是构建以"本地生活服务"为背景的超级电子商务大平台，即"超级平台"。美团始终以客户为中心，不断加大在新技术上的研发投入。其发展战略经历了以下三个阶段。

1. "四纵三横"和"三高三低"战略(2010—2012年)

"四纵三横"理论确立了美团的创业方向为团购，"三高三低"理论确立了美团的商业模式。为消费者提供高品质、低价格的服务；为公司做到高效率、低成本、高科技、低毛利。坚持只做服务类团购，明确了美团的业务发展方向。加大投入和改进服务，确定了美团的发展重点，以上为后期的供给侧战略打下了良好的基础。

2. T型战略(2013—2015年)

美团以横向团购为基础、垂直深入电影和酒旅等生活服务发展的T字战略为战略导向，借助O2O模式向综合生活服务平台迈进。此后，逐渐向垂直领域转型，推出电影票线上预订、酒店预订及餐饮外卖、旅游门票预订服务，围绕本地生活进行无边界扩张。T型战略如图4-2所示。

3. 超级平台和供给侧战略(2016年至今)

美团以让消费者"吃得更好，生活更好"为宗旨，其通过外卖业务高频导流至其他生活服务平台的商业模式越来越清晰。由最高频的餐饮消费开始辐射其他低频的领域，挖掘其他领域的流量价值，更好地进行交叉销售。该阶段的另一个重点是平台建设，由于用户更倾向于在一个APP内解决所有需求，因此就给了超级平台诞生的机会。美团的大战略就是"超级平台"，以本地生活服务为大场景闭环，以此满足同一类用户的不同需求。因此要搭建超级平台，美团就需要不断去拓展和完善"本地生活服务"大场景下的细分业务，以实现服务的闭环并提高使用频次。故美团近年来的业务扩张并非随意延伸，其大部分动作都是围绕"超级平台"这个大战略进行的，收购摩拜、做美团打车都是在此战略下的布局。

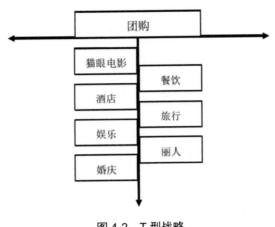

图 4-2　T 型战略

在供给侧战略方面,美团为 B 端商户提供从筹建到运营、从前台到后台每一个环节的供给端解决方案,在提升商家效率、降低成本的同时,提高了行业的进入门槛,增强了自身壁垒。

(二)目标客户

美团是典型的平台型企业,具有平台企业所有的双边市场,对应的用户是消费者和本地生活服务商家,截至 2022 年底拥有 6.78 亿交易用户以及 680 万活跃商家。美团外卖的目标用户以年轻群体为主,基本不受性别影响,他们集中在一、二线发达城市,消费能力处于中高水平。

(三)产品和服务

美团的业务依靠超级大平台和供给侧战略构建而成。超级大平台战略重点在于 C 端,目前主要有三大类业务。第一大业务为餐饮外卖,一是向消费者展示餐馆的信息,二是提供配送服务。基于这两项服务,美团分别向商家收取佣金、在线营销服务费,向消费者收取外卖配送费。第二大类业务是到店、酒店及旅游服务,主要收入来源于商家在美团平台上出售的代金券、优惠券、订票及预订票支付的佣金,以及在线营销服务费。第三大业务属于新业务,包括生鲜零售、网约车、共享单车等来完善本地生活。美团业务构成如图 4-3 所示。

图 4-3　美团业务构成图

供给侧战略的重点在于向 B 端商家用户提供相关服务，提高其效率，降低其成本，主要包括以下五类服务。

1. 餐饮 ERP

餐饮 ERP 是美团为餐饮商户提供的数字化解决方案。2020 年美团研究院数据显示，餐饮行业商户数字化水平低，除外卖和线上点单外，其他数字化渗透率不足 10%。美团布局餐饮 ERP 更多是出于战略的意义，通过帮助商家完成数字化改造，美团可以加深自身在供给侧的壁垒；同时获取更多的线下数据，也有利于美团对其他业务的拓展。

2. 聚合支付

聚合支付是美团为商家提供的支付解决方案。一方面可以直接为美团创收，另一方面通过提前在支付入口布局，也可以为美团未来发展 C 端的金融支付业务奠定基础。

3. 快驴

餐饮的供应链建设是重资产业务，需要很大投入去建设仓库、物流设施，且商家对价格高度敏感，毛利率很低，因此规模效应会非常强，未来市场集中度会很高。目前美团对快驴的投入相对谨慎，还在增加供给、降低亏损的过程中。

4. 供应链金融

供应链金融可增强美团对商家的议价能力，同时增加利润。由于金融业务存在一定风险，目前美团在商家贷款上相对谨慎。

5. 物流

物流指美团为商家提供的即时配送服务，一般包含在外卖业务中。但实际上美团外卖的物流环节是开放的，物流设施也是开放的。2020 年 5 月，美团宣布将配送能力向各行各业开放。通过提升配送服务能力和多类型商流服务能力，美团希望将配送业务建设成城市的新基础设施，从而提高配送服务的广度和深度。

(四)盈利模式

美团 2023 年业绩报告显示，受益于中国经济高质量发展，公司各项业务继续取得稳步增长，实现营收 2767 亿元，同比增长 26%。基于稳健的经营策略，公司销售成本率和营销费用率同比、环比双降。基于以上情况，美团业务核心的本地生活服务实现稳步增长，营收达 2069 亿元，同比增长 29%。美团即时配送订单量达 219 亿，同比增长 24%，用户交易频次和客单价同比实现双增长。伴随着即时零售的场景和丰富度不断拓宽，本年度美团闪购订单量同比增长 40%。新业务方面，随着商品零售的效率大幅改善，新业务分部收入增长至 698 亿元。第四季度经营亏损同比收窄 24%，至 48 亿元。

美团的盈利模式主要有以下四种：基本业务盈利、信息媒介盈利、资金运作盈利和增值服务盈利。

1. 基本业务盈利

美团依托网络团购的行业根本，开展餐饮美食、到店酒旅、交通出行等多项业务，形成产业链。各项业务的佣金、配送费、服务费等构成其收入来源。其中，美团外卖的盈利来源主要包括以下几部分。

(1) 商家抽成：商家抽佣分为平台配送抽佣和商家自配送抽佣，平台配送大约17%~25%，商家自配送大约6%~9%，大多数都是平台配送，自配送极少。商家抽成是外卖平台最核心的盈利模式，客单价越高，抽成金额越大，平台的盈利就越多。

(2) 平台配送费：一般外卖平台都拥有自己的配送团队，在收取商家抽成的基础上，还会再收取消费者一笔配送费。配送费金额的多少与配送距离有关，一般在1到5元之间，恶劣天气等情况能达到8到10元。

(3) 店铺竞价排名费用：一些商家入驻后靠广告获取流量，因此需要优化店铺排名。排名越靠前，广告价格越贵。

2. 信息媒介盈利

美团的用户可以免费注册会员，享有会员权益，通过增加用户浏览量来提高交易可能性。美团商家通过支付营销费用进行公域流量推广，增加消费者浏览量，促进交易。

3. 资金运作盈利

美团通过提升自己的能力不断获得融资。其次，美团对企业进行互补性收购，与其共享产业链，深度合作，降低竞争风险，利用资本的力量产生协同效应，最终达成利益共享。

4. 增值服务盈利

美团对B端商家提供SaaS软件服务获得收益。商家可以选择快驴解决供应链需求、利用美团的物流提供配送以及餐饮ERP系统为餐饮商户提供的数字化解决方案，解决所有的中后台需求。

(五)核心能力

1. 基于"生活消费"概念下的品类交叉，高频打低频

上美团APP团购、订餐、出行已经成为人们日常生活消费的一部分，使用率极高。以"高频"的生活消费向"低频"的酒店消费引流，通过一站式满足用户需求，在吃喝玩乐的场景中完成转化。无论是跨城市出差，还是本地聚餐、休闲娱乐，都会衍生出酒店的消费需求，而酒店同样会衍生出美食、休闲娱乐等需求。这就是美团能够在多个垂直领域挑战甚至超越行业龙头的战略基点。美团联动美食、休闲娱乐等消费，不仅满足了用户基于酒店场景的延伸需求，同时也帮助酒店商家实现跨品类增长，提高综合收益。而通过消费，又可以对用户价值进行深度挖掘，从而进一步满足用户需求和提升酒店效益，由此形成正向循环。

2. 难以复制的人力资源和商户资源

美团的众多业务——包括团购、点评、外卖、酒旅等，都是依靠地推把一家一家的商户资源拿下来的。地推的作用不光是前期抢占商家资源，还包括后期的商家业务能力培训、诚信监督管控，负责整个商户资源的对接和后续管理，对于团队的能力要求很高。而这源自于团购大战的上万人的地推铁军，以及他们拼下来的无数线下商户资源，是美团业务版

图中极具特色的核心竞争力之一。

3. 边际推广成本低

依托于人力、物流、技术等基础设施的持续构建,以及口碑传播和网络效应带来的低获客成本,美团每进入一个新领域,边际推广成本都很低,投入资源也相对较少,而其他互联网公司的获客成本都在上升。美团是典型的双边市场,C 端和 B 端相互促进,使得平台规模不断扩大,为竞争者制造了壁垒。同时,网络效应又放大了成本优势,这是一种不断成长的核心竞争力。

4. 优秀的管理能力和执行能力

互联网行业特别看重领导者的掌控能力,许多风险投资和私募基金在投资互联网企业时,都将团队列为第一考察要点。美团能够成为行业领先,管理层在战略制定、战术执行、品牌定位、产品运营、客户导向、学习能力、危机意识、快速反应等方面都是非常优秀的。

四、成功之处

(一)坚持"以消费者为中心"的价值观

美团的使命是"帮大家吃得更好,生活更好",其创始人也多次进行强调要以用户为中心创造价值。只要用户有需求,美团的业务自然就应该延伸而至。美团平台对应的双边用户是消费者和服务商家,用户追求品质化和个性化的住宿选择,美团便进军民宿领域;用户需要便捷的出行服务,美团就试水打车业务。商户开店对供应链、金融等有所需求,美团在发展初期就投入对 B 端服务的开发。可以说,消费者和商户的需求促进美团不断开拓新业务。

(二)科技赋能

美团对科技研发加大投入,研发了国内最大的即时配送网络、打造超脑调度系统、无人配送车等新技术。即时配送指的是平台在接到用户订单后,在较短时间内响应并配送的模式。为了保障配送的即时性,美团自主研发了超脑调度系统,其具有智能规划、智能调度以及智能运营三大能力,能够实现用户、商家和骑手间的最优匹配,正在为越来越多的用户和商家带来价值。

无人配送则是通过多样的智能配送终端满足不同场景下的多种即时配送需求,最终实现"用无人配送让服务触达世界每个角落"的愿景,提升配送效率和用户体验。2021 年 5 月 27 日,美团取得了在北京经济技术开发区测试其无人配送车的"牌照",这是全国首张无人配送牌照。疫情防控期间,美团的自动配送车服务为实现无接触配送发挥了重要作用。

(三)战略选择

美团的成功还在于管理团队的战略选择。无论是团购初期的"三高三低"和"四纵三横"对用户进行补贴,主攻省会及副省级城市的战略还是现在的构建本地生活服务圈的"超级大平台"战略,美团始终是从自己的使命出发,从用户的需求出发进而制定战略,且随着市场环境的变化，不断调整战略的重心和框架。从无边界的拓展，再到强调单个发展重心。美团一直在提升自身的业务能力，并且不断地优化商业模式，形成竞争优势。

五、结论与未来发展建议

伴随着经济的全面复苏，美团所在的本地生活、外卖等赛道无疑占据了优势生态位。后疫情时代，人们的消费需求逐渐回升，其中餐饮消费旺盛，对外卖业务的需求更加迫切。美团作为国内领先的外卖平台，受益于这一趋势，其外卖业务得到了快速增长。此外，美团还在本地生活服务领域取得成功，通过提供酒店预订、旅游出行等服务满足了人们多样化的需求，进一步巩固了其市场地位。借助今年高速增长的餐饮消费、旅游消费的风口，美团的业绩表现持续向好，但其发展也面临许多挑战。

(一)面临的挑战

1. 市场竞争激烈

美团实施的多元化战略使其在各大生活服务行业都面对强大的竞争对手。外卖业务上，最大的竞争对手饿了么不仅收购了百度外卖，而且和同属阿里巴巴旗下的口碑合并；酒店业务领域，行业老大携程近年加速下沉低星酒店，进军美团腹地；网约车市场，滴滴占据70%左右的市场份额。与这些专注某一领域的独角兽相比，美团必须依托庞大的平台用户数，通过满足用户的多场景需求，获得竞争优势。

2. 现金流压力大

多元化战略需要企业同时运营若干个市场领域，这将导致企业对资金的需求量增大。美团凭借在外卖领域的领先地位，通过推出闪购与即时零售等新业务，进一步满足用户的需求，并创造了更多的增长点。然而，美团的主要盈利还是来自外卖和到店酒旅两大业务，而新业务处于亏损状态，吞噬着外卖和到店酒旅来之不易的净利润。美团的多次收购行为导致资金的大量支出，且后续需要持续投入，这些都加剧了美团现金流的压力。

3. 缺乏自主创新能力

美团缺乏自主创新能力，其在实施多元化战略过程中发展的新业务几乎都是通过模仿或并购得来。新业务出现后，美团凭借极强的运营和学习能力对这些业务进行模仿、改进，并发展壮大。比如猫眼电影、点评、酒店、打车、单车等都非美团首创。创新能力始终是互联网公司的灵魂所在，决定了一家公司发展的天花板。所以创新能力的缺失可能成为美团未来发展过程中最大的短板。

(二)未来发展建议

1. 数字化创新，提升本地生活服务品质

随着各项数字技术的不断发展和普及，美团应利用数字技术的优势，对本地生活服务场景进行创新，从而大幅提升服务品质。在美团外卖中，通过智能推荐与个性化营销等技术的应用，更快、更便捷地满足用户需求。在美团点评中，通过数字化创新推动用户点评

和商户服务的升级。在美团本地生活中，继续加强服务的个性化、精细化，为用户提供更加便捷、优质的本地生活服务体验。

2. 完善财务目标，动态控制财务风险

多元化经营的互联网企业应将主营业务与相关业务、新业务的财务控制目标融合起来，设定具有前瞻性和综合性的财务风控目标，并将所有业务都纳入财务风险预警体系，从总体上把握潜在的财务风险。同时要对企业运营能力、偿债能力等指标进行动态分析，及时根据风险信号制定相应的调整措施。

3. 提升技术创新能力，提高服务水平

作为生活服务领域的领导者，美团应当提升自己的技术创新能力，进一步推动标准基础设施数字化、智能化的进程，诸如数据基础设施、研发工具等。未来的外卖行业将越来越注重智能化技术和数据分析，智能化可以帮助外卖平台对订单进行有效的管理，降低成本和提高效率。美团发展 10 余年来积累的庞大数据也奠定了其进入更高阶技术赋能的基础，包括用人工智能实现实时智能调度和无人驾驶配送等。总之，美团需要不断更新技术，提高服务水平，才能满足用户的需求。

第三节　九牧新零售案例

九牧新零售案例.mp4

一、九牧集团简介

九牧集团创立于 1990 年，从生产喷淋除尘健康系统开始进入卫浴行业，之后开发出国内第一个快开式水龙头、第一款花洒产品。当时，国内不少企业选择给外国卫浴品牌代工，但九牧却立下目标，要做中国自主卫浴品牌。

1997 年，九牧再一次拓展业务范围，产品品类也从五金迈向整体卫浴，公司先后将卫生陶瓷产品(2006 年)、智能马桶(2010 年)、浴室柜(2011 年)等纳入经营范围。2009 年，九牧年销售额突破 20 亿，成为规模最大的本土卫浴企业。到 2017 年公司营收突破 100 亿，并发布全球泛家居战略布局。2021 年，九牧的全年营业收入达到 152 亿，同比增长 30%。截至 2023 年，九牧集团品牌价值达 1368.25 亿元，在"中国 500 最具价值品牌"榜单中，蝉联行业第一 13 年。

目前，九牧集团是一家以数智卫浴为核心，集研发、制造、营销、服务于一体的全产业链、创新型国际化企业，全球设有 16 个研发中心，在德国、法国、泉州、厦门、武汉、滁州、成都设有 15 家高端数智工厂，行业首创 5G 灯塔工厂、零碳 5G 灯塔工厂。20 多年来，九牧先后荣获 133 项全球设计大奖，192 项 iF 设计大奖，行业内获奖数全球第一。此外，九牧还收购了法国顶级卫浴品牌 THG 和德国顶级橱柜品牌 Poggenpohl(博德宝)，进一步完善了公司的品牌和产品矩阵。

二、九牧电商发展历程

2011 年，九牧率先进军电商市场，是第一批入驻天猫平台的卫浴品牌。并接连布局京东、苏宁、唯品会、小米有品、拼多多等多种电商渠道。

2016 年，九牧电商创造了双十一单店单天破 1 亿的惊人业绩，成为首家破亿卫浴店铺。同年，九牧荣获"中国高端卫浴领军品牌"奖项。

2017 年，九牧开启全球数智泛家居战略。

2018 年，面对线上线下渠道融合趋势，九牧提出打造"新零售"模式，赢战百亿电商格局。

2019 年，发布年轻高端品牌"小牧卫浴"，入选新华社民族品牌工程。

2021 年，九牧再次开拓新媒体电商渠道(抖音，快手，小红书)，成为首家单场直播观看量破千万的家装品牌。

2020—2022 年，疫情影响下竞品业绩纷纷下滑，九牧电商逆势而上，同比增长 20%，市场占有率进一步拉大。

2022 年，九牧集团营收实现卫浴行业 "中国第一、世界前三"，获得"中国智能卫浴第一品牌"称号，成为华为鸿蒙系统战略合作伙伴，与中残联建立独家战略合作。同时，截至 2022 年，九牧品牌已 13 年蝉联电商平台双十一大促卫浴类目品牌第一，智能马桶、淋浴花洒、浴室柜、普通马桶、面盆龙头、厨房龙头、淋浴房等核心品类销量稳居行业第一。品牌销售额有近三分之一由电商渠道贡献。

2023 年，九牧作为卫浴行业唯一上榜企业，与京东、小米、伊利、安踏、海尔等知名企业一同入选并获评国家级"电子商务示范企业"荣誉称号。同时，凭借品牌在数智化转型和新零售方面的创新实践，再次斩获"2023 中国家电创新零售优秀案例奖"。集团官网首页如图 4-4 所示。

图 4-4 九牧集团官网首页截图

三、九牧的商务模式

(一)战略目标

九牧集团始终秉承"专业人才、专业制造、规范管理、持续改善、客户满意"的发展理念,致力于做最优秀的卫浴专家,打造"中国卫浴行业第一品牌"。在健康新技术、系统数字化、轻智能、定制化、新颜值、新材料、新能源、生态品类研发等方面继续发挥领先优势,积极响应绿色发展号召,率先实施"双碳"行动计划,促进人、产品、环境的和谐发展,持续为全球用户创造美好家居生活新体验。

除九牧品牌外,九牧电商还创立了全新电商子品牌小牧卫浴,立志打造成为家装电商第一品牌,并进一步开拓跨境电商业务、开启平台化模式战略转型,全面打造多品牌、多渠道、多模式的新商业模式。

(二)目标客户

九牧集团的目标客户涵盖了各类消费者群体和细分市场。具体有以下三类。

1. 个人消费者

九牧的卫浴产品适用于个人消费者,包括住宅、公寓和别墅的业主以及个人装修者。他们提供各种卫浴产品,例如浴缸、洗手盆、淋浴设备、马桶和卫浴配件,满足个人消费者对舒适、美观和功能性的需求。

2. 商业客户

九牧也专注于为商业客户提供卫浴产品和解决方案。包括酒店、宾馆、餐厅、商场、办公楼、医疗机构和教育机构等各类商业场所。根据不同客户的需求,提供量身定制的卫浴解决方案,满足商业场所对品质、可靠性和卫生条件的要求。

3. 项目开发商

九牧的目标客户还包括房地产开发商、建筑商和装修公司等项目开发方。为其提供全面的卫浴产品供应和技术支持,帮助项目开发商实现卫浴设施的规划、设计和安装。

(三)产品与服务

1. 产品及供应链布局

九牧致力成为"全屋场景解决专家",电商渠道产品涵盖智能马桶、浴室柜、淋浴房、五金、陶瓷、浴缸等核心品类及集成吊顶、晾晒、管业等生态品类,定位中高端市场,多款明星产品获得 iF 国际设计奖。2022 年上线定制类产品(定制浴室柜、定制淋浴房),满足用户个性化需求,打通从用户咨询—上门量尺—在线设计方案—付款成交最快 24 小时闭环的高效流程,成为首个在电商平台开展定制业务闭环的卫浴品牌。随着消费需求不断升级,目前高价位的智能马桶销售占比已提升至 30%。

第四章 O2O 模式与新零售

2. 电商业务布局

九牧电商采用直营+代理的双模式铺设销售渠道，不断突破创新。从货架式电商到兴趣电商，实现从"人找货"到"货找人"的场景转变。联合京东平台建立京东家电专卖店、京东超级体验店，打造 O2O 新零售新模式。随着海外 DTC(Direct to consumer，直销)的崛起，迅速建立跨境电商新壁垒。此外，针对九牧线下渠道租金贵、获客难的困境，建设了"九牧小店"小程序，赋能门店高效拓客转化。如图 4-5 所示。

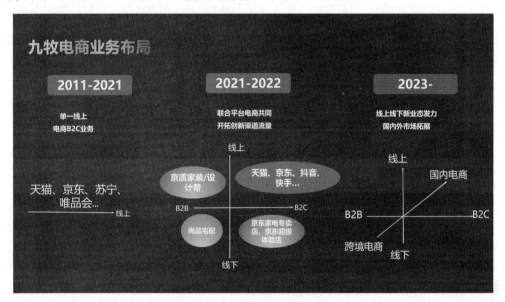

图 4-5 九牧电商业务布局图

(资料来源：九牧电商整理绘制)

3. 新零售模式

九牧积极推出新零售模式，旨在满足消费者的需求，改善购物体验，并提供更全面的售前售后服务。新零售模式具体内容如下。

(1) 线上线下融合，多渠道数智化运营

九牧通过建立线上商城、线下门店以及社交媒体渠道，将不同渠道的优势进行整合，为消费者提供全方位的购物方式。消费者可以线上浏览、比较产品，然后在线下门店购买或在线上下单。率先布局抖音、小红书、快手等新媒体渠道，构建品牌专属私域流量矩阵。面对短视频平台直播带货崛起的态势，九牧开启"店店直播"的全新营销模式，实现线上引流、线下转化，通过对精准用户投流，逐一优化人、货、场，让品牌自播与精准用户形成强沟通、强互动，打通"种草-转化"链路，缔造行业门店数智化营销标杆。

(2) 数智化售后服务

九牧电商售后团队拥有全国一站式卫浴安装焕新服务能力，为消费者提供选购、安装、维修、保养到焕新的全方位卫浴服务。服务覆盖全国 365 个市/盟/州、3080 多个区县，网络覆盖率 100%。建立三级备件供应链体系，覆盖全国 300+地级市，实现备件次日达。搭建分等级、分品类的服务工程师认证体系，为消费者提供更专业的卫浴安装、维修服务和场景式解决方案。上线专业客户服务系统，通过 7 大数字应用场景的交付使用，实现信息自动化、流程可视化、管理智能化、决策自主化的数智新服务模式升级。

九牧电商在行业内首推"七星管家服务"、"智能电路改造"、"智能无忧焕新"、"在线视频客服"等服务，通过提供测量、设计、拆旧、安装、电路改造、旧品清理等一站式服务，解决行业内服务质量参差不齐、服务不规范、收费不透明的问题，满足用户家居多场景的服务需求。

2022 年，九牧开始在全国布局设立星管家服务中心，实现服务人员的精细化管理和服务的专业化落地，提升高端服务能力。

(四) 盈利模式

九牧集团 2020—2022 年销售总额累计超过 500 亿元，多个品类销售额行业第一。2023 年上半年，九牧集团实现业绩利润双增长，销售额同比增长 25%以上。九牧集团的盈利模式主要包括以下几种。

1. 销售产品

九牧生产浴缸、洗手盆、淋浴设备、马桶、卫浴配件等产品，通过线上线下销售产品来获取利润。

2. 项目合作

九牧与各类项目开发商、建筑商和装修公司合作，为他们提供卫浴产品和解决方案。通过与这些合作伙伴建立长期合作关系，获取利润。

3. 品牌授权

九牧还通过品牌授权经营，增加销售额和知名度，并获得相应的利润。

4. 售后服务

九牧提供的售后服务，包括产品维修、更换和技术支持等，其中部分服务如拆旧需要收费。通过提供优质的售后服务，九牧不仅可以提高客户满意度和忠诚度，同时也能获取部分利润。

(五) 核心能力

1. 数字化、智能化能力

九牧敏锐地捕捉到数字化的趋势和机遇，将数字化作为其核心竞争力之一。早在 2016 年就提出"科技卫浴"的概念，并在 2018 年实施了"数智化"战略。九牧将数字化贯穿于其整个价值链，从产品设计、生产制造、营销服务到用户体验，实现了全方位的数字化转型和智能化升级。并通过数字化的赋能，实现了产品品质、生产效率、营销效果、服务水平、用户满意度等各方面的显著提升。

2. 科技创新是高质量发展的核心驱动力

创新是九牧领先同行的源动力。凭借颠覆性创新思维，研发布局覆盖全球十大重点城市，共拥有 16 个研发中心、60 多个实验室、30 多个全球研究院。涵盖新材料研究、人工智能、智能电子、环境健康等多个模块，并与华为、西门子、保时捷成立联合创新中心。拥有 2000 多人的研发设计团队，累计申请先进专利 3000 多项，专利数居行业第一，荣获 21 项红点国际设计大奖及中国专利银奖。智能技术国际领先，首创生物智能尿检机、无水冲刷和多项革命性技术，终结国人到国外抢购马桶盖的历史。首批工信部认定国家级工业设计中心，连续两年荣获红点至尊奖，实现行业零的突破。

3. 构建价值共创生态圈的能力

九牧深刻理解用户的需求变化，以用户为中心，以技术为支撑，以服务为保障，打造了一个完整的数智卫浴生态圈。通过与家居、医疗、旅游等领域的优质合作伙伴共建共享，实现了资源的整合和优势的互补，为消费者提供了更加丰富和多元的数智卫浴体验。用户不再只是被动的消费者，而是更加主动的参与者。用户从单一的购买者，转变为更加多元的体验者。

同时，九牧也通过与政府、学校、研究机构等多方的合作，推动了数智卫浴相关的标准制定、人才培养、技术创新等方面的进步，为行业和社会的发展做出贡献。

四、成功之处

(一)全品类覆盖，满足用户需求

卫浴产品的界定随着科技发展以及生活场景的扩容也开始扩张，九牧立足卫浴产品，围绕五金、智能、定制、陶瓷、水系统与生态等多个战略品类，带给用户全场景化解决方案。生态上与华为鸿蒙、小米共建数智互联空间，实现了卫浴空间的智能化。此外，作为首个在电商平台提供线上定制类产品的卫浴品牌，能够满足用户全面、智能而又个性化的需求。

(二)实施品类制运营模式

九牧电商开创了品类制运营模式，聚焦单一品类，及时洞察市场发展趋势。始终坚持以"用户为中心"的核心思想，联动运营、企划、开发、制造等部门高效协同，利用数智化分析工具，结合销售数据、用户调研、潮流趋势等，提前 1~1.5 年制定产品布局策略。通过 ABC 分类法针对不同级别商品从核心卖点、外观颜值、用户体验、售后保障等方面全面对标竞争对手，确保产品的绝对优势。

(三)丰富的营销推广模式

1. 营销变革

九牧电商始终围绕品牌核心人群的卫浴使用痛点和情感共鸣点做消费者沟通。根据 O-5A 营销模型，深度重构"人货场"，通过微博、朋友圈、抖音、B 站等多平台打爆新品，全方位放大产品价值，强化用户对产品的品质感知，并以多重利益点刺激引导消费。

2. N+1 直播矩阵

2017 年，九牧开始尝试电商直播，组建从编导、摄影、剪辑、主播、场控等完善的品牌自播团队。在厦门、杭州搭建了 1300 平方米直播间用于天猫、京东、抖音等平台直播业务，支持每天 30 个直播间同时在线直播。

2020 年，九牧举办了"8.15 卫浴直播节"，团队临时搭建起 4000 平方米的直播间，邀请福建省领导、明星艺人、奥运冠军等嘉宾一起参与活动，公司董事长化身主播亲自带货。最终全平台观看量超 800 万人次，成交额度超过 10 亿元。

九牧已形成 N+1 直播矩阵带货模式，与多名头部主播共同带货。2022 年九牧抖音平台 GMV 实现 2.5 亿元，稳居卫浴行业第一。各平台直播销售额占九牧电商整体销售额的 30%，且直播销售的占比还在逐年增加。未来计划在北京、上海、广州、深圳、成都等城市陆续搭建直播间，用于支持更多九牧代理商及合作伙伴开展直播业务。

(四)优秀的数智化运营

1. 数智化客服

电商客服团队始终坚持"以客户为中心"，不断进行数智化转型，提升客服团队服务的深度和广度。通过打造咨询/发货/物流/安维/售后全链路数智化体系，由粗放服务转为精细化服务，由成本中心转为价值中心和降本增效中心，把简单的任务交给机器，让客服专注于顾客的个性化需求，重塑客服价值。2021 年引入智能应答，自动承接全部咨询量的 42%，降本 490 万元/年。2022 年引入流程自动化平台 RPA，降本 155 万元/年，2023 年引入数智前台系统，业务处理时效提升 63%。九牧电商中台功能结构如图 4-6 所示。

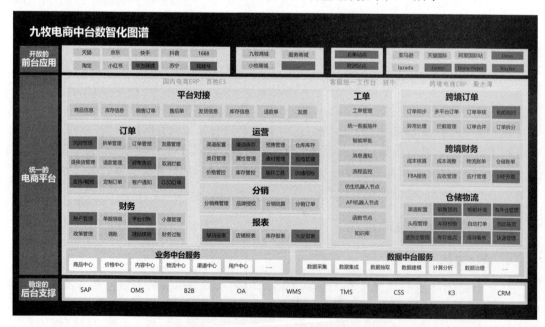

图 4-6 九牧电商中台数智化图谱

(资料来源：九牧电商整理绘制)

2. 数智化设计

九牧数智化设计团队不断钻研品牌视觉年轻化、塑造视觉差异化、新视觉创意策划。以百万级消费者体验大数据为支撑，为品牌创造更高的商业价值。不断探索新趋势，以策略为核心，视觉传达为手段，运用 ChatGPT、AI 绘图等智能设计手段不断高效输出高质量视觉方案，用设计为商业赋能。熟练使用三维软件渲染技术，更直观展示产品核心卖点。

3. 数智化订单管理

九牧电商订单管理覆盖全网代理商、直营店。其搭建的预测数据模型，利用促销预测、基准预测模型、波动系数修正法，结合不同品类生产周期、经济批量考虑因素，以销售转化为中心，保障供需平衡，促使电商平台货品100%满足交付，并将库存周转时间控制在30天内。此外建立了 B2B 客户订单管理系统，涵盖小程序和 PC 端，客户下单便捷管理，客户订货窗口大屏可视化，实现随时随地下单、订货、交货，满足订单数字管理定制化需求，提升订单交付管理时效。

五、结论与未来发展建议

(一)结论

九牧全面实施传统卫浴转型升级，布局新战略、新场景、新赛道，走出了一条数智卫浴中国式现代化新道路。九牧还通过大数据精准分析赋能集团多渠道、全链路发展，以消费者喜闻乐见的短视频、直播等方式，打造线上、线下融合的创新营销模式，不断提升消费者体验，构筑品牌数智化运营新生态。

九牧高度重视线上线下的融合，携手腾讯、华为、京东等科技巨头，全新升级第八代数智门店，以场景化布局，可视化交互体验，全面颠覆传统门店销售模式，构建消费新场景，打造数智新零售范本。为用户提供更为人性化、便捷化、智能化的消费体验。此外，依托数智化技术创新，九牧借助数智化工具 C2F(Customer to Factory，消费者对工厂)智慧制造模式结合大数据洞察，以设计和产品为消费者提供以场景为中心的解决方案，同时实现了销、产、供全链路数智化管理。

(二)未来发展建议

1. 探索零售新模式，迎战电商零售新赛道

虽然九牧新零售模式已取得一定的成果，但仍需结合产品特性，不断探索零售新模式。如在新品钢琴花洒推广过程中，九牧采用一支钢琴调性片、一支极端环境的花洒挑战、一支实验室的专业测评，重点聚焦品质与功能，强化其高品质形象。通过与竞品横向对比，突出自身产品优势，结合站外微博、小红书、抖音、B 站等多媒体渠道的助推，新品钢琴花洒出道即火爆，获得行业专业评测平台的背书，多家知名媒体号主动报道。共获全网超过4224 万曝光量、超过 48 万的互动量。

2. 强化形象包装，提升九牧品牌形象

直播电商的兴起，使得消费者购买行为已经逐渐被感性的购买决策所主导。九牧可以

从产品颜色、风格、包装等方面出发，注重内在品质与外在形象的提升，这样才能真正打造具有独特设计风格、符合时尚潮流和个性化需求的产品，赢得消费者的青睐。

3. 创新设计产品，实现可持续发展

九牧在产品设计和创新方面，已经走在同行前列。九牧明确提出要以创新为核心驱动力，大力发展 5G 智能卫浴厨具。顺应时代潮流，关注环境保护和可持续发展，积极推动绿色环保的发展理念。通过节能减排、资源利用等方式，降低对环境的影响，并致力于开发低碳绿色产品，提供可持续的解决方案。

第四节 盒马案例

盒马鲜生案例.mp4

一、盒马简介

盒马是中国首家以数据和技术驱动的新零售平台。通过重构零售产业"人、货、场"，打造了"盒马鲜生"、"盒马 X 会员店"、"盒马奥莱"等主力业态，致力于满足消费者对美好生活的向往。盒马希望为消费者打造社区化的一站式新零售体验中心，用科技和创新引领万千家庭的"鲜美生活"。

盒马于 2015 年 6 月成立，从 2016 年 1 月 16 日，盒马新零售第一店开业后的 7 年，大致可以分成以下三个阶段。

新零售探索期：2016—2018 年，盒马完成了新零售线上线下 6 个统一的数字化(统一商品、统一价格、统一会员、统一支付、统一营销、统一服务体验)，打造了 3 公里半径 30 分钟达的自营配送服务体系，完成了全国供应链和物流布局。用短短 3 年时间完成了盒马新零售 200 多家门店的全国布局，而传统零售需要 20 年时间进行建设。

新零售模型打磨期：2019—2021 年，是盒马商业模型优化的三年，发现数字化、大数据、线上销售、电子支付和 30 分钟达，仅仅属于工具和服务方式，解决不了零售的本质问题，需要花大力气去研究和探索新零售的核心竞争力：商品力和高效的运营体系。

新零售成熟期：盒马 2022 年年初提出运营效率的提升，现在来看取得了很大的成绩，形成了以自有品牌体系和全球化直买体系的盒马商品力，目前盒马自有品牌已经占到了商品的 35%，未来将会超过 50%，因此盒马赢得了消费升级所需要的差异化竞争能力；这一年盒马不仅保持了业绩的高速增长，也实现了主力业态盒马鲜生的盈利，盒马作为一个新零售业态完成了第一阶段的目标。这是盒马的一小步，也是新零售的一大步。

与传统零售最大的区别是，盒马的供应链、销售、物流履约链路是完全数字化的。商品的到店、上架、拣货、打包、配送任务等都可以通过智能设备完成，简易高效，而且出错率极低。整个系统分为前台和后台两部分，用户下单 10 分钟之内完成分拣打包，30 分钟内完成 3 公里以内的配送，真正实现店仓一体。

二、盒马的发展历程

2016 年 1 月 15 日，盒马首店在上海金桥开业，盒马 APP 同步上线。

第四章 O2O 模式与新零售

2016 年 3 月 12 日，盒马完成 A 轮融资，融资金额为 1.5 亿美元。

2016 年 10 月，阿里提出"五新"战略，盒马成为新零售排头兵。

2017 年 9 月 28 日，上海、北京、杭州、深圳和贵阳 5 个城市，10 家盒马店同时开业。

2017 年 11 月，"盒马云超"在"双 11"活动中亮相，标志着盒马在 O2O 商业模型之外，拓展了"包邮到家"的 B2C 模型。

2018 年 8 月，盒马召开首届供应商大会，提出"新零供"关系，开启了对上游供应链的深耕。

2019 年 6 月，全国首个"盒马村"在四川丹巴县挂牌。盒马村实现了"产地直供"和"科技富农"双重目标。

2021 年 7 月，盒马开始向下沉市场、向社区经济进发的探索。

2023 年 1 月，盒马鲜生作为盒马新零售的主力业态，实现全面盈利。

2023 年 3 月 30 日，盒马正式宣布上线"1 小时达"服务，将为距离门店约 3~5 公里以内的区域，提供最快 1 小时送达的配送服务，配送费及免运费门槛与 3 公里内保持一致。

2023 年 7 月，盒马上海供应链中心投产，单日可分拣超 280 万份订单。

三、盒马的商务模式

盒马采用线上+线下的 O2O 模式将食品零售与餐饮业结合。线上 APP 主打门店 3 公里范围内最快 30 分钟送达的服务，线下主营生鲜商品零售，线上与线下的商品品质价格完全相同，做到标准化售卖，产品低数量、高质量；线下还提供加工海鲜、茶饮吧等服务；线上线下高度融合，通过数字化和智能化技术最终实现线下体验线上下单的闭环消费模式。盒马目前正着力于自身的供应链和品牌打造，现已开发出 F2 便利店、机器人主题餐厅、盒马集市等多个模式，并尝试上线全天候配送服务。

盒马一开始就瞄准 APP 快送而生，定位是电商体验店，而非超市，在卖场布局、商品选择和包装、系统设计开发、拣货配送方面都完美贴合 O2O 特性。

(一)战略目标

盒马的战略目标是为消费者打造社区化的一站式新零售体验中心，打造"生鲜食品超市+餐饮+APP 电商+物流"的复合型商业综合体。其采用"线上电商+线下门店"的经营模式，构建起"一店二仓五中心"的运营体系，即一个门店包含前端消费区和后端仓储配送区，并同时承载超市、餐饮、物流、体验和粉丝运营五大中心功能。通过多种零售业态的有机复合和数字化体系的建立，用科技和人情味带给人们"鲜美生活"，满足消费者多样化需求。

盒马的使命是"满足消费者日益增长的美好生活的需求"。愿景是用 10 年时间服务 10 亿消费者、实现全国 1 万亿的销售、建立 1000 个盒马村。

未来 10 年盒马要做什么？从 2023 年起，十年为期，坚持价值投入。"我们的梦想是建立新零售一体化的全新电商模式。"盒马 CEO 强调，盒马新零售更像是一家互联网公司，是新电商而不是实体店。

(二)目标客户

盒马目前布局的基本是一线和新一线城市,其更倾向于在高线城市商圈成熟、人口密集的区域落址。盒马会员中,20~45岁的白领女性占比达60%,因为它最初定位就是解决这群人的生活痛点。盒马发现这群人代表的是一个家庭,她们的共同特征就是生活节奏很快,追求较高生活品质。而她们的痛点在于很难方便地买到新鲜并安全的高品质食品,并且没有时间为家人精心挑选商品。她们更注重产品品质而非产品价格,因而盒马通过爆款产品吸引用户,利用其他中高端产品获取利润,同时筛选出中高端消费者,培养忠实客户,以为其他业务奠定用户基础。

(三)产品和服务

1. 来自全球的特色生鲜产品

盒马鲜生主要经营食品销售业务,销售品类涵盖生鲜食材、海鲜水产、冻品、乳制品、糕点面包、休闲食品、半成品食材等。其中,生鲜类产品是盒马鲜生的主打商品之一,采取新鲜直供的模式,保证了产品的新鲜度和质量。盒马通过探寻全球最佳产地、最低成本、最新技术、最优链路,把全世界最好的商品引入中国,满足消费者对美好生活的向往。同时也为全球好货进入中国市场提供"盒马方案",打造一条链接全球美味和中国口味的通路。在2023年"丝路电商云品海购"活动启动仪式上,盒马与泰国、越南、柬埔寨、塞浦路斯、俄罗斯、意大利6个"一带一路"沿线国家合作伙伴签署商品贸易合作协议,签约金额10亿美金。这也意味着,泰国的新品种榴莲、越南的火龙果、柬埔寨的大米、塞浦路斯的果汁、意大利的橄榄油……一大批来自"一带一路"沿线国家的特色商品,将通过盒马抵达万千中国消费者的餐桌。

2. 现场加工食材

顾客可以在盒马门店购买食材并当场加工,根据不同的加工方式,收取每斤10~40元的加工费,等候时间约30分钟。加工完后可以在门店食用,也可以打包带走。如果用户食用后觉得满意,可以再次购买原材料回家烹饪。这种线下体验方式集合了生鲜超市与餐厅的功能,完整的一站式服务非常适合忙于工作、没时间做饭的年轻上班群体。

3. 即时配送服务

盒马提供了3公里以内半小时送达的服务,用户可通过盒马APP线上下单,配送员会从距离用户收货地址3公里以内的线下门店将产品送达用户手中。因为距离的严格控制以及配送团队的完善管理,能够保证在用户下单后30分钟送达,完美解决了生鲜电商"最后一公里"的配送问题。2023年3月,盒马正式宣布上线"1小时达"服务。这是盒马自面世以来的首次扩区;经测算,扩区后的配送范围增加了近3倍。所在城市没有盒马的消费者,通过APP可下单盒马云超商品,下单后24小时内发货,全国包邮。

(四)盈利模式

1. 商品销售收入,自有品牌增加毛利

盒马主要销售生鲜食品、日用品等,通过线上线下渠道,获得销售收入。疫情后,盒

马进行商品结构大调整，以预制菜、3R（即烹、即食、即热）、自有品牌为主，利用供应链优势带来毛利增长。此外，从2022年开始，盒马全面开展了精细化运营，囊括了生鲜、标品、3R自有品牌商品的销售占比已经达到了35%。自有品牌种类齐全、价格优惠成了盒马赚取溢价的重要原因。

2. 会员费

盒马鲜生付费会员业务于2019年正式上线，费用为218元/年，付费会员可以享受指定免费蔬菜、全年每周二或周三享受全场8.8折，以及每月餐票、每周奶票和指定商品会员专享价等服务。随后的几年内，盒马鲜生付费会员业务进行了多次调整，包括价格涨到258元/年，到店领菜需最低消费9.9元等，相比上市时权益有所缩水。2023年盒马会员除了细分出了价格更高的钻石会员，还取消了线上99元领菜、积分制度及满减券等权益。

3. 附加服务收费

对于厨艺不精的消费者来说，再昂贵的生鲜都无法满足其享用美食的需求。盒马鲜生线下门店提供现场烹饪服务，完美地解决了消费者的厨艺问题，如图4-7所示。这种融合了生鲜超市和海鲜餐馆的经营方式，极大地提高了消费者的体验。另一方面，盒马极力打造场景体验的消费方式，将商品按照不同的生活场景分类，方便消费者根据需要挑选商品。

图4-7 盒马鲜生提供现场加工食材服务

(五)核心能力

1. 商品力

商品力一直是驱动盒马发展的核心能力。盒马宣布取消供应商进场费、条码费、节庆费、堆头费等各种传统渠道费，为好商品进入盒马系统扫清了一切障碍。盒马对商品的态度不是"多"而是"精"，讲求商品的深度，在每个品类都为顾客甄选高品质和性价比的好物。首批10家与盒马共同成长5年、规模上亿的供应商，被授予"盒品牌"称号。这些供应商跟随盒马在细分品类里面，深耕商品深度，是盒马商品力驱动下的共赢品牌，在传统零售渠道是很难想象的。

2. 供应链能力

盒马已经建立了以三级网络和五大中心为代表的立体供应链网络形态。三级网络指全国中央仓(Central Distribution Center, CDC)、区域中心仓(Regional Distribution Center, RDC)和作为前端配送中心的城市仓(Front-end Distribution Center, FDC)。五大中心包括常温物流中心、低温物流中心、服务于蔬菜、水果的加工中心、服务于活鲜的活鲜月库暂养中心，以及用于鲜食和预制菜的中央厨房。盒马综合运用大数据、移动互联、智能物联网、自动化等技术及先进设备，实现"人、货、场"三者之间的最优化匹配，从供应链、仓储到配送，盒马都有完整的物流体系，尤其是冷链物流技术的完善，大大提升了物流效率。另外，3公里范围内30分钟送达的高效配送服务，也完美地解决了物流"最后一公里"配送难题，极大程度地提高了消费者的体验。

3. 大数据技术应用能力

建设完善的高科技设备有利于积累大数据，通过 WiFi 探头、射频捕捉、盒马 APP 等技术手段，从门店周边、货架陈列、线上平台等渠道抓取用户数据，建立数据模型，再加上阿里巴巴的大数据与云计算技术支持，从而为新门店选址、实体店优化商品结构、升级门店陈列、感知消费者偏好、增强顾客黏性等方面提供参考。

4. 提供基于场景的全渠道体验

盒马彻底改变了传统零售以商品为中心的经营模式，走向了以场景为中心的商品组织模式，为消费者提供了极致的场景化设计和参与性更强的生态空间。通过全面打造购物空间和细节，形成商品、服务与人交互连接的"共享时光"为消费者带来愉悦的购物体验。门店、店内系统、闪电配送以及支付宝快速支付则构成盒马鲜生的全渠道体验，并打通了线上线下的商品信息以及资金流，可为用户提供多种购买形式。用户可以选择到店下单、送货上门；通过手机应用下单，送货上门；线上下单，然后到门店自提或者直接到店购买。盒马鲜生通过 APP、电子价签实现实体店的职能前台服务，方便用户扫码支付，并可以通过电子价签系统随时查看商品的库存量和实时价格，从而降低成本、提升效率。

四、成功之处

总之，盒马新零售的成功，取决于以下几个方面。

(一)智慧供应链实现成本控制

盒马从商品采购到仓储物流再到配送供应链，都是借助新技术和设备进行管理的。其供应链管理系统的构建以阿里云系统为基础，包括 ERP 系统、门店 POS 系统、物流系统、配送系统以及 APP 系统，对盒马会员、商品、营销、交易、供应链和门店作业，全面实现了数字化管理。盒马大力建设五大中心，保证企业的核心竞争力。主要通过以下三种方法降低成本。

1. 源头直采

盒马在全国乃至全球建立自己的种植基地、养殖基地、捕捞基地，并与天猫共享供应

第四章 O2O 模式与新零售

链,直接从供应链源头采购商品,减少了中间商环节,降低了产品价格,让利给消费者。盒马的菜品价格低于传统菜场10%以上。

2. 线上线下共享库存

相比于传统电商与传统零售分离状态下各自解决库存的情况,盒马线上线下结合的方式节省了约一半的库存成本。

3. 建设盒马自有品牌,打造盒马研发能力

成功的零售企业自有品牌比例在50%左右,2022年,盒马自有品牌商品的销售占比已经达到了35%,主要由供应商买断这些单品的供应权。

(二)门店引流,高效配送

盒马线下开店是为了向客户提供体验场景,从而增加客户信任度,最终将客户引流到线上。线上订单发送至拣货员的移动手持终端(Personal Digital Assistant, PDA),拣货员携带购物袋在店内找到相应商品,用PDA扫码之后装袋,将打包好的购物袋挂上传送带,由此传输到物流区进行配送。整个过程都采用全自动物流模式,仅需10分钟左右,再用20分钟完成配送。高效的配送使网络订单的销售额占总销售额的70%,实现高效率的配送还需要智能履约集单算法、门店智能调度、配送智能调度、商品智能订货等各方面技术的支持。例如通过算法的实施,将不同订单分类整合到相同或不同的配送批次上,再根据各个目的地计算出最优的配送路线,最大程度地节约时间、人力和物力成本。

(三)数据选品,少而精的商品模式

盒马的选品能力是依据大数据不断完善的。开店前的数据来源于支付宝的用户画像和商品供应数据;开店后则又增加了运营数据。每一个盒马店开业最初两个月,都会对各种商品SKU进行销售跟踪,以决策品类的取舍、订货频率以及订货量。两个月后,就可以基本确立品类和订货模型。盒马还通过APP、Wi-Fi、商品二维码等介质持续跟踪客户的购物偏好、购买频次和评价等,从而完善选品算法,最终优化整个供应链,降低SKU,只为客户提供需求量大且高质量的商品。

(四)新技术驱动的物流仓储模式

盒马最主要的业务是生鲜产品的售卖和配送。为了保证生鲜产品的质量,降低生鲜农产品的耗损,应用温度识别技术对生鲜产品的存放温度进行精准把控,延长产品寿命;应用图像识别技术在货物分拣的同时自动获取数据,让后台工作人员能够及时补货,更新库存以满足消费需求。未来盒马鲜生将会采取人力、机器人、无人机三者协同配送的方式来达到配送效率的最大化,实现全程智能化的改造,并布局自有的智慧物流体系。

(五)用户体验丰富

盒马的各种产品不局限于按类型分区,反而是采用场景分类。在体验区可以看到各种

产品的摆放充分为该片区的主题服务。例如，消费者在水产餐饮区，不仅可以吃到活海鲜，一旁就是烧烤区和啤酒专柜，这些都是由"吃海鲜"这个主题组织起来的。

顾客订单下达、准备配送等所有的消费行为都会产生信息并形成数据，盒马利用分布式存储技术对数据进行存储，通过云计算技术分析消费偏好，再制定针对性的营销策略。消费者再次消费时其能够利用储存的数据快速做出反应，以最快的速度、最优的路线为顾客提供高效的服务体验。

五、结论与未来发展建议

盒马作为新零售的典范，对传统零售超市以及 B2C 生鲜电商行业都产生了冲击。相对于传统零售超市，它的线上、线下即时结合物流的新商业模式让它的坪效比一般的超市要好得多。从供应链到经营模式，从线上销售到线下体验，都有清晰完善的规划，但盒马目前仍存在一些问题。

(一)面临的挑战

1. 支付方式单一

盒马实体店已实现自助式结算，开启"现金代付"服务。但线上只能通过支付宝结账，既不能使用微信支付，也不能使用手机银行付款；新颖的支付手段对于年轻人来说不成问题，但对于学习能力稍差的老年人来说，就变成了一个障碍，店内需要大量工作人员进行指导和帮助。

2. 顾客体验有待提高

盒马的目标用户为收入较高的白领群体，他们对消费体验有较高要求，能够承受相对较高的价格定位，但现实情况是超市火爆，人流量巨大，餐饮区在用餐高峰时期往往需要较长的等待时间。顾客们购买的大多是价格较高的海鲜、牛排，却只能盛在一次性餐盘当中享用，用餐环境与价格不成正比，使得用户体验较差。

此外，对采购产品进行抽检的质检流程不完善，容易造成问题产品未能及时检出。在各大网络投诉平台上，关于盒马食品安全方面的投诉屡见不鲜，例如青岛盒马鲜生销售不合格猪肉被市场监管局通报，上海的盒马门店也因多次生鲜产品抽查不合格被有关部门查处。食品安全方面的问题，直接影响顾客健康及顾客体验。

3. 不具备价格优势

"技术边界线"受到物流、信息、管理等技术革新的影响会发生位置变动，从而带动服务水平和零售价格的变化。而当零售企业提供的服务价格组合越接近"技术边界线"，就越具备竞争优势。

盒马的定位是精品超市，为吸引客户，盒马门店的装潢和布局都尽可能走高端路线，门店的基础运营设施也需大量的智能化设备和技术投入，以实现 3 公里内半小时配送到家的物流服务，这在前期需要巨大的运营成本投入。盒马的鲜活海鲜、水产区域通常设立在

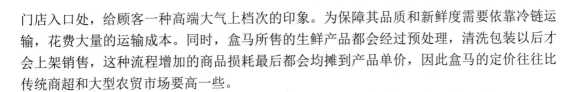

门店入口处,给顾客一种高端大气上档次的印象。为保障其品质和新鲜度需要依靠冷链运输,花费大量的运输成本。同时,盒马所售的生鲜产品都会经过预处理,清洗包装以后才会上架销售,这种流程增加的商品损耗最后都会均摊到产品单价,因此盒马的定价往往比传统商超和大型农贸市场要高一些。

(二)未来发展方向

1. 开通多样化支付渠道

在"互联网+"时代背景下,人们支付方式日益多样化,盒马应顺应时代要求,开通多样化支付渠道,方便消费者支付结算,减少排队等待时间,提高新零售运作效率。但这要比仅用支付宝结算投入更多的成本,才能掌握不同支付渠道的用户画像。

2. 提高用户体验质量

用户体验式消费是未来新零售发展的必然方向。消费者不仅满足于优惠活动,更愿意获得丰富的社交服务与人性化的购物体验,提升效用需求。盒马应通过线上电商与线下实体店相结合的营销渠道,为消费者提供与购物相关的停车预约、休闲娱乐、人性化指引、产品解读、会员服务等全方位体验。此外,还需要加强内部品控,确保产品质量。

3. 积极探索多个目标市场

2022年年底,盒马鲜生CEO在供应商大会上指出,盒马未来要"向上走、向下走、向外走"。除了盒马鲜生主力店的稳步发展,盒马X会员店和奥莱店或将成为盒马达成目标增长的两个重要"引擎"。盒马X会员店更多选址于非核心城区,除了薄利多销的大分量产品,会员费也是其主要利润增长点。另一方面,盒马奥莱主要承担着盒马"向下走"的战略目标,致力于构建600~700平方米的生鲜折扣店,从而慢慢打下沉市场。通过供应链重构,盒马力求让基本商品的价格只有大卖场的一半,所有自有品牌的开发都是按照这个思路去做的。

4. 以"盒马村"赋能农村经济

在2023中国电子商务大会上,北京盒马副总经理发表题为《"数商合力"赋能农村经济》的演讲,指出盒马于2023年6月5日宣布正式成立"可持续发展部",深入探索全产业链的可持续转型,尝试开发具有本土特色的零售业态ESG商业模式。

近几年盒马探索出一种推动农业高质量发展的订单农业新模式——"盒马村"。截止至2023年5月,盒马已在全国建立185个盒马村,其中41个是有机盒马村,有效促进了当地农民增收,带动了相关就业。未来10年,盒马计划建立1000个盒马村,向消费者提供高品质和高性价比的商品。

自 测 题

1. 传统企业转型电商的过程中,如何通过O2O模式同时推动线上线下业务的发展?
2. 外卖平台门槛低,模仿者众多,分析美团如何在激烈的竞争中获得领先地位。
3. 你认为盒马实施新零售成功的关键是什么?
4. 九牧数智化实施新零售的主要举措有哪些?
5. 结合本章案例,谈谈O2O模式是否逐渐在向新零售转型?

第五章　跨境电子商务

【学习要点及目标】

通过本章的学习，熟悉跨境电商平台亚马逊和敦煌网的商务模式。重点关注其盈利模式和核心能力，分析信用体系、物流及数据分析能力在跨境电商中的作用。

【引导案例】

近日，淘宝全球购与菜鸟国际"一城一仓"计划启动仪式在菜鸟凯昌义乌保税仓举行，通过保税仓备货模式，共同服务淘宝 10 亿用户对于海外潮流、新品的需求。"一城一仓"计划落地后，淘宝全球购将利用"直播+跨境电商"的新模式，将直播间引入菜鸟保税仓。届时，消费者可以在直播间"云游"保税仓，满足自己购买进口商品的需要，还可以体验到保税仓直发的高效物流服务。除此之外，"一城一仓"计划还会开启仓播"全国巡演"模式，走进菜鸟覆盖的 27 个城市口岸的 57 个保税仓，消费者可以体验不同城市保税仓的本地化服务。

2022 年初，菜鸟首个保税仓直播基地就已经落户义乌，以海关监管下的保税仓为基础，为跨境商家提供新的销售通路和商业机会，用物流实现"天下没有难做的跨境生意"。这次淘宝全球购与菜鸟国际联合推出的"一城一仓"计划，也将利用保税仓直发模式，打通从主播选品、仓库备货、主播直播到物流配送的全链路，消费者在直播间下单后，可以和普通的商品一样，平均 2-3 天就能收到货。将直播间搬进保税仓，海外商品和普通商品一样实现快速达，淘宝的海淘服务质量，又升级了。

2007 年，淘宝正式上线了"足不出户，淘遍全球"的淘宝全球购，成为中国第一个海淘消费入口，如今 15 个年头过去，淘宝全球购成为中国最大的海淘购物平台。

2016 年，淘宝全球购启动了买手业务。长期居住或旅居境外的华人买手们了解当地的流行趋势，懂得粉丝运营，通过淘宝直播的形式向国内消费者展示海外的好物品牌。

在 2020 年疫情暴发，海淘商家出境采购变得困难时，淘宝全球购上线了"淘分销"平台，联合全球 1400 家供货商进行集中采购，帮助海淘商家解决货源问题。2022 年 6 月，"淘分销"平台正式升级为"鲸芽"平台，拥有深度合作的店铺超 2 万，年成交增长超 200%，日订单峰值逾 100 万。2021 年平台累计引入 6000 个品牌，其中 1/4 是极具特色的海外中小品牌，并有年度成交超千万的供应商超 100 家。

此外，平台还以高效的直播推广模式进行零售，主播只需要做好粉丝服务和内容化打造，不用担心仓储、物流等问题。据统计，2022 年参与淘分销直播推广的主播/买手已经超过5000人,平台为主播创立了全新的保税仓直播间,大幅提升了销售转化率和成交规模。对于购买海外商品的消费者来说,最担心的就是正品问题。而保税仓里的商品从入库、上架,再到用户下单后的拣货、包装和出库,每一个环节都受到海关的监管,所有商品都可溯源。

(资料来源:电商报.把直播间搬进保税仓,淘宝带10亿用户买遍全球)

第一节　跨境电子商务简介

一、跨境电子商务概述

跨境电子商务简介.mp4

跨境电商是指分属不同关境的交易主体,通过各类跨境电子商务平台达成交易、进行支付结算,并通过跨境物流送达商品的一种国际贸易活动。即分属不同国家或者不同关境的交易主体,借助跨境电商平台突破传统外贸销售模式的制约,将产品直接销售给全球商家或者消费者的新型外贸交易模式。

据《2022年度中国电子商务市场数据报告》显示,2022年中国跨境电商市场规模达15.7万亿元,较2021年的14.2万亿元同比增长10.56%。其中,出口跨境电商市场规模达12.3万亿元,较2021年的11万亿元同比增长11.81%;进口跨境电商市场规模达3.4万亿元,较2021年的3.2万亿元同比增长6.25%。2023年,中国跨境电商交易规模有望达到16.8万亿元。跨境电商行业渗透率与行业的发展及传统外贸增长有关,总体来说渗透率在稳步提升,目前独立站等模式的出现,给跨境电商企业更多的渠道选择,也将带动行业规模的发展。

如今中国跨境电商规模已经稳居世界第一,覆盖绝大部分国家和地区。截至2022年,中国已连续13年保持全球货物贸易第一大出口国和第二大进口国的地位。2013—2021年,我国累计货物贸易进出口262.3万亿元,年均增长5.4%。其中出口144.7万亿元,年均增长5.9%;进口117.6万亿元,年均增长4.7%。全球贸易让进出口双方获益,也成为国内市场消费升级的推动力。

进出口结构方面,2022年中国跨境电商出口占比达到77.25%,进口比例22.75%,跨境电商进出口结构总体相对稳定,但进口市场占比不断提升。

模式结构方面,2022年中国跨境电商B2B交易占比达75.6%,跨境电商B2C交易占比24.4%,跨境电商零售模式发展迅猛。

用户规模方面,2022年中国进口跨境电商用户规模1.68亿人,较2021年的1.55亿人同比增长8.38%。国内消费升级大背景下,特别是跨境电商零售进口商品清单将进一步优化,海外商品可选择性增加,海淘用户规模也将随之增加。

随着互联网加速发展,商品信息更加对称,贸易门槛逐步降低,全球跨境电商正迎来新机遇。在"一带一路"和"中国质造"战略的指引下,跨境电商也已经逐渐从最初的"海淘"步入全新的发展阶段。2022年,跨境电商行业动作频繁,巨头纷纷加码,如拼多多推出出口电商平台TEMU、微软测试上线跨境电商新平台、字节跳动持续关注出海电商板块、阿里巴巴持续投资Lazada等。目前跨境电商第三方大平台有阿里巴巴国际站、亚马逊、

eBay、速卖通、Wish、Lazada、敦煌网等，还有独立网站兰亭集势、大龙网等。

二、跨境电子商务的类型

跨境电商根据商品流动方向的不同，可以分为跨境出口电商和跨境进口电商。前者指将国内的商品运送到国外市场交易；后者指将国外的商品运送到国内市场交易。目前，我国跨境电商市场两种模式兼而有之，均呈现较好的发展态势。

跨境电商根据交易对象的不同，可以分成 B2B、B2C 和 C2C 等模式；根据业务经营模式的不同，可以分为第三方平台模式、自营+平台模式、M2B2C 模式和保税模式等。

(一)跨境出口电商的主要模式

由于跨境出口电商主要面向企业，因此从企业视角可将其分为入驻第三方平台、自建跨境电商网站、综合服务商和代运营服务商 4 种模式。

1. 入驻第三方平台模式

入驻第三方平台模式是指生产企业或代理商通过缴纳佣金或会员费等方式入驻第三方跨境电商平台，由第三方平台来连接国内出口企业和海外买家。其中，第三方平台不参与售前售后等过程，而是提供信息展示和商品交易服务，同时还可以提供物流或支付服务，典型代表如速卖通和敦煌网。其中速卖通属于 B2C 模式，敦煌网则兼顾 B2B 与 B2C。

从广义层面来看，跨境电商 B2B 是指互联网上的企业对企业跨境贸易活动，即"互联网+传统国际贸易"。从狭义层面来看，跨境电商 B2B 是指基于电子商务信息平台或交易平台的企业对企业跨境贸易活动。基本流程如图 5-1 所示。

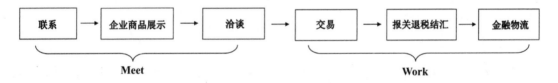

图 5-1　B2B 跨境电商业务基本流程图

线上 B2B 业务的买方和卖方交易流程主要有两个部分，第一个部分是"Meet"环节，主要是买家和卖家联系、洽谈的环节；第二个部分是"Work"环节，涉及交易和后续的出口流程。当前大部分 B2B 业务都是在"Meet"环节，众多企业需要在"Meet"环节展示企业基本信息和商品，让买家进行搜索和挑选，确定最合适的供应商、商品和价格，这一环节主要是做好"高效匹配"。

在"一带一路"倡议的带动下，2018 年，中国出口跨境电商 B2B 市场交易规模为 7.49 万亿元，占比为 83.2%，同比增长 18.9%。2022 年，交易占比为 75.6%，可见，跨境电商中的 B2B 比例在下降，说明海外个人买家在不断增加，跨境零售业务呈现上升趋势。

2. 自建跨境电商网站模式

自建跨境电商网站模式是指生产企业或销售商自主开发电子商务网站将商品销往海外。企业负责产品的生产或采购、在线交易和支付、跨境物流运输、客服、退换货处理、网站维护和产品推广等整条供应链上的工作,例如米兰网和兰亭集势。该模式亦可视为 B2C 模式,直接面对国外消费者。企业能全程把控产品质量、跟踪物流进度,而且在推广方式选择上具有多样性,在产品推广效率和转化率上也较第三方平台模式高。

3. 综合服务商模式

综合服务商模式是为中小企业提供一站式电子商务解决方案而诞生的一种创新模式。综合服务涵盖了金融支付、通关、结汇退税以及跨境物流等业务。对中小型出口企业来说,跨境贸易链条长且面临着操作环节复杂、政策环境和文化环境难适应等问题,而综合服务商可以为企业提供个性化解决方案,满足不同企业的需求。例如速卖通就为卖家提供国际物流解决方案、数据挖掘与分析服务,此外还有专门提供物流和仓储解决方案的"递四方速递"。

4. 代运营服务商模式

随着中小企业海外业务的拓展,专业跨境电商代运营服务应运而生。在该模式下,代运营服务商全程代理外贸企业产品的销售、推广、物流、支付、通关以及网站搭建和维护等各个环节,为企业降低运营成本、防范交易风险和创立全球品牌等方面提供解决方案,从而达到共同成长、共享收益的目标,典型代表如丝路互联、愚公科技等。

(二)跨境进口电商的模式

随着国内消费者对海外产品的需求向多元化、个性化的趋势发展,进口跨境电商呈现出强劲的发展势头。天眼查数据显示,截至 2023 年上半年,现存跨境电商相关企业 6.7 万余家,其中,2023 年上半年新增注册企业 8380 余家。跨境进口电商主要包括独立 B2C、C2C、综合电商平台和社交电商这四种运营模式。

1. 独立 B2C 模式

B2C 模式以考拉海购以及传统企业的跨境电商转型为主要代表。B2C 模式需要电商平台拥有自己的资金、团队、货源和物流渠道等,是"大而全"的重模式。一方面,这种模式的采购成本低,能够满足消费者对进口商品"物美价廉"的要求;另一方面,这种模式增强了电商平台的流程控制力和流量吸引力。平台上商品的质量、物流的时效性以及资金的周转都比较有保证。然而,疫情防控期间,买手们出入境变得困难,平台物流的稳定性受到了极大影响。此外,相比于综合电商平台的大规模采购,海淘平台在供应链商家面前的议价能力和供货稳定性方面都不占优势。蜜芽等曾经红极一时的海淘电商平台相继落寞退场。

2. C2C 模式

C2C 模式即平台招募海外买手,由买手根据市场的需求变化选择合适的商品,通过平台展示给消费者并进行交易,因此 C2C 也被称为"买手模式"。比较典型的有洋码头等。这种模式的最大优势就是买手的数量庞大,可以有效解决商品的 SKU 问题;同时也可以借助买手将客户引入平台的契机,实现平台自身的推广营销。但由于买手入驻存在审核漏洞、部分商家利用平台售卖假洋品牌等情况时有发生,该模式已陷入僵局。

3. 综合电商平台模式

近年来，国内几大电商巨头都在持续加码海外购业务。淘宝全球购依然在不断扩大买手规模，为商家在后疫情时代寻找新出路，不断探索海淘电商的运营新模式。京东国际开始将海淘业务和线下实体店结合起来，和中国远大集团旗下远大购物中心联手打造了京东国际海口跨境体验店，消费者可以通过店内扫码、线上下单的方式购买商品。

直播电商巨头抖音和快手也做起了进口电商业务。抖音在2021年上线了"跨境商品"栏目，入驻商家的进口商品都被统一加上"全球购"标签，快手也在同年5月开放进口跨境商家入驻，品类覆盖美妆/个护清洁、食品、钟表和奢侈品四大类目。

海淘电商平台不能提供好的购物体验，而综合电商平台的海外购操作与普通购物一样方便，两相比较之下，消费者自然而然地选择综合电商平台。

4. 社交电商模式

社交电商模式，是指将社交中的关注、分享沟通、互动等元素，用于电商的运作交易过程。小红书、什么值得买等社交电商平台是这种模式的典型代表。这种运营模式的团队较小，只需很少的投入，且商品供应链等全部外包，运作灵活。同时，这种模式的平台有着很强的品牌效应，容易与用户建立起强关系，也善于打造短期内的爆款商品。

三、我国发展跨境电商的意义

中国制造业正处在转型升级的关键时期，跨境电子商务不仅可以优化产业链、扩展中小企业发展空间、增加就业，而且在重塑国际产业链、提升品牌竞争力、建立全球贸易新秩序等方面起到了积极的作用。因此，发展跨境电子商务对于转变我国外贸企业的发展模式、重塑国际贸易规则具有重要而深远的意义。同时，数据显示，超六成受访网民认同自己比以前更追求个性化、高质量、多样化的商品和服务。人们消费水平不断提高，对商品消费从单纯物质满足向追求高质量的商品发展，注重品牌的消费观念逐渐凸显。这种观念的转变对跨境电商平台而言是良好的发展契机，提供优质、个性化的商品已成为跨境电商平台未来的主要竞争点。

第二节　敦煌网案例

敦煌网案例.mp4

一、敦煌网简介

敦煌网是国内首个为中小企业提供B2B交易的网站，为国外众多的中小采购商提供全天候网上批发交易。

作为中国B2B跨境电商领跑者，敦煌网通过整合传统外贸企业在海关、边检、物流、支付、金融等领域的生态圈合作伙伴，打造了集相关服务于一体的线上外贸闭环模式，极大地降低了中小企业对接国际市场的门槛，不仅赋能国内中小企业，也惠及全球中小微零售商，并成为连接二者的最短路径。

目前，敦煌网牵手中国 2000 多个产业带、3400 万商品、254 万供应商与全球 225 个国家和地区的 5960 万活跃买家在线交易，在品牌、技术、运营、用户四大维度上建立起了行业难以复制的竞争优势。

敦煌网是商务部重点推荐的中国对外贸易第三方电子商务平台之一，是国家发改委"跨境电子商务交易技术国家工程实验室"，科技部"电子商务交易风险控制与防范"标准制定课题应用示范单位，也是工信部"全国电子商务指数监测重点联系企业"，工信部电子商务机构管理认证中心已经将其列为示范推广单位。

二、敦煌网发展历程

2004 年，敦煌网成立。

2005 年，敦煌网 B2B 在线交易平台正式上线，平台第一笔订单成交。

2007 年，成为 PayPal 亚太地区最大的客户，全球第六大客户。

2008 年 12 月，敦煌网入选德勤高科技高成长企业 50 强，排名第 7。

2010 年，启动敦煌动力营行动，培养和孵化超过 20 万网商；获得华平投资集团近两亿元人民币投资；DHpay 跨境支付平台成功接收第一笔来自美国的付款。

2011 年，在北京、深圳、杭州同时发布敦煌一站通全新业务。

2012 年，敦煌网入选"中关村新锐企业百强"。

2014 年，敦煌网实现交易额 108 亿元人民币，同比增长 35%，交易额占比达到全平台的 10.5%。

2015 年 11 月，敦煌网成为中土(土耳其)跨境电商平台唯一承建商，开启"一带一路"网上丝绸之路新篇章。

2016 年，敦煌网成为中秘(秘鲁)跨境电商平台唯一承建商。

2020 年 8 月，敦煌网宣布推出全新国际业务 MyyShop——基于积累的强大供应链能力打造的 SaaS 平台，集成优选货源、智能选品、轻度定制、一键分销、稳定交付，以及快捷建站等全套服务和工具，通过全场景的电商解决方案，让每个人都可以轻松开启个人事业。

2021 年 6 月，敦煌网向港交所主板递交上市申请，招股书显示，敦煌网 2018—2020 年期间公司 GMV 数据分别为：13.61 亿美元、14.93 亿美元、18.65 亿美元，复合年增长率达 17%。

2022 年 7 月，敦煌网宣布正式升级为敦煌网集团，旗下包括中心化跨境电商平台敦煌网(DHgate)和去中心化社交电商 SaaS 平台 MyyShop 两大主品牌。

2023 年 7 月，敦煌网 DHgate 官方物流上线，其依托于敦煌网平台物流政策，由敦煌网与 DHLink 联合共同打造，是为敦煌网中国跨境出口电商卖家量身定制的直发物流解决方案。

作为国际贸易领域 B2B 电子商务的创新者，敦煌网充分考虑了国际贸易的特殊性，全新融合了新兴的电子商务和传统的国际贸易，为国际贸易提供了专业有效的信息流、安全可靠的资金流、快捷简便的物流等服务，是国际贸易领域一个重大的革新，开启了中国国际贸易领域新的篇章，如图 5-2 所示。

第五章　跨境电子商务

图 5-2　敦煌网首页

三、敦煌网的商务模式

敦煌网立足打造"不落幕的广交会",定位为"在线交易和供应链服务平台"。2019 年 2 月起,为全面优化平台结构、升级服务质量和激励卖家成长,敦煌网开始收取平台使用费。在此之前,平台可以让买卖双方免费注册、发布产品信息,网站依靠双方实际交易额收取不同比例的佣金。

敦煌网的卖家可通过店小秘(ERP 软件)采集 1688 上厂家的商品链接,在店小秘里对产品进行编辑和一键翻译,然后发布到他们在敦煌网上的店铺,无须存货,接到订单后就直接转给 1688 的卖家,由其发货给客户,成本低,速度快,风险也小。

基于技术创新、综合服务以及本土落地能力,敦煌网成为服务于中小企业的综合性"赋能"平台。以 2017 年推出的"王牌卖家"计划为例,敦煌网可提供全渠道流量支持、专属的优惠政策和服务以及多种展示渠道和资源,助力中小企业迅速成长。

(一)战略目标

敦煌网立志成为中国国际贸易领域电子商务的领航者,致力于服务中小微企业融入全球价值链,坚持"让人人可以参与贸易"的愿景。在创办伊始,就确立了自己的使命,那就是促进全球通商,为无数创业者搭建一个平台,让每个人,不论业务规模大小,都可以通过在线交易平台开展业务,帮助中小企业实现"买全球,卖全球"的梦想。

为此,敦煌网创立跨境电商在线交易模式,建立并推行为成功付费的理念;推出跨境电商移动平台、买家 APP、卖家 APP 和社交商务;成为亚洲第一个拥有全球"身份证"GS1 的跨境电商 B2B 交易平台;成立诚信安全部,建立完善的风险控制体系;搭建外贸交易服务一体化平台,对接传统工厂,实现传统贸易线上化;对接全球三十多家物流提供商,提供多条海外专线;对接全球多种支付渠道,实现本地化实时在线收单;联合银行推出针对中小企业的互联网金融服务。

2018 年 11 月,敦煌网与中国标准化研究院宣布将组建跨境电商标准化研究小组,在跨境电商标准化领域开展深度合作。基于敦煌网在品牌、技术、运营、用户四大维度上建立的竞争优势,双方将围绕商户管理、商品管理、买家管理、交易管理、争议处理、客户服务管理等方向进行标准化研制与研究，共建跨境电商国家标准体系。

2020 年 MyyShop 上线，其意义可与目前公司主营业务 DHgate.com 的上线相较，从此敦煌网进入中心化和去中心化双引擎驱动的新阶段。但敦煌网的初心和使命没有动摇，仍然是赋能全球中小微企业，以新的方式，促进全球通商，成就创业梦想。

(二)目标用户

敦煌网的目标用户是全球中小采购商(大多是零售商和小批发商，主打外贸生意)和中国众多中小制造商和供应商。这些客户的特点如下。

(1) 不愿意支付"竞价排名"的费用。

(2) 不愿意被中间商"剥削"，直接和供应商交易。

(3) 采购额小，从几十美元到几千美元不等。

(4) 货品周转很快，每月甚至每周都要进货。

(5) 不愿或难以承担如阿里巴巴外贸平台的高额年费。

中小采购商群体既有采购需求，又不像大采购商那样有固定的渠道和议价能力。因此，直接将全球中小买家与国内卖家连接起来，是敦煌网创办的初衷。

随着全球互联网经济的快速发展以及新世代消费人群的登场，敦煌网敏锐地察觉到跨境电商行业由流量经济向赋能经济转变、从中心化向去中心化转变的趋势，推出的社交电商 SaaS 平台 MyyShop，面向全球有社交流量变现需求的"新微商"们提供基于社交电商的选品、建站、营销、履约等一站式服务，帮助全球社交内容创作者降低创业门槛，投身贸易全球化的大潮。不到两年时间，MyyShop 触达全球网红博主数量突破 166 万，沉淀商品超 400 万，短视频播放量合计突破 1473 亿，覆盖全球粉丝超过 1300 亿人次。

(三)产品与服务

敦煌网的业务布局以平台交易为核心，整合并升级产业链上的支付、物流、金融等供应链服务，并在国内、国外市场实现有效下沉和业务拓展。

敦煌网开创了 DHgate 小额 B2B 交易平台，打造了外贸交易服务一体化平台 DHport，以及社交电商 SaaS 平台 MyyShop，为优质企业及个人提供了直接对接海外市场需求的通路。平台以消费电子、鞋服、家居等大品类布局，向玩具、婚纱礼服等品类发力，共 14 大经营类目，3400 万在线产品。

敦煌网率先为传统贸易线上化提供从金融、物流、支付、信保到关、检、税、汇等领域的一站式综合服务，主要包括如下两种。

1. DHLink 综合物流平台

DHLink 是敦煌网的综合性跨境物流业务平台，为客户提供端到端供应链解决方案和仓储服务。DHLink 与多家物流提供商合作，为客户提供订单、接收、配送、物流细节跟踪、售后补偿等服务。目前 DHLink 在线发货主要有三种方式：FBD 直发、FBD 海外仓和 FBD 国内前置仓。FBD 直发是敦煌推出的在线直销模式。卖方可灵活选择 100 多条国际物流路线，如 E 邮宝、国际专线或国际快递，在中国交付包裹，由物流提供商交付给外国买家。FBD 海外仓是指在其他国家建立海外仓库，卖方将货物提前批量备货到海外仓库后，只需在网上操作，并向海外仓库发出指令即可完成订单履行的模式。FBD 国内前置仓由敦煌网与中国邮政集团联手打造，坐落广州机场口岸附近，覆盖广东乃至华南区域，专为跨境电商出口商家提供仓配一体的履约服务。仓内面积超 5000 平米，日均处理 5 万单以上。前置仓享国内通关口岸地理位置优势，备货到前置仓中的商品最快可实现 2 小时出库，24 小时内网上更新物流轨迹，5 日内通过 DHLink 物流线路送达欧美买家手中。

2023 年 7 月，敦煌网与 DHLink 联合打造 DHgate 官方物流，旨在提供高效、优质、稳定的物流服务，帮助卖家降低物流管理成本，提高物流派送时效，进一步提升买家在敦煌网平台的购买体验。

2. 跨境电商支付服务

敦煌网针对不同的用户需求，提供不同的在线支付服务，敦煌网在线支付方式主要可划分为两种，即国际支付与本地化支付。其中本地化支付方式包括：新加坡 eNETS、英国 Mastro、法国 Carte Bleue、德国 Giropay、俄罗斯 WebMoney、荷兰 iDeal、澳大利亚 Bpay 等。国际支付主要包括 Master card 和 Visa 信用卡、Moneybookers、西联支付等。

敦煌网还组织专业团队自主研发出了 DHpay 支付系统，与多个国家或地区境内的支付机构建立合作伙伴关系，类似第三方支付平台。

此外，在卖家端，敦煌网升级供应商结构，让拥有优质产品与服务的企业脱颖而出，并为产业集群优质商户提供更丰富的服务，实现交易和服务的融合。

在买家端，敦煌网在"一带一路"沿线和重点商贸区域，通过跨境贸易精准营销，整合互联网上的海量用户，带来业务量的持续增长。

敦煌网的大数据中心全程提供信息的获取、追踪、分析、处理与应用，为敦煌网更加高效的市场拓展、买家获取、用户服务、客户关系管理、供应商升级提供决策支持。如为卖家提供骆驼礼包套餐、数据智囊、视觉精灵、流量快车等增值产品，帮助卖家轻松占领市场份额，业务交易流程如图 5-3 所示。

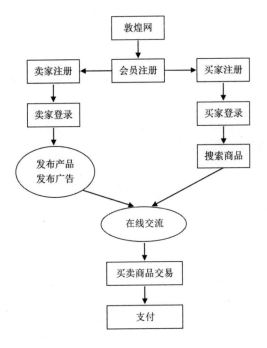

图 5-3　敦煌网业务交易流程

(四)盈利模式

敦煌网实施向买家收费战略,按照交易额向买家收取一定比例的佣金作为服务费。不同行业、不同交易额对应不同的佣金比例。此外,敦煌网还向会员提供增值服务和广告服务,这是其另外两个主要收入来源。

1. 向买家收取交易佣金

在产品上传页面,商户发布产品时可直接填写"预计收入"(注:预计收入中需扣减支付手续费),卖家无须计算佣金率,平台会自动计算并展示给买家含佣金的购买价,使其更简单方便地了解每件产品的利润。

当单笔订单金额少于 300 美元,平台佣金率为 12.5%~25%。(中国品牌手机、土耳其合作伙伴专用类目按 5.5%收取)

当单笔订单金额大于等于 300 美元且少于 1000 美元,平台佣金率为 4.0%~8.0%。(中国品牌手机、土耳其合作伙伴专用类目按 1.5%收取)

当单笔订单金额大于等于 1000 美元,平台佣金率为 0.15%~3.5%。

2. 向卖家收取广告费

敦煌网的广告费用收入来自营销系统。该系统是整合敦煌网买家平台上的所有曝光资源,帮助卖家提高产品曝光的营销工具,拥有丰富的产品曝光展示形式、灵活多变的计费方式,满足广大卖家的营销需求。广告的费用都是通过购买敦煌币(虚拟货币,与人民币1∶1 的兑换比例)来支付的,主要通过竞价排名广告、定价广告、展示计划三种方式进行投放。

3. 增值服务费

增值服务是将多种功能、资源和服务进行优化整合,形成不同的产品,用户可以根据自己的需求进行选购。目前,敦煌网提供的增值服务主要是"2024 版骆驼礼包",该服务分为至尊金骆驼 4.5 万、金骆驼 2.98 万和铜骆驼 1.18 万。骆驼礼包为平台商家提供一站式营销推广与流量服务,商家可以享受流量营销、社媒推广、产品赋能、专属服务等多项权益。

(五)核心能力

1. 一站式跨境小额 B2B 服务

卖家可以在敦煌网轻松注册认证、发布产品、出单、快速发货并完成收款。此外,敦煌网还提供多样化的配套服务,海外直发、实时客服系统、外贸助手服务等,满足更多海外买家的需求,提高成交量,为致力于做中国制造的中小商家提供强大的支持。

2. 完备的多语言系统

2015 年,敦煌网着力开启德、法、葡、西、意语新兴市场。借助英文网站的优势,在产品翻译、资金支付、专线物流、精准营销、技术同步、服务器建设上领先其他同类平台。敦煌网采取人工精准翻译、本地化独立营销的手段帮助广大的商户开辟英语国家之外的新市场。

3. 强大的数据分析能力

敦煌网基于大数据平台多年的数据和模型积累,结合 AI 技术,整合多平台商品、销售等数据,为跨境电商卖家提供 Saas 化、插件化的 AI 智能选品服务,帮助卖家把握趋势热品,快速准确做决策。

4. 良好的人才培训体系

为了更好地培养和发掘人才,敦煌网每年都设有创业创新大赛,很大程度上提升了员工的专业度与创造力。敦煌网在培养企业内部人才的同时,也着力于社会人才的培养。敦煌网于 2014 年在 APEC 会议上发起 APEC 跨境电子商务能力建设项目(APEC CBET),通过培训与孵化相结合的方式持续赋能中小微企业,帮助女性掌握利用社交电商创业的能力。截至 2022 年底,该项目已成功培训了来自 50 多个经济体的数十万名中小企业经营者,得到了联合国、亚太经合组织和 G20 国家领导人的高度支持。

四、成功之处

基于 20 余年的深厚经验,从技术到运营,从用户到品牌,敦煌网建立起了难以复制的竞争优势。

在技术上,年均近万个迭代优化,打造数字贸易智能生态体系(Digital Trade Intelligence System,DTIS);累积覆盖 225 个国家和地区超过 5960 万买家、254 万商家;超过 1000 个运营模块以及高度跨界的人才,共同铸就典型电子商务基因;海外品牌线下实时渗透,已开设多个海外数字贸易中心(Digital Trade Center,DTC)。

此外,敦煌网还通过一系列商务模式创新,奠定了行业领先优势。

(一)创新的交易模式

创立之初,敦煌网开启"为成功付费"的收费模式,打破了以往传统电子商务"会员收费"的经营模式,既降低了中小企业经营风险,又节省了企业不必要的开支。同时避开了与 B2B 巨头阿里巴巴、中国制造网、环球资源等的直接竞争,迅速占领了中小企业市场。

(二)创新的供应链金融服务

对于中小企业而言,贷款融资难一直是困扰他们的大问题。一方面传统民间贷款利息高,风险也较大,而向银行申请贷款,需要高额抵押担保物,并需通过层层严格审查,等待时间较长。敦煌网开展面向小微企业的无抵押贷款,基于商户在平台的经营情况和资信记录,降低融资门槛。敦煌网是国内第一家联合银行推出针对中小企业的互联网金融贷款产品的跨境电商平台,先后推出与建行合作的"e 保通"、与招行合作的敦煌网生意一卡通、与民生银行合作的敦煌新 e 贷白金信用卡。

(三)跨境电商服务保障系统

为完善跨境交易规则,提高交易服务质量和水平,敦煌网建立了 23 项政策、8 个条例的规则体系,通过完善的安全交易保障体系,最大限度地保障用户合法权益。敦煌网制定了一系列旨在建立良好交易秩序的平台交易规则，设立卖家诚信指数，通过对市场的约束和规范，鼓励和引导买卖双方诚信交易。同时，敦煌网建立了完善的风险控制体系，保护买卖双方的利益。通过规范的纠纷处理流程，一旦交易双方出现争议，敦煌网将积极进行协调解决。

五、结论与未来发展建议

敦煌网开创了 DHgate 小额 B2B 交易平台，打造了外贸交易服务一体化平台 DHport，以及社交电商 SaaS 平台 MyyShop，为优质企业及个人提供了直接对接海外市场需求的通路。

敦煌网率先为传统贸易线上化提供从金融、物流、支付、信保到关、检、税、汇等领域的一站式综合服务。其业务布局以平台交易为核心，整合并升级供应链服务，在国内、国外市场实现有效下沉和业务拓展。

目前我国跨境电商的交易呈持续高速增长状态，敦煌网的发展目标很明确，就是建立一条"网上丝绸之路"。大数据、云计算、AI、VR 等技术为"新贸易"时代的到来奠定了重要的基础，敦煌网应顺势而为，不断创新和改进自身的发展模式，努力向"一带一路"沿线国家输出中国的数字贸易"标准"，占领跨境电商数字化和智能化的时代先机。

敦煌网在做的和要做的，就是在国家政策引导下，通过自身生态型平台的数字力量，赋能更多的跨境电商中小微企业走向"共同富裕"。

第三节 亚马逊案例

亚马逊案例.mp4

一、亚马逊简介

亚马逊公司(Amazon.com)是美国最大的电子商务企业，位于华盛顿州的西雅图。该公司于 1995 年成立，最初只是在网络上经营图书销售业务，经过 20 多年的发展，已成为全球经营商品品种最多的网上零售商和全球第二大互联网企业。

亚马逊为客户提供数百万种独特的全新、翻新及二手商品，如图书、影视、音乐和游戏、数码下载、电子和电脑、家居园艺用品、玩具、婴幼儿用品、食品、服饰、鞋类和珠宝、健康和个人护理用品、体育及户外用品、汽车及工业产品等。

亚马逊拥有业界公认一流的运营网络，在全球共有超过 175 个运营中心，主要分布在美国、加拿大、欧洲、亚洲和澳大利亚。其中包括配送中心、储存设施、物流中心、售后服务中心等，这些中心的设立旨在满足消费者快速、高效、稳定的交付需求，保证顾客满意度和销售额的稳步增长。

亚马逊中国(z.cn)秉承"以客户为中心"的理念，承诺"天天低价，正品行货"，致力于从低价、选品、便利三个方面为消费者打造一个百分百可信赖的网上购物环境。亚马逊中国为消费者提供图书、音乐、影视、手机数码、家电、家居、玩具、健康、美容化妆、钟表首饰、服饰箱包、鞋靴、运动、食品、母婴、户外和休闲等 32 大类、上千万种的产品，通过"送货上门"服务以及"货到付款"等多种方式，为中国消费者提供便利、快捷的网购体验。

二、亚马逊发展历程

亚马逊于1995年7月16日由杰夫·贝佐斯(Jeff Bezos)成立，一开始叫Cadabra，是一家网络书店。

1997年5月，亚马逊在美国纳斯达克市场挂牌上市，首次公开募集资金达5000万美元。

2000年1月，亚马逊与网络快运公司达成了一项价值6000万美元的合作协议，使用户订购的商品在一小时之内能送上门。这一系列举措使亚马逊的客户突破了1500万，完成了从纯网上书店向网上零售商的转变。

2004年8月，亚马逊全资收购卓越网，开始进入中国市场。

2005年，亚马逊推出Prime服务，成为会员可享受全年无限次亚马逊海外购商品及国内订单免费配送服务。2018年，全球已有超过1亿的Prime会员。

2006年，亚马逊向用户提供AWS服务(Amazon Web Services，云计算服务平台)，AWS面向用户提供包括弹性计算、存储、数据库、应用程序在内的一整套云计算服务，能够帮助企业降低IT投入成本和维护成本。2017年AWS在美国公有云市场占有率已达37.1%。

2007年，将其中国子公司改名为卓越亚马逊。2011年10月27日将"卓越亚马逊"改名为"亚马逊中国"，并宣布启动短域名(z.cn)。

同年，推出Kindle电子图书阅读器，吹响了数字图书革命的号角。

2012年，亚马逊斥资7.75亿美元收购机器人研发公司Kiva Systems，旨在提高亚马逊仓库自动化水平。2012年5月，已经有1400部机器人活跃在亚马逊仓储物流线。

2016年12月5日，亚马逊宣布推出革命性线下实体商店Amazon Go，开启无人零售时代。

2017年6月，《2017年BrandZ最具价值全球品牌100强》公布，亚马逊名列第4。

2018年5月25日，亚马逊"厦门跨境电商园"正式落成。这是亚马逊在华南地区的首个跨境电商园，也是继杭州之后亚马逊在中国落户的第二个跨境电商园。7月12日，为了给中国消费者提供更佳的跨境购物体验，在已有香港及广州保税仓的基础上又新增了宁波保税仓。

2022年3月，亚马逊公司宣布，董事会已经批准了一项1:20拆股计划，并宣布回购至多100亿美元普通股。受此消息提振，亚马逊股价在盘后大涨10%。

2022年5月，媒体报道，亚马逊正计划向近地轨道发射3236颗微型卫星以构建空基互联网，从太空提供网络接入服务。这个项目被称为柯伊珀计划。

2023年6月26日，亚马逊正式启动"Amazon Hub Delivery"计划，将在美国23个州运营。

三、亚马逊的商务模式

(一)战略目标

亚马逊的愿景是建立一个地球上最以顾客为中心、最乐观、最富创新力、最成功的科技公司。这个愿景贯穿亚马逊的整个发展过程，引领公司不断探索新的业务领域和商业模式。因此,亚马逊初成立时,提出"成为全球最以客户为中心的公司,让客户能够寻找并发现他们可能需要在线购买的任何商品,致力于为客户提供尽可能低的价格"的使命。随着亚马逊的服务覆盖线上线下,顾客遍布世界的各个角落,其中包括数百万计的消费者、卖家、内容创作者、开发人员以及企业。这些人群的需求千差万别,而亚马逊始终都能满足客户的需求并不断创新解决方案,让一切变得更加简单、快捷、出色且更具成本效益。它的使命又精简为"成为全球最以客户为中心的公司"。

(二)目标客户

亚马逊主要有三大客户群体:全球消费者、第三方供应商、AWS 服务企业和个人用户。亚马逊对全球消费者提供价格便宜、种类多样、使用便利的产品和服务。针对第三方供应商,打造了亚马逊物流配送(Fulfillment by Amazon,FBA)与卖家建立长期合作,为卖家提供商品存储、仓储物流整合、物流配送、仓储运营等一系列服务,降低了卖家的运营成本。对于 AWS 服务企业和个人用户,亚马逊以 Web 服务的形式提供基础设施服务,从而获得销售收入。

2005 年亚马逊推出了 Prime 付费会员服务。Prime 旨在推出高效、优惠的多重会员增值服务以促进消费。加入 Prime 能享受到许多福利,如 0 元包邮、电子书免费阅读、提前参加闪购、免费试听音乐,更能拥有会员专属折扣等多重会员增值服务。Prime 服务针对中国用户可享受海外商品满 200 元免邮,国内订单免邮,还有更多的会员折扣。这无疑是一种消费者锁定策略,购买了 Prime 服务的会员,会更偏向于在亚马逊平台购物。

(三)产品和服务

作为美国最大的电子商务企业,亚马逊提供图书、生活用品以及家具家电、IT 软件等商品,为消费者带来便利的网购体验。同时,亚马逊为平台商家提供包括物流、营销、云计算等第三方服务,商家可灵活选择。

亚马逊的主要经营业务可划分为以下七大模块,详见表 5-1 所示。

表 5-1 亚马逊的主要经营模块

主要分类	作用与功能	经营情况
在线商店	亚马逊最传统的业务,包括图书、服装等各类商品的销售	2022 年亚马逊在线商店经营利润为 2200.04 亿美元
全球开店	为卖家开展跨境贸易提供全方位支持,包括开店前为卖家提供指导,定期提供卖家培训,提供"亚马逊物流"整体解决方案等。亚马逊在全球共有 20 大海外站点,400+全球运营中心,物流配送覆盖 200 多个国家和地区,拥有 2 亿活跃付费账户	2022 年亚马逊净收入为 5140 亿美元,同比上年增长 9%
第三方卖家服务	除了提供物流、发货、仓储和售后等服务,还为第三方卖家提供了税务咨询、报关、翻译、商品描述等服务	2022 年亚马逊来自第三方卖家服务的净收入为 1177.16 亿美元,同比增长 13.8%

续表

主要分类	作用与功能	经营情况
AWS 服务	面向用户提供包括弹性计算、存储、数据库、应用程序在内的一整套云计算服务,能够帮助企业降低IT投入成本和维护成本	2022年亚马逊来自AWS云服务净收入约800.96亿美元,同比增长10.85%
Prime 服务	提供免邮,电子书、视频、音乐的折扣优惠和优先体验权等各个方面的服务	2022年来自会员及订阅服务的净收入为352.18亿美元,同比增长10.8%
实体店业务	全食超市、无人便利店Amazon Go、生鲜线下自提营业点AmazonFresh Pickup、实体书店、快闪店等	2022年来自实体店的净收入为189.63亿美元,同比增长11%
广告业务	包括展示广告、视频广告、常规广告单元等,合作平台包括亚马逊下属的亚马逊官网、互联网电影数据库(IMDb)、数字摄影评论和Kindle	2022年来自广告服务的净收入为419.73亿美元,同比增长26%

(四)盈利模式

任何一种盈利模式都包含着5个共性的因素:利润点、利润对象、利润源、利润杠杆、利润屏障,其核心是价值创造与对利润的持久保持。以下分5个方面对亚马逊盈利模式的要素展开分析。

一是利润对象,即客户范围。作为全球最大的B2C电商平台,亚马逊已经覆盖了全球几乎所有的重要市场,包括美国、加拿大、墨西哥、巴西、英国、德国、法国、意大利、西班牙、荷兰、奥地利、波兰、土耳其、澳大利亚、日本、新加坡、阿联酋、沙特阿拉伯、以色列、印度、中国等地,并根据不同卖家群体有针对性地为其提供相应服务和培训。而买家也选择加入亚马逊联盟,为亚马逊做推广,通过生成带有跟踪代码的推广链接、广告位等,促成交易,最高可以获得高达7%的佣金奖励。这一奖励机制无疑极大地促进了客户购买和推广的热情。

二是利润点,即客户价值。亚马逊向客户提供的价值有丰富的品类选择、低廉的价格、快速便捷的配送,方便高效的物流服务也是亚马逊取得客户信赖不可或缺的因素。

三是利润杠杆相关活动。利润杠杆是指企业生产产品或服务以及吸引客户购买和使用企业产品或服务的一系列业务活动。亚马逊的业务活动体现在:产品策略、定价策略、促销策略、基础设施建设等。亚马逊所提供的服务就是使用领先的订单处理系统降低出错率,通过强大的物流整合能力来降低库存成本和送货成本,再以此利差提供给消费者运费方面的优惠,从而赢得市场声誉,形成良性循环。

四是利润来源。亚马逊主要从以下几个方面获得利润:日用商品、电子产品、媒体以及其他类别(主要是AWS云服务)。亚马逊书籍的种类及数量远远超过常规书店,而互联网的普及和成本的降低,使得亚马逊垄断了市场上80%低频率消费者,从而具有较丰富的利润来源。

五是利润屏障——"亚马逊飞轮"。当顾客获得更好的体验时,流量自然会增加,更多的流量吸引更多的卖家来亚马逊开店。这样一来,顾客就有更丰富的商品选择,更便捷的服务,进一步提升客户的购物体验,随着飞轮的不断成长,运营的成本被不断地分摊,最终形成一个相对合理的成本结构。节省下来的钱还能够让利给顾客,带来更低的价格,这也是提升客户体验的一个重要因素。类别丰富的商品、低廉的价格以及便利的服务是影响客户体验最主要的三个因素,强大的技术能力与数字化运营实力则构建了亚马逊的零售、供应链与仓储物流系统,是驱动飞轮加速的引擎,从而为亚马逊打造了同行难以攻克的壁垒。

(五)核心能力

亚马逊通过开放并提供最先进的技术运算手段,不断优化零售行业的销售效能。其核心能力在于"超级接口化",即从离 C 端消费者最近的应用层退到技术层,将一些通用能力输送给多元行业和多元场景,不断将内部功能业务转化为对外服务业务。

亚马逊首创的 AWS 就是一个典型的超级接口,它原本是为了解决亚马逊内部的算力问题,随后逐渐对外开放,为广大企业提供通用的弹性计算能力。AWS 在 2022 年净收入约 800.96 亿美元,同比增长 10.85%,为亚马逊总收入贡献了近 16%,已经成为亚马逊总体业务增长的一个重要驱动力。

类似的还有 FBA,它使亚马逊生态里的商家可以在亚马逊物流中心进行货物的仓储配送。亚马逊在全球近 200 个国家和地区都设有自己的运营中心,配置超过十万台智能机器人,可为全球大部分国家和地区提供商品配送服务。AmazonGo 则把超级接口伸向了线下场景:将无人店技术开放给第三方,其愿景是让所有线下实体店能方便接入,实现无人化。

四、成功之处

"亚马逊模式"的成功之处在于将古老的商业法则和崭新的技术手段完美结合。"以顾客服务为中心,提供优惠的价格,良好的服务",这是一个企业能够长远发展的基本前提。而技术创新是一个企业进步的灵魂,亚马逊坚持技术创新,走在所有零售商的前面,这是其他零售企业难以复制的,这才是亚马逊成功的精髓。

(一)数据驱动、以客户为导向的创新

亚马逊奉行以消费者为中心的理念,指出"每天醒来所感到的不是竞争,而是顾客"。该理念具体表现在以下两个方面。一是 One-click 的购物方式。当消费者在亚马逊消费过一次后,系统会迅速录入客户的所有信息。客户下次购买时,只需用鼠标点击一下,系统就会自动帮助客户完成接下来所有的程序,简便的操作让客户真正体会到互联网购物的便利。二是拥有一套完整的电子化客户关系管理系统(E-CRM)。E-CRM 相当于亚马逊的大脑,掌握着亚马逊所有的客户信息,帮助亚马逊做出更好的决策,同时也为供应商提供更多的信息以了解市场的需求、调整企业的战略。

除此之外,亚马逊独特的 A9 算法通过数据来倾听客户的需求。通过模拟和构建模型并挖掘数据,可以得出客户想要的商品。亚马逊在每个业务部门、每个团队、每个地区以及每个仓库都有人工智能工程师,他们利用数据来更快、更准确地帮助买家通过关键词搜索到自己想要的产品信息,并不断地根据搜索结果、浏览结果、产品评价更新排名。亚马逊

还提供个性化推荐，简化下单过程，保障支付安全，真正做到以客户为中心。

2024年，亚马逊开始推出COSMO算法，旨在更智能、精准地挖掘用户意图。围绕"搜索电商"的传统运营逻辑也将发生巨大变化。

(二)通过强大的物流与供应链体系降本增效

相比实体店面，亚马逊没有租金成本与门店的维护费用，打破时间与空间的限制，从而降低了交易费用，提高了交易效率。亚马逊没有中间商，可以对商品进行较大幅度的折扣让利。消费者通常对价格敏感，为保持市场的领先地位，亚马逊通过优化物流与供应链体系降低成本，从而保持价格上的竞争力。

亚马逊利用大数据分析和先进的预测算法，准确预测产品需求，并实施有效的库存管理，避免过度库存或缺货的情况发生。通过信息系统和技术平台，实现供应链各环节的协同合作和可见性，提高供应链的响应速度和灵活性。

亚马逊在全球范围内建立了庞大的仓储与配送网络，将产品储存在离消费者较近的地点，以实现快速配送，缩短交付时间。通过引入先进的自动化技术，如机器人、自动化分拣系统等，提高仓储和物流操作的效率和准确性。通过与物流合作伙伴合作，优化运输路线、货物配载和运输调度，以提高运输效率和降低成本。

(三)全区域扩张业务范围

为了应对激烈的竞争压力和优化资源配置，亚马逊采取了多元化策略，以多品类、多区域、多市场进行扩张，从而获得更大更优质的用户市场。

2001年亚马逊官方开展横向联盟，与音乐公司、出版网站以及实体店铺等进行合作。独特的合作形式使得亚马逊拓展了经营类别和市场范围，吸引了更多的潜在消费者，提高了营业收入。

亚马逊的海外扩张计划也从未间断。如今，亚马逊在全球共有21个站点，为不同地区和国家的消费者提供各种商品和服务。1999年亚马逊走出美国，进入欧洲市场，在英国、德国等建立分公司。2000年来到日本，迈出了亚洲市场的第一步。不同国家的网站都是本国的文字，方便当地消费者的使用。2004年8月，亚马逊宣布收购当时中国最大的网上图书音像零售商卓越网，从此打开了中国市场。2017年亚马逊澳大利亚上线，2018年亚马逊土耳其上线。

2016年亚马逊与Twitter开展合作，允许用户以Twitter消息的形式将喜欢的商品发送到购物篮中，这一功能将Twitter转变为亚马逊新的购物窗口。2018年亚马逊正式进军线下新零售行业，位于美国西雅图的无人超市Amazon Go正式营业，为消费者提供无须排队、无须结账的购物体验。2023年，亚马逊正式启动了一项自2020年以来一直在试点的"Amazon Hub Delivery"计划，该计划向小企业主支付费用，让他们完成"最后一公里"配送，将包裹安全准确运送到客户家门口，将在美国23个州运营。

五、结论与未来发展建议

亚马逊依托先进的物流体系，为Prime会员提供优质的购物体验，从而拥有较强的客户忠诚度。同时依托大数据、云计算，提高产品展示、推广、支付、物流等的效率。亚马逊的销售模式保证了商品的质量，而自建物流体系降低了物流成本，保证低价。亚马逊通过全球开店，扩张了商业版图，是最早开展跨境电商的平台之一。

目前亚马逊平台面临四大挑战，一是政策不稳定性，跨境贸易的政策和规则非常多，不同国家和地区的法律、税收和政策环境存在巨大的差异，需要亚马逊针对性地制定战略并投入大量人力、物力来落实；二是技术性，虽然亚马逊在物流和云计算方面的技术领先，但仍需重视AI等新兴技术以满足不断发展的需求；三是安全性，随着数据资源的重要性日益显现，亚马逊平台面临的数据泄露和网络攻击风险不断增加，应采用更为安全的技术以保护用户的隐私信息，防止诈骗等问题；四是市场竞争，亚马逊面临阿里速卖通、虾皮等强大的同行业竞争者，只有不断地进行科技、营销等方面的创新，才能更精准地做好市场定位，更好地满足全球用户的需求。

自 测 题

1. 以敦煌网为例，谈谈跨境出口电商需要具备哪些核心能力？
2. 简要分析亚马逊的盈利模式。
3. 结合本章两个案例，谈谈物流在跨境电商中的地位和作用。

第六章　新媒体电商

【学习要点及目标】

通过对本章的学习，熟悉新媒体电子商务的定义及其发展模式，重点以哔哩哔哩为例，了解新媒体平台模式；以美腕为例，了解基于多渠道网络销售(Multi-Channel Network，MCN)的直播电商模式。重点关注两种模式的核心能力和盈利模式，探索新媒体电子商务未来的发展方向。

【引导案例】

如果说2022年618被公认为"史上最难"的一届，那2023年618可能是史上最"卖力"的一届。先说淘宝天猫，2023年618大促，淘宝天猫重点布局了两大内容赛道，即短视频和直播，并宣布要以远超过去的投入推进全面内容化。淘宝天猫618直播预售首日，多个达人直播间交易额实现破亿。

以往在直播带货中落后一步的京东，此次618开始加速追赶。头部直播机构"交个朋友"正式入驻京东。5月31日的京东直播首秀中，其直播间全场销售额突破1.5亿元，累计访问人次超1700万，价值两百万的房子上架就被"秒拍"。京东2023年不断加大对内容型主播的日常扶持力度。如果主播能够进入日榜前25，理论上最高可能拿到将近7万元/月的现金奖励。

以抖音电商为主的短视频平台也在持续加码内容和直播带货。2023年618，抖音头部主播持续创造纪录。618首日带货销售额突破5亿，成交52.24万单，累计观看人次达9695.88万。虽然没有达到预想的10亿目标，但其直播间账号618期间涨粉300万。快手电商为了激励商家和达人协作，再次加码"川流计划"，将全年流量从300亿增加到600多亿。另一边，腾讯也发布了视频号直播618大促激励计划，为满足条件的商家和达人提供预约领券激励、GMV目标任务激励、技术服务费减免激励、榜单排名激励等扶持策略。

内容电商平台小红书、B站，也加入618直播带货的争夺中。小红书率先发力。达人主播章某在小红书开启了首场直播，时长近6个小时，热度超过6亿，与同时段其他带货主播形成断层差距。B站也迎来新一波的直播带货，6月10日，两位UP主开始直播带货，首场直播GMV成交额达到2800万元。

深耕本地生活的美团也参与其中。美团外卖启动了"每月18日抢18元神券"的神券节活动，利用官方直播形式，邀请明星和艺人参与直播间带货。

综合来看，从淘宝京东，到抖音快手，再到小红书B站，乃至美团、视频号，对比2022

年618的冷清局面,此次直播带货赛道的竞争,可谓是群雄齐至。各大平台不断加快直播带货方面的布局,竞争的火药味愈发浓烈。在平台激烈的竞争格局之下,发展近8年的直播带货行业,暗流开始涌动。

(资料来源:电商报:透过618大促,看懂直播电商未来趋势
百家号. https://baijiahao.baidu.com/s?id=1768728830907043538&wfr=spider&for=pc.)

第一节　新媒体电商简介

新媒体电商简介.mp4

一、新媒体电商概述

(一)新媒体的界定

"新媒体"一词最早可以追溯到50多年前。1967年,美国哥伦比亚广播电视网技术研究所所长戈尔德马克(Peter Carl Goldmark)发表了一份关于开发电子录像商品的计划书,他在计划中将电子录像称为"New Media",新媒体概念由此诞生。对于新媒体的定义,最为公众所认可的是美国《新媒体百科全书》的主编斯蒂夫·琼斯(Steve Jones)的解释,他认为:"新媒体是一个相对的概念,相对于图书,报纸是新媒体;相对于广播,电视是新媒体;'新'是相对于'旧'而言的。新媒体又是一个时间的概念,在一定的时间段内,新媒体应该有一个稳定的内涵。新媒体同时又是一个发展的概念,科学技术的发展不会终结,人们的需求不会终结,新媒体也不会停留在任何一个现存的平台。"可见,新媒体的界定随着时代的进步和技术的发展不断产生变化,现阶段需要把握新媒体的内涵,进而明确新媒体电商的运营重点。

(二)新媒体的内涵

新媒体的发展,让人们对信息不仅有选择权,还拥有控制权,可以创造信息的内容、改变传播的形式,也让新媒体被赋予了许多不同于传统媒体的特征。

1. 新媒体已成为人们获取信息的主要来源

需要深度阅读时,人们会主动访问门户网站、行业网站和主流媒体网站,而新媒体的发展则让人们能够自由选择以何种方式、通过何种媒体来获取某种信息,信息获取变得更加自由和碎片化。同时新媒体挣脱了以往受众收听广播、收看电视必须同步的束缚,实现了传播与接收的异步化,人们可以在任意时间接收信息,对于有兴趣的信息甚至可以通过收藏、下载等方式反复浏览。

2. 新媒体成为交流的渠道及互动的工具

新媒体让人们能在任何时间、任何地点经营自己的"媒体"。文字、视频从制作到发布,从传播到引爆,反应迅速,回馈高效。通过微信朋友圈、微博、抖音等平台,用户真正实现了随时随地发表感想。当遇到突发事件,人们往往是通过移动端的新媒体第一时间获取最新信息。

3. 新媒体构建双向互动的无边界世界

传统媒体将传播者与受众分得很清，单向传播是其典型特征，而在新媒体时代，信息的传播是交互的。新媒体的实时互动成就了"人人即媒体"。以手机为代表的移动端设备实现了人与人之间的即时沟通与联络。没有边界的世界是新媒体呈现出的最大特点——新媒体打破了媒介间的壁垒，消融了媒体之间、介质之间、地域之间，甚至是媒体与用户之间的界限，所有的人和机构都是传播者，又都是接受者。

4. 新媒体是一个开放的体系

"人人皆可成为传播者"决定了新媒体传播信息的多样性与海量性。信息节点中的每个人都能深度参与到信息的传播过程，意味着新媒体的传播是一种高度整合的社会性传播，主观意识会被融入信息之中。而面对海量的信息，新媒体平台并未严格控制，呈现出极大的开放性和包容性，如同一个自由开发的大系统。当然，一些用户会难以分辨优劣，被误导的概率也大大增加，因此也需要具备专业背景和判断力的人成为关键意见领袖(Key Opinion Leader，KOL)，担任公众媒体的部分角色。

5. 媒体的碎片化让受众重聚成为必然

新媒体使得用户逐步建立新的连接，经过一定时间的沉淀，形成新的用户关系。具有相同或相近爱好、价值观的强用户关系将逐步聚合成为社群。这种社群具有高度凝聚的特性，为小众化传播提供了受众，极具商业价值。

6. 新媒体正朝着智能化发展

Web3.0 时代，不同网站的相关信息可以进行交互，第三方信息平台也能同时对多家网站的信息进行整合并使用。用户在互联网上拥有自己的数据，且能在不同网站和不同移动端使用，新媒体形成了具有互动性、高效可信的个性化应用服务模式。以智能手机为主导、跨终端、所有人对所有人的即时互动传播成为新媒体的主流模式，表现为基于移动网络视频技术的即时弹幕互动媒体、网络直播媒体、基于 VR/AR 技术的新型媒体应用等。

(三)新媒体电商

20 世纪末企业开展电子商务需要自建网站，对技术及资金需求较高。2003 年后可以选择在淘宝、京东等电子商务平台上开店，商家能够以较低的成本获得较高的自然流量，转化率高，获利容易。但随着平台电商成本逐渐提高，私域流量沉淀困难，商家产生了通过新媒体形式引流的需求，促成新媒体电子商务的出现。新媒体电商实际上是传统电子商务与新媒体的结合产物，一般有两种方式：一种是传统电商企业借助新媒体平台发展新媒体业务，另一种是电商企业委托第三方新媒体企业进行业务扩展。如今，企业开展新媒体电商的形式变得更加多样化，如可以选择拼多多、小红书、微博等平台进行基于社交的销售；也可以在抖音橱窗、抖音直播、快手直播、淘宝直播等视频类平台实现基于视频的销售；还可以借助社交软件和视频制作软件工具，运营企业自媒体，实现引流；或与各大视频平台 KOL 合作，实现广告引流。

(四)新媒体电商的运营内容

1. 内容运营

互联网从不缺内容，但缺优质内容，为此内容运营是新媒体电商成败的关键。内容运营是指在拥有产品或者资讯的前提下，进行内容选题、内容策划、内容创意、内容采编、内容制造、内容推送、内容置换等与内容相关的运营工作。

2. 活动运营

活动运营一般是指以产品特点和产品人群画像分析为基础，通过创意传播或者奖品奖励等带有明确动机的形式，去策划相关的活动，其目的是实现用户新增、品牌曝光和产品售卖等。注重让用户成为电商中的一环，完成电商的闭环交易。

3. 用户运营

用户运营是指围绕用户进行有关拉新、留存、促活和转化相关的运营动作。从产品的生命周期分析，就是在用户的注册、使用、活跃与付费的相关重要节点上，通过种种运营手段，进行用户的开源和节流。

4. 社群运营

社群运营是通过一系列运营手段，聚集一批用户并维系这些用户的活跃度，通过管理、刺激和激励增强组织成员与管理者、成员与产品之间的信任感和依赖度。新媒体环境下，用户重新实现聚集，让新媒体电商更容易实施受众群体细分，进行精准化营销。电商推广开始更多地采用"软广告"或"植入性广告"等场景化营销，提高了商品的下单率和平台的转化率。

二、新媒体电商的发展模式

新媒体电商存在两大阵营，一是由新媒体企业发展而来，表现为新媒体短视频+直播平台，典型的如：抖音、快手。它们从新媒体的基本特征出发，加入网络交易的模块，从而形成的新媒体电商，核心是新媒体。二是由传统的平台电商发展而来，在原有交易模式的基础上通过新媒体方式实现引流，其核心还是电商。

(一)新媒体电商模式

随着企业网络渠道扩展的需求和新兴社交、数字媒体平台的出现，一些企业、广告或营销公司，开始借助新工具创作内容，帮助企业实现营销渠道的扩展。也有不少个人加入自有内容的创作传播行列，这就是自媒体的形式。特别在视频制作技术逐步普及后，自媒体开始以短视频的方式快速传播，出现快手、抖音、B站等新兴短视频传播平台。新媒体的短视频创作者也是层出不穷，创作者根据自身的特点与优势创作出一系列具有个人风格的短视频，形成独立的个人 IP，从而吸引大批粉丝关注。在媒体流量变现过程中，形成了新媒体+电子商务的新模式，主要表现为创作者利用新媒体平台发布广告性质的视频变现——在拥有一定量的粉丝基础后，广告商就会有意向与创作者建立合作关系，创作者收取一定的广告推广费用,拍摄制作关于商品的短视频。

新媒体平台也开始逐步上线电子商务功能,如在抖音平台上,当账号达到一定等级即可开通商品橱窗,直接上架商品。又如 B 站,允许用户在视频中添加购买链接,帮助用户赚取佣金。以 B 站一位知名视频创作者"老番茄"为例,其拥有千万粉丝,已发布数百个以网络游戏为主题的视频。当广告商与他合作时,他围绕商品进行充满创意、趣味性很强的创作,吸引大批用户观看,商品的链接挂在视频结尾或者视频简介的下方,用户可直接点击链接跳转购买商品,"老番茄"也获得不菲收益。

由于短视频可触达更广泛的用户,并且用户可自主产生多元化的内容,进而吸引更多用户关注短视频,为此逐渐受到了更多电商企业的重视。随着新媒体流量的加大,新媒体宣传的商业价值得以体现,当新媒体通过电商渠道变现后,就形成了完整的新媒体电商路径。新媒体电商的跃迁路径如图 6-1 所示。

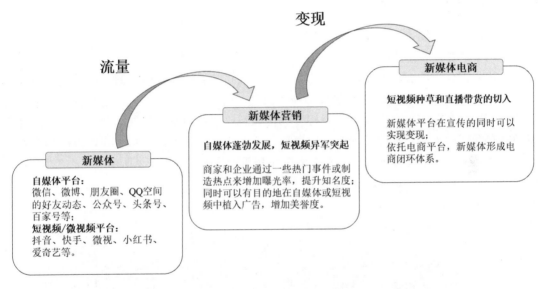

图 6-1　新媒体电商的跃迁路径

(二)电商新媒体模式

传统电子商务平台的发展逐渐进入平稳阶段,平台急需在前端引流部分寻找新的突破。随着移动智能设备的普及,用户逐渐从网站下单转向通过移动端进行购买。传统电商平台和新媒体的结合成为必然的选择,电商平台借助短视频和直播,解决了引流问题,平台电商逐步蜕变成新媒体电商,传统平台的新媒体关系网络如图 6-2 所示。

直播带货现已经逐渐成为电商平台营销的一种主流模式,商家可以通过明星或者是专业的主播将产品信息以及使用的真实感受传播出去。直播时,主播通常利用发放优惠券或者限时特价来吸引顾客。通过详细介绍产品特点及折扣力度,来引导用户进行购买。用户则通过与主播互动进一步了解产品信息,最终决定是否下单。

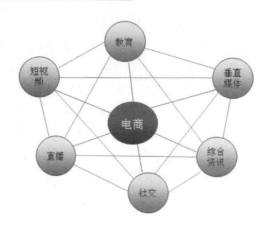

图 6-2 传统平台电商新媒体关系图

三、新媒体电商的发展现状

随着消费者触媒习惯多元化与注意力碎片化趋势的加强，推销目的较为直接和明显的硬广对触达消费者和转化的效果逐步减弱。而依靠强大粉丝带动能力的 KOL、优质的营销内容设计和符合消费者日常使用习惯的媒体平台共同开展的新媒体电商，愈发受到各行业的青睐。随着 5G、AI、3D 建模等前沿技术兴起，用户对于网络浏览的需求提升，促使新媒体电商生态愈发完善，内容生态的持续优化和商业业务的不断拓展，助力品牌方内容资产和社交资产的沉淀。依据技术的差异性和新媒体应用的程度，可将新媒体电商的发展划分为文字、图文、短视频直播和沉浸式虚拟社交四个阶段，如图 6-3 所示。

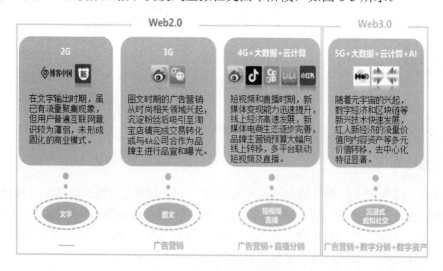

图 6-3 新媒体电商发展阶段

(资料来源：根据艾瑞咨询《2023 年中国红人新经济行业发展报告》等资料修改)

截至 2022 年 12 月，短视频用户规模首次突破 10 亿，用户使用率高达 94.8%。2018~2022 五年间，短视频用户规模从 6.48 亿增长至 10.12 亿，年新增用户均在 6000 万以上，其中 2019 和 2020 年，受疫情、技术、平台发展策略等多重因素的影响，年新增用户均在 1 亿以上。

同时，用户使用率从 78.2%增加到 94.8%，与第一大互联网应用(即时通信)使用率间的差距由 17.4 个百分点缩小至 2.4 个百分点。这其中 8.6 亿人在短视频进行网购；7.0 亿人看直播，占网民整体的 68.2%。其中，电商直播用户规模 4.6 亿人，占整体网民的 44.9%，到 2023 年 12 月，电商直播用户规模已达 5.97 亿人。用户群体的快速增长，为新媒体电商发展奠定坚实的基础。

由于互联网流量红利逐渐消退，获客成本提升，企业内部更加重视营销效果的性价比，成为新媒体电商发展的新契机。2022 年，我国新媒体电商关联产业市场规模达 55042 亿元。随着数字基础设施的不断完善以及 AIGC (人工智能生成内容)等新技术对内容生产的颠覆，新媒体经济生态将加速对传统产业的升级与改造，推进线上经济与实体经济的深度融合。Web3.0 的发展，重新分配了新媒体、品牌、平台与消费者间的权益，并在 AR、VR、虚拟空间等新技术的推动下丰富了新媒体电商的新业态。

但新媒体电商在爆发式增长后逐渐进入存量时代，短视频平台的用户流量集中在抖音、快手两大内容平台巨头，平台头部效应显著，对于新入局玩家来说进入壁垒较高，友好度低。同时，伴随创意内容的产出量加大，同质化现象显著，新媒体从业者的创作权益很难受到保护，降低了其创作热情与积极性。对于品牌方来说，平台间玩法各异，以人为主导的内容平台广告投放难度较大，投放质量可控性较弱。

第二节　哔哩哔哩案例

哔哩哔哩案例.mp4

一、哔哩哔哩简介

哔哩哔哩，英文名称:Bilibili，简称 B 站，于 2009 年 6 月 26 日创建，现为中国年轻世代高度聚集的文化社区和视频平台。

B 站早期是一个 ACG(Animation、Comics、Games, 动画、漫画、游戏)内容创作与分享的视频网站。B 站特色为悬浮于视频上方的实时评论功能，即"弹幕"。这种独特的视频体验能够超越时空限制，构建奇妙的共时性关系，形成虚拟的部落式观影氛围，使其成为极具互动分享和二次创造的文化社区。B 站目前也是众多网络热门词汇的发源地之一，经过十多年的发展，围绕用户、创作者和内容，构建了一个源源不断产生优质内容的生态系统。B 站拥有涵盖 7000 多个兴趣圈层的多元文化社区，曾获得北京贵士信息科技有限公司(QuestMobile)研究院评选的"Z 世代偏爱 APP"和"Z 世代偏爱泛娱乐 APP"两项榜单第一名，并入选"BrandZ"报告 2019 年度最具价值中国品牌 100 强。

二、哔哩哔哩发展历程

2009 年 6 月，哔哩哔哩正式成立。

2012 年 2 月，B 站安卓版上线，加速了 B 站的普及度。

2013 年 10 月，B 站举行首次线下活动，强化社区的线上线下联动。

2016 年 10 月，推出大会员制度。

2018 年 3 月，美国纳斯达克证交所挂牌上市。

2018年7月,"创作激励计划"正式上线,以可观的收益激励原创内容产出。

2018年10月,腾讯控股对B站进行共3.176亿美元现金投资。

2019年2月,阿里巴巴宣布通过全资子公司淘宝中国入股B站约2400万股。

2020年4月,获索尼4亿美元战略投资,与其开展多领域合作,特别是动画和移动游戏。

2021年3月,于港交所二次上市。2021年Q3财报显示,截至9月30日,B站的月活跃用户为2.67亿。

2022年7月,B站全面上线"展示账号IP属地"功能,发布或者评论都会显示自己的IP属地。

2023年6月,B站计划整合多个团队,成立新的一级部门交易生态中心,进一步加强公司在商业化交易方面的基建,服务用户和UP主的商业需求。同时,原"电商事业部"更名为"会员购事业部",继续专注ACG人群的文化衍生品需求。

三、哔哩哔哩的商务模式

(一)战略目标

2018年3月28日B站在美上市时对自身的定位是:"哔哩哔哩代表着网络娱乐的标志性品牌,其使命是丰富中国年轻一代的日常生活。其涵盖各种类型和媒体格式,包括视频、直播和手机游戏,为用户提供身临其境的娱乐体验和高质量的内容,迎合用户和社区不断发展和多样化的兴趣需求,并基于用户与其内容和社区的强大情感联系来构建其平台"。2021年3月17日B站在香港二次上市时对自身的评价是:"哔哩哔哩代表着一个标志性品牌和领先的视频社区,其使命是丰富中国年轻一代的日常生活。哔哩哔哩提供广泛的视频内容,以用户喜欢的视频作为其价值主张。围绕用户、高质量的内容、才华横溢的内容创作者以及他们之间强烈的情感纽带来建立自己的社区,已成为中国年轻一代多元文化和兴趣的家园和文化趋势及现象的发源地"。为此,B站现有的战略目标为构建综合性文化、娱乐社区和自媒体平台。

1. 面向年轻群体的综合性文化社区

B站通过合理的分区,使年轻用户都能够在这里找到相同的爱好且和睦相处,形成多元包容、自由发言的社区氛围。

2. 高质量原创视频自媒体分享平台

B站可以说是目前国内原创氛围最好的视频平台,这种经营理念和知乎、豆瓣不谋而合。

3. 多元文化的娱乐社区

B站确立国内第一的视频社区的地位后,着眼布局国内ACG产业的上下游链条。

(二)目标用户

B站的用户以Z世代为主,主要分布在一、二线城市等经济发达地区。而最近几年,用户已经从Z世代扩展到Z+世代(1985—2009年出生人群),且保持高速增长。2020年中国

Z+世代人口总数超过 4.525 亿人,根据艾瑞咨询报告,Z+世代群体在 2019 年贡献了超过 64.8%的泛视频市场收入,是新一代的主流消费群体。相较于用户综合性更强的平台,比如爱奇艺、优酷、腾讯视频等,哔哩哔哩无疑聚集了更多有相同兴趣爱好的年轻群体。

B 站在 2021 年 Q4 业绩电话会议中明确表示,将不断扩大用户规模,增长和商业化仍然是 B 站发展的关键词。B 站将继续致力于达到 4 亿 MAU(Monthly Active User,月活跃用户数)目标。也就是说,B 站的用户以"Z 世代"人群为主,但也向其他年龄层扩张用户群体。

而从使用目的来看,B 站的用户可分为:内容消费者(占比最大)、内容生产者(即 UP 主)、玩家、买家,当然,这些身份并不冲突,B 站的用户可以兼顾这四种身份。用户关系图如图 6-4 所示。

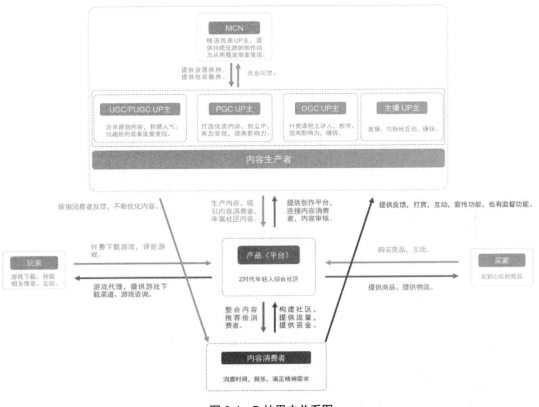

图 6-4　B 站用户关系图

(资料来源:bilibili 产品分析.知乎)

(三)产品与服务

B 站的业务大致可以分为软业务和硬业务。软业务主要为视频开放社区,PUGV(Professional User Generated Video,专业用户生成视频)开放视频社区是 B 站的立站之本,也是 B 站最具独创性、弹性、价值和发展潜力的业务。B 站通过良好的社区氛围和合理的激励政策,鼓励 UP 主投稿自制原创或二次创作作品,极大扩展了视频作品创新的可能性,延展了动漫、新闻、生活等素材的价值,为观众提供了更加多元化、人性化的内容,从而进一步加强用户黏性。强大的用户黏性和付费意愿可以反哺 UP 主,继续激励其创作,也可以为平台提供稳定的流量,为流量变现提供基础。硬业务则为影视追剧、直播业务、游戏代理等,与视频社区的软业务相辅相成。硬业务可以弥补软业务盈利能力弱的短板,为平台带来稳定高额的收入,提升用户体验感与黏性,强化社区氛围,为软业务提供优质素材(如番剧内容、游戏教程、游戏直播、电竞比赛等都可以成为 UP 主二次创作的素材);而同时,软业务又可以凭借其创造的高频流量保证硬业务的销量。

此外在高质量流量的基础上,B 站可以通过增值服务业务创造更多利润,对社区氛围亦有积极影响。如会员购的周边、手办、饰品、服装销售,线下漫展见面会等,都为 B 站带来了相当可观的收入。如图 6-5 所示。

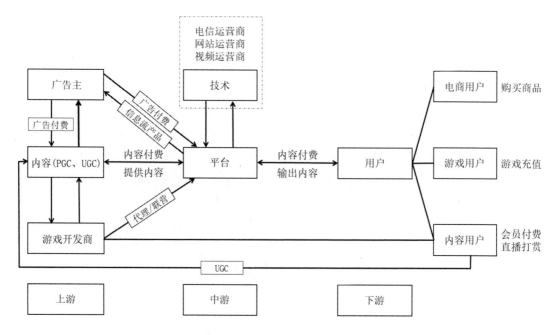

图 6-5　B 站业务系统关系图

(资料来源:王佳雪.商业模式视角下哔哩哔哩公司成长性分析[D].北京交通大学,2021:25.)

(四)盈利模式

B 站的利润主要来自游戏变现、增值服务变现、广告变现和电商变现。2023 年 B 站年收入 225 亿元,同比增长 3%。其中,增值服务和广告是 B 站营收增长的主要动力,增值服务业务收入达 99.1 亿元,广告收入达 64 亿元,同比增长 27%。第四季度广告收入达 19 亿元,效果类广告收入同比增长超 50%。游戏业务营收为 40.2 亿元,同比减少 20%。收入比重的下降,从侧面反映出 B 站的生态圈更加丰富。直播业务增长迅速,B 站通过直播与生态一体化运营,推动更多 UP 主成为主播,丰富直播内容生态。2023 年,超 180 万 UP 主通过直播获得收入。未来,直播业务的发展将会持续驱动 B 站的收入增长。

1. 游戏变现

B 站为游戏建立了一套基于大数据分析的运营策略,即对社区内视频进行分析,综合对比视频的点击量、观看量、收藏量等关键数据,确定人气指数,从而孵化对应的 IP 游戏,实现基于精准定位的游戏研发。在游戏上线后与 UP 主进行联合推广，在社区内建立完善的用户引导入口，从而实现社区全面引爆。这套策略直接助推了 B 站游戏快速增长。B 站 2019 年游戏业务收入 35.98 亿元，占比约为 53%，2020 年，收入约为 48.03 亿元，占总营收的 40%，2022 年游戏业务收入 51 亿元，同比增长 6%，2023 年下降至 40.2 亿元，但仍是 B 站的主要利润贡献源。仅从商业化变现价值的角度分析，游戏确实是一个好的变现业务。但游戏业务没有大内容(PUGV+OGV+直播)对于社区生态的价值高，且处于视频产业链变现的末端，因此 B 站的融资消耗在游戏业务上的占比不高，这也导致在这几年游戏业务的实际增幅小于广告业务与增值服务。

2. 增值服务变现

B 站的增值服务主要包含三类：一是大会员业务，付费会员可以获得专享原创或者授权内容的权利，截至 2023 年底，B 站大会员数量达 2190 万，其中超 80%为年度订阅或自动续费会员；二是直播收入，交易带货带来更多机遇，2023 年"双十二"期间，UP 主单场直播带货成交额超 5000 万；三是在视频、音频及漫画平台销售的付费内容及虚拟物品。2023 年，超 180 万 UP 主通过直播获得收入，超过 200 位 UP 主制作的付费课程获得超 100 万流水，更有 UP 主单条充电专属视频获得近 400 万流水。

3. 广告变现

B 站当前广告增长势头有所放缓，2023 年广告营收同比增长 32%，同期月活跃用户数增长 2%。B 站对于广告商业化是相当克制的，广告推介始终维持在 5%左右，加上当前单个用户浏览规模与广告价格趋于稳定，因此广告增长更多的是在消耗原库存以及月活跃用户增长带来的新库存，可见 B 站广告商业化还有一定的增长空间。

好的广告可以是很好的内容，好的内容也可以是很好的广告。因此，B 站推出了一系列内容营销产品，比如焦点内容营销，可以结合内容(国创、纪录片、综艺、电竞等)植入产品或品牌信息，为品牌定制番外等；大事件营销，比如新年晚会、拜年祭等；UP 主营销，即商单合作，B 站也推出了专门的撮合平台"火花系统"，这些都为其带来新广告增长。而更加重要的是，内容营销真正帮助 B 站实现了广告业务的多方共赢：平台和 UP 主实现了增收、品牌方实现了营销目标、用户获得了更优质的视频内容。此外，未来 B 站会加大数字化营销技术基础设施建设，目标是提升商业化变现的整体效率。综合各种因素，广告业务在未来几年仍有较大的增长空间。

4. 电商变现

B 站的电商业务主要包括三个部分：一是 APP 会员购，属于自营电商，主要售卖动漫模型玩具、周边衍生品等；二是与淘宝合作的"悬赏计划"，"悬赏计划"把淘宝的商品池引入了 B 站，UP 主可以根据自身的情况进行推广，最后按照曝光量或交易量抽佣来赚取收益，当然 B 站也会参与收入分成。这个举措直接把 B 站 2018 年的电商收入增速拉高到了 403.29%。三是 UP 主主页内的"商品"，属于新媒体电商，主要依赖视频广告带货。此外 B 站在 2020 年 5 月开始试水电商直播。

(五)核心能力

1. 用户的优势

B 站定位于年轻人社区，这也是为什么 B 站被这么多资本方所看好的原因，因为 B 站已经成为国内 Z 世代心目中最具代表性的视频网站。现今，用户已经从 Z 世代扩展到 Z+世代，截至 2023 年第四季度，B 站月均活跃用户达 3.36 亿。在泛视频领域，此类年轻用户拥有更高的消费意愿与能力，是支持商业化的重要支柱。

2. 内容的优势

B 站从最早的 ACG 内容，逐步扩展到各类泛娱乐内容(生活、娱乐、vlog 等)、科普硬核内容(财经、军事、历史等)，且跨领域聚集了大量优秀的 UP 主。在最新的招股书里，B 站对自身的定义是"中国年轻一代的标志性品牌及领先的视频社区"，从中可以看出 B 站对于"视频"属性的强调。而以视频为核心，可以高效率地延展 OGV(Occupationally Generated Video，专业机构创作视频)、直播等多形态视频内容，极具商业化特征。

内容成本逐年增加，但其占总成本比重基本保持不变。近年来哔哩哔哩并未加入热门电视剧、综艺与动漫版权的争夺战，转而积极投资国产动漫制作与发行，并在纪录片、科教片等领域发力。其内容规划并未与"优爱腾"三家正面交锋，既规避了竞争带来的高昂成本，又可以另辟蹊径，形成更加坚固的文化壁垒。

3. 社区的优势

B 站已经成为国内互联网多元文化的代名词，具备极强的用户参与度与归属感，且具备高活跃、高互动、高黏性的典型特征。招股书显示，2023 年第四季度 B 站用户日均使用时长超过 95 分钟，月均互动次数超过 140 亿，正式会员数超过 2.3 亿人，第 12 个月留存率稳定在 80%。可以说，B 站是一个年轻人的超级社区。

B 站通过高质量、高黏性的在线社区方式与用户维持关系。其优质的社区氛围一直是最具价值的核心竞争力。独特的高互动性弹幕、评论，创造了 B 站团结友好、自由开放、兼容并包的年轻社区氛围。用户黏性特别高、UP 主投稿意愿特别强、创新动力特别旺盛，形成良性生态循环，很好地维持了 B 站的客户关系。

四、成功之处

(一)定位清晰

B 站最初是一个专注于动漫、游戏、音乐等娱乐内容的视频网站，以弹幕功能和 ACG 文化为特色，吸引了大量的年轻人和娱乐文化爱好者。B 站没有盲目追求流量和广告收入，而是坚持了自己的定位和风格，打造独特的社区氛围，具有很强的用户黏性。B 站始终没有忘记自己的核心价值和用户群体，即娱乐文化和年轻人。

(二)坚持内容优先

B 站社区风格独特，意味着它难以像京东、拼多多那样短时间内快速渗透到所有主流用户群，但平台经济的本质还是扩张，为此 B 站一方面需要通过吸引更多用户来形成规模效应,另一方面还需要保持自有调性,不以大众需求为目标,以防止用户流失、降低用户创造性,进而引发经济效应下降。B 站早期积累的内容和创作者群体,为其良好的社区氛围打下基础,为此 B 站在平衡规模和调性的战略中选择了内容优先,激励 UP 主创作,通过算法为高质量视频引流,激励其保持高质量创作水准,保障 B 站视频的质量。高质量的输出可以有效减少对粉丝信任度的消耗,进而进行盈利模式创新,实现可持续的商业化变现。

(三)多元化的商业探索

B 站加强了对影视剧、直播业务、游戏代理等业务的商业化探索。多元化的业务意味着商业化之路有更多的可能, B 站通过增强自身实力,拥有更多的话语权,有助于保证品牌调性的一致性。B 站的商业化策略倾向于均衡变现,既可以充分发挥持久型高质量流量的价值,挖掘用户的多元化消费潜力,又不必将用户和 UP 主局限在直播带货的困局中,实现了多方共赢。

五、结论与未来发展建议

(一)用户是平台的基础

用户是平台的基础,与用户的关系影响平台的发展存亡。B 站的规模化扩张和商业探索是平台发展的必经之路,但也会对原有的内容生态造成冲击,导致用户的不满。而如何平衡好扩张需求和用户满意度是 B 站必须考虑的问题,因为如果一味追求扩张和盈利势必造成大量用户流失,而不受用户喜爱和依赖的平台也就失去了其存在价值。

(二)平台要重视版权生态

B 站的内容生态和流量吸引力,建立在 UP 主频繁、规模化地创作内容基础之上,这意味着,B 站内容生态目前还面临一个更加严峻的潜在风险,那就是不少 UP 主以个人名义创作的内容没有获得授权。2022 年国家有关部门和长视频行业对盗版侵权行为的打击力度加大,并新修了《著作权法》,加大了对盗版侵权的处罚力度。与此同时创作者、明星和长视频平台方也多次联合呼吁尊重原创、打击盗版,维护版权所有者的合法权益。

在国内严打短视频内容侵权和盗版的大背景下,未来短视频内容创作者的侵权行为,很可能要付出更大的代价。对于 B 站这类依靠短视频创作者生产内容的平台,有可能要迎来持续的洗牌,而内容创作者规模一旦下降,对 B 站的商业模式和成长性或许会带来不小的打击,资本市场的态度可能会降至冰点。

总之,B 站的现有商业模式决定了其面临着一定的版权生态风险,所以就算是转型为长视频平台,如果版权问题没有找到合适的解决方案,最终可能还是难以实现突围。

第三节 美腕案例

美腕案例.mp4

一、美腕简介

美腕(美 one)网络科技有限公司于 2014 年 12 月创建,是一家扎根上海、面向全国的以新内容为驱动力的新型电商公司。现在是直播电商领域最头部的公司,品牌化运营最成功的 MCN 机构之一。旗下现拥有头部主播 1 人,中部主播超 10 人,运营四家直播间,包括"淘宝第一直播间"。

美腕早在 2015 年就提出了培养和孵化具有线上获客等营销能力的新零售人才,辅以专业的运营,建立独立经营电商体系的商业模式。先后获得阿里湖畔资本、合鲸资本、北航基金、巨匠娱乐、时尚资本、微博资本、德同资本、启峰资本的投资。美腕创造的直播品牌被称作是直播界的"线上 Costco",提供近百种品类和近千种产品。旗下主播通过直播为所有女生提供高品质高性价比的品牌商品,获得良好声誉。公司持续投入内容升级、质量管控及售后服务,帮助其头部主播成为国内美妆时尚界的顶流,化妆品销售的第一人。2023 年 1 月,美腕企业位列《2022 年·胡润中国 500 强》第 330 名,2023 年 4 月美腕以 415 亿元人民币的企业估值入选《2023·胡润全球独角兽榜》,排名第 123 名。

二、美腕发展历程

2014 年 12 月,美腕在上海正式成立。

2016 年 1 月,美腕完成天使轮投资,投资方包括阿里湖畔资本、贵州北航基金和巨匠娱乐。

2016 年 3 月,联合欧莱雅,启动"BA 网红化"项目,旨在实现线下专柜销售人才网络化。

2016 年 11 月,签约新销售型主播,正式运作直播间。

2017 年 11 月,美腕完成 A 轮融资,投资方包括时尚资本、微博资本、德同资本等。

2018 年 3 月,开始品牌化打造旗下主播个人直播间。

2019 年 3 月,获得"天猫金妆奖年度优秀合作伙伴"。

2019 年 3 月,成立专业的选品和质检团队。

2020 年 8 月,推出直播带货领域内新型纯内容种草资讯栏目。

2020 年 8 月,作为起草单位,参编 T/CGCC41-2020《直播营销服务规范》团体标准。

2021 年 5 月,美腕发布直播电商行业首个企业标准《直播电商商品质量与合规管理规范》。

2022 年 9 月,作为唯一直播结构,参编的《直播电商行业高质量发展报告 2021—2022》蓝皮书发布。

2022 年 3 月,参编并发布《电商主播直播用语规范》团体标准。

2023 年 5 月,综艺《所有女生的主播》上线,开启新主播计划。

三、美腕的商务模式

(一)战略目标

美腕基于消费者洞察和内容创新,通过赋能品牌,为消费者提供优质商品及服务。成功打造并运营了"所有女生直播间"、"所有女生的衣橱直播间"、"奈娃家族"、"新品秀"等众多 IP。总体战略目标在于引领直播电商发展的同时,进一步推动新零售新消费。此外,基于其得天独厚的消费者洞察能力,美腕还致力于推动众多中国品牌成长,赋能国货品牌化。前期与欧诗漫、自然堂、完美日记等品牌已共创了多款国潮爆品。美腕积极拥抱合规，深度参与国家、地方、行业相关标准的起草制定与试点执行，协助监管部门推动行业健康、稳步发展。

(二)目标用户

2022年9月20日，美腕旗下主播在两个小时的直播时间里，创下了6352.8万的观看量、总销售额超过1.3亿的新纪录。美腕主播在全网的粉丝数和直播间订阅数高达1.7亿，其中九成用户为女性。为此，主播的话术中也特别使用了"所有女生"、"美们"等特殊的语言。想女生所想，为女生着想，供女生所需，是美腕旗下直播间的最大特色。拥有全网最多女性用户的直播间，也是众多美妆品类、服饰品类、生活品类的供应商最愿意合作的伙伴。可见，美腕的用户群体主要分为购买力强劲的女性用户和众多品牌供应商。

1. 女性购买群体

消费者是决定MCN机构成败的关键因素。与线下的消费者不同，直播产业的消费者也被称为"粉丝"，这类消费者更注重情感需求，对主播及直播间的要求更多，相对黏性也更强。万千女性消费者青睐优质低价商品，同时也有情感需求。为此，MCN机构最重要的就是要维系和消费者之间的关系，一种类似于朋友之间的关系。美腕旗下的直播间一方面努力增加品类，控制价格；另一方面则始终强调"理性消费"，主播也常常把"别囤货"挂在嘴边，相较于竞争者的"劝买"，美腕似乎更热衷于"劝退"。而"劝退"正意味着美腕是站在消费者的角度考虑，满足了消费者"爱与陪伴"的需求。这种直播间情感定位有效地保障目标客户的获取和留存。

2. 品牌供应商

所有在电商渠道销售的品牌商——包括品牌的生产商、代理品牌的销售商、推广品牌的广告商，都是支撑MCN机构发展的动力。他们不仅为直播间提供了大量的产品，保证直播间的运转，满足消费者的需求，更重要的是他们是MCN机构的盈利来源。然而两者的关系非常微妙，MCN机构需要优质低价的商品来帮助直播间快速获取客户，但商品价格和佣金率受限于品牌所有者。品牌所有者给予MCN机构的产品质量、价格常与佣金率成反比，一些佣金率较高的产品，后期可能会由于品控问题引发一系列不良后果，MCN机构则需对售后共同担责，为此与品牌所有者的博弈是每个MCN机构运营的关键。

(三)产品与服务

美腕为不同群体提供不同服务：如为所有消费者提供产品甄选和直播服务；为品牌企业提供商品销售和私域合作服务；为政府和公益组织提供特色公益服务。

1. 产品甄选

美腕致力于甄选品质好物给每一个消费者，成为引领潮流的超级购物平台。2019年，美腕组建直播选品和商品合规团队。团队成员来自各行各业，具备扎实的专业背景和相关资质，为直播间选品、质检提供坚实的保障。选品流程如图6-6所示。针对用户特征，美腕关注女性生活所需，选品以女性需求为主。2022年全年，美腕对美妆品类的选品渗透率在天猫 Top100 护肤/彩妆品牌中超过 97%，生活品类一年选品 3 万余件，覆盖天猫生活全品类约 95%的子类目。

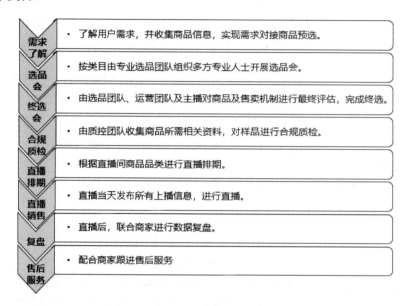

图 6-6　美腕产品甄选流程

(资料来源：本书依据美腕官网资料绘制)

2. 直播和内容创造

美腕现有 3 个直播间，每个直播间都特色分明。有以专业美妆著称的直播间，其特色包括独创的主播语言风格、话术设计、行为风格，并衍生出相关新媒体传播文案、视频。新媒体内容创作宣传板块"奈娃家族"、"新品秀"和"小课堂"，从洞察、趋势、产品开发、消费者评测、落地上线等方面与品牌所有者深入合作，共同打造高品质产品。而"所有女生的直播间"和"所有女生的衣橱"以新主播为主，关注女性的全品类需求，商品的品类丰富，价格符合年轻女性族群需求。

3. 私域合作

凭借在公众号、小程序、社群等微信全域渠道的运营经验，美腕能帮助客户实现多渠道生态流量引流，并通过长效流量运营曝光，培养用户对品牌的好感。此外，还提供多样化功能服务触发点，强化用户体验，最终帮助品牌实现用户精细化分层管理，高效推荐导流服务。常用的活动有小样派发、内容种草、互动曝光和会员权益。

(1) 小样派发

通过私域推荐，让目标用户在美腕已运营多年的"所有女生会员服务中心"小程序中，以积分兑换合作商家商品，并跳转至商家小程序兑换，为商家提供精准流量。兑换后，再次发放优惠券增加用户复购率。此举也为商家提供专属链路服务，让用户可以在社交媒体中凭借专属链接进入商家小程序，实现小样派发和商品下单。

(2) 内容种草

为商家设计适合送礼的商品、礼盒等，并在公众号或小程序模块中进行专属推荐；按照电商促销节点为商家提供主题商品海报，并在公众号、微博、小红书等社交媒体推荐；结合种草内容，提供专属内容创作推荐；还可以结合"小课堂"提供内容创造，说明产品使用场景和方法，如图6-7所示。

1.礼物、种草公众号示意　　2.种草合集内容示意　　3.小程序推荐位-金刚区　　4.小课堂种草示意

图 6-7　美腕私域模式种草服务示例图

(资料来源：美腕官网)

(3) 互动曝光

美腕利用每周固定抽奖、日常积分抽奖、特价销售、集口令抢封面、拆盲盒、心仪礼物热度榜等多种有趣的互动玩法，帮助品牌所有者提升品牌曝光度，增加品牌好感度，获取精准优质客户。

(4) 会员权益

在现有私域平台的会员中，巧妙地融入品牌所有者要求的品牌曝光活动，如提供升级关怀礼遇——银卡会员及以上升级可享品牌礼遇；等级特权礼遇——白金会员及以上可享盲盒礼遇。为会员提供分享试用礼遇，要求会员在社媒同步试用报告，既给予会员特定权益，又推荐了品牌产品，还利用会员社交关系网络扩散品牌影响力。

4. 公益

美腕积极开展公益直播带货助力乡村振兴，担任多省区市"乡村振兴助力官"、"好物推荐官"，在政府单位的指导下，帮助打通农产品销路，多举措兴农惠农。美腕基于用户群体特征，特别关注女性和儿童权利，关注动物保护、绿色环保等公益事业，积极捐款捐物，履行社会责任并设有专业公益活动和专项基金支持，塑造了具有社会责任感的企业形象。

(四)盈利模式

美腕的收入来源除了标准的直播服务收费模式外，还有内容增值服务收费和品牌形象开发设计收费。

1. 直播服务收费

常见的直播服务收费包括以固定收费模式为主的技术服务费，也称为坑位费，一般是按主播级别和直播场次时段收取。以变动模式为主的佣金费，与品牌商和 MCN 机构的合作模式有关。长期合作模式下，佣金率较低，非合作模式下，佣金率相对较高。如图 6-8 所示。

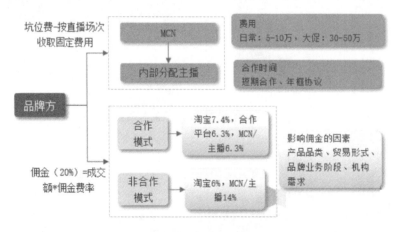

图 6-8　MCN 的盈利模式

(资料来源：华经情报网)

2. 增值服务收费

MCN 机构通过直播内容进行再创作，除提升自身的品牌传播度和美誉度外，还经常授权品牌商使用其创作的内容，但需要收取相应的版权费用。随着 MCN 机构的竞争逐步转向内容竞争，流量红利逐渐消退、直播电商行业已进入精细化运营阶段，内容创作和版权已成为各家直播机构的制胜法宝。美腕除直播外，现已制作了《奈娃家族的上学日记》、《所有女生的 offer》系列和《所有女生的主播》等节目。这些节目不仅帮助美腕推出新的电商版权，还衍生除了众多的网络版权，在很大程度上改变了 MCN 机构仅靠单一直播佣金盈利的局面。

3. 品牌知识产权(IP)开发设计收费

作为营销服务商起家的美腕，在 IP 设计、授权、联合开发等方面有着得天独厚的优势。美腕现已独立运作奈娃 IP，实现了宠物和家居生活品牌的授权，主播个人 IP 也与多个国货美妆品牌合作，产品受到市场认可。

(五)核心能力

美腕的核心能力是产品的选取、直播内容的创新和高质量的客户服务，进而获得高度参与且有归属感的用户粉丝群体。

1. 注重选品流程

美腕的选品流程贯穿了招商对接、商家寄样、选品提报、初选会、主播试用、终选会六个环节，对于每件商品都会围绕着"安全性、功效性、质量、消费者体验"这四大核心逐一做测评。为了确保直播间品控，美腕将"正品"设为首要门槛，质量控制部门从店铺资质、品牌或商家资质、产品资质等多维度审核产品，确保上播商品都是来自品牌自营或者授权运营的天猫官方旗舰店。美腕还上线了自研的全新信息化平台"ONE 家"，让整个选品流程实现线上化、数字化，品牌通过平台即可实时了解选品进展，合作便捷无压力，达到简化流程、降低成本、提高效率的目的。同时美腕选品团队全是由行业一线从业者构成，对行业规则、原材料安全及制造工艺等非常熟悉，选品能力一直处于行业领先地位。

2. 多维内容创新

美腕在卖货之外做了更多专业性的知识内容分享。每次大促之前，美腕通过大促小课堂来帮助消费者更快速、精准地种草心仪商品。还有《所有女生的 offer》、《所有女生的主播》两档创新的综艺，让消费者能够直接看到和品牌的谈判过程、直播的工作流程，通过深入的感知和了解，对美腕和相关品牌产生信任和好感。此外，美腕还通过矩阵账号，覆盖了更多元的消费场景：晚上以主播直播间为主场，白天由"所有女生的直播间"账号来覆盖，同时还"所有女生的衣橱"直播账号来做服饰这一垂直品类，兼顾不同的时间段和不同的品类，满足消费者差异化需求。

3. 全过程专业化、情感化的服务

除了售前对产品进行科普和种草外，主播在直播介绍产品时，也积极与直播间用户互动，商品介绍词和直播流程控场词除了满足用户对产品的需求外，还注重的情感需求，可以说是极度"宠粉"。这种尊重、理解、支持用户的情感价值构建，让美腕的客户忠诚度非常高，这也是直播间成功的重要原因。

售后环节美腕同样提供全程专业化服务。美腕不仅在直播间里安排客服不间断服务，同时在多个社交平台上也都有客服团队。售后服务的最终目的是为了解决消费者的问题，所以美腕保证客服的响应速度和处理效率。另外面对大促期间庞大的订单量，总有一些消费者的问题是现有规则无法解释的，这时会采用直播间关怀补偿的方式来解决问题。

四、成功之处

(一)专业化运作

不同于谦寻公司和主播签约的模式，东方甄选采用的雇佣制，美腕采用的是合伙制。旗下主播未持有美腕的股份，而是另开一家公司，与美腕共同使用其创造的 IP。这种合作模式下，美腕可以专注于直播领域的深耕细作，而个人主播则完全保证了自己的 IP 价值。这能够避免主播和直播机构之间的版权纠纷，共同推进直播机构的发展。

(二)平台重视内容创作和版权生态

近年来，随着国内电商从"流量时代"，进入"留量时代"，"把客留住，提高转化"成为各大电商平台竞争的核心命题。在这个背景下，内容创作就成为直播机构发展最重要的能力。2022 年 9 月，淘宝天猫开始将流量分配机制从成交改为成交、内容双指标。内容好、转化高的直播间将获得更多公域流量倾斜。美腕的应对是不盯着流量大的泛内容，而是产

出帮助消费者进行更好的消费决策的内容。《所有女生的 offer》让直播用户了解大促期的选品是如何实现的，搭起消费者与品牌沟通的桥梁。美腕也借机充分展示自身为消费者权益与品牌谈判的过程，为后续双 11 大促给直播间拉足了人气。《所有女生的主播》则是让用户知道主播是如何成长的，通过这个节目让用户了解到主播也是一个职业，要满怀热情去不断深入了解品牌、产品以及消费者需求，与招商、选品、合规、客服等各个部门配合，做足功课，才能当好消费者和品牌的"翻译官"。美腕通过这些真实的内容，让消费者、品牌商和各相关主体看到了它的努力和诚意，收获了口碑和信任。

五、结论与未来发展建议

美腕在保障主播品牌的基础上进行选品、品控及直播服务，取得了一定的成功。但美腕也面临着个人主播品牌独立化的巨大压力，如何对现有的直播间进行专业化配置，建设新直播品牌，并联动形成直播品牌综合效应是美腕升级转型的关键。

(一)降低头部依赖，实现直播矩阵化

2022 年之前，为了集中资源优势，美腕只重点打造了一个直播间和一个超级主播，客户的集中让美腕可以获得商品和价格的优势，正向的网络外部性让美腕迅速成长起来。但后期一旦单一品牌出现问题，对美腕打击将会是致命的。为此，2022 美腕采取了三大措施：扶持助播"上位"，分散头部主播的个人流量，实现矩阵化运营；推出"所有女生"和"所有女生的衣橱"两个新直播间；推广自制综艺《所有女生的主播》，以内容创新，强化自身和用户间的联结及信任。但这些举措又都是建立在依靠头部主播品牌的基础上，助播都是在头部主播直播间崭露头角之后，才开始被力捧；"所有女生"和"所有女生的衣橱"这两个新直播间虽然一直想淡化单一主播品牌的标签，但其实从名字开始就打上带有头部主播的个人色彩。截至 2023 年 6 月 30 日，"所有女生"在淘宝直播间共拥有 273.3 万粉丝，"所有女生的衣橱"则只有 162.8 万粉丝，两者相加都不及头部主播 7515.8 万粉丝的 10%。

直播电商领域正在经历一次重大的转变，即直播机构的矩阵化发展。这一趋势意味着不断推出新主播、新直播间以及新的风格将成为未来直播电商的新常态。其次，新主播的发展路径也有意往"流量矩阵"的方向培养，此举可以让 MCN 机构和品牌商家最大程度地降低单个直播间的风险、流量损耗和人、货不匹配的问题，实现持续的销售增长。这要求从主播挖掘、培养机制和激励机制进行全套规划革新；供应链、履约能力和售后服务，也需要持续优化和调整；此外对企业文化建设和组织管理能力也提出新要求。

(二)品控标准化，严格成本管理

商品的价格是直播间运营最核心的问题，在几乎"全民带货"的情况下，提供优质低价的产品是一个直播间成功的关键。美腕依靠强大的流量获得低价商品，但现在成熟品牌商的选择增多，能否继续获得低价难以确定。基于过去的直播实战经验，美腕已逐渐提炼出了"严选品、重合规、强运营、保售后"的 12 字方针，贯穿了其运营管理的所有环节。并且从 2021 年开始，美腕作为起草单位，参编中国商业联合会发布的《直播营销服务规范》团体标准。2023 年 3 月，美腕先后与上海市质检院、SGS 通标标准技术服务有限公司以及

上海市毒理学会展开合作,对直播间的产品和内容进行检测和监督。2023年5月,美腕制定并发布了直播电商行业首个企业标准,对直播选品流程、人员管理、合规管理、售后服务等环节进行更严格的规范,提出了详细的直播间禁售限售商品名单,首次明确了售后服务的负责机制和管理体系。这种新的产品管控体系,在一定程度能保证直播产品的品质,但也让美腕面临成本上升的压力。

(三)用户忠诚度下降,直播模式转型数字化

直播带货为更多自由职业者提供了就业平台和机会,这也意味着消费者可选择的直播间越来越多,动动手指就能切换频道。用户不再单一订阅直播间,而是随心选择自己喜欢的主播,下单自己心仪的产品,用户忠诚度下降。

而从平台端看,平台对于头部主播的"偏爱"不再。以淘宝为例,近年来就在改变重心,调整流量的分发逻辑,将流量向擅长做内容的主播倾斜,还挖来了一些竞品平台的主播。从市场竞争来看,嗅觉敏锐的头部MCN机构已开始"矩阵变形",加速挖掘深度价值。例如谦寻控股运营了助播们组成的蜜蜂惊喜社、蜜蜂心愿社、蜜蜂欢乐社等几大垂类直播间;抖音早先的头部主播也早早以"收徒"的名义签约新主播,孵化出多个中腰部主播;东方甄选也开设了"东方甄选图书"、"东方甄选美丽生活"等垂类直播间;世界睿科则是以"交个朋友"的名义开设同名细分账号,实现细分市场直播。

用户忠诚度下降、行业内卷加剧、平台偏爱不再,这种情况下,美腕不仅要加速个人品牌到矩阵品牌的转变,更要努力赶上对手们的前行脚步,利用之前积累的客户、商品数据资源,进行数据应用创新,实现向数字科技公司的转型。

自 测 题

1. 传统电商企业如何结合新媒体提升竞争力?
2. B站的娱乐文化一直备受争议,分析B站如何在争议中实现电商平台的发展?
3. 美腕的运营模式还存在什么问题?该如何解决?
4. 直播机构竞争激烈,你认为直播机构制胜的关键因素有哪些?
5. 结合本章案例,谈谈直播行业的未来发展方向?

第七章 社交电商

【学习要点及目标】

通过对本章的学习，熟悉社交电商模式的代表拼多多和小红书。重点关注商务模式中的盈利模式和核心能力，分析网络经济学中网络外部性在这些企业的体现。

【引导情境】

社交电商大幕在2015年徐徐拉开。有评论称，社交只是一种引流方式，不是一种电商模式，不符合大众日常消费习惯；且大量微商产品单一、消费频次不高，只能靠拉下级代理层层囤货盈利，真正到达消费端的商品并不多，本质上无异于传销，这样的模式不可持续。由于几乎不需要任何门槛，社交电商催生了一批创业者，他们在缺少监管的情况下野蛮生长，在短短半年内让社交电商乱象丛生：朋友圈中打擦边球、浑水摸鱼者层出不穷，三无货、假货、A货亦是泛滥不止；私下窜货、乱要价、售后问题频出；央视曝光微商中含激素和荧光剂的毒面膜后，不仅大批面膜品牌遭遇滑铁卢，其他领域的草根品牌也没活过5个月。一时间，整个微商生态面临严重的信任危机，从业者遭受前所未有的鄙视。

然而，两年后，零售画风再次突变。传统电商增长乏力，离天花板越来越近。2015年，中国电商交易量增幅为36.5%，此后连续两年大幅下滑至19%。在互联网新增用户接近饱和的状态下，引流成本越来越高，难度越来越大。而此前不被看好的社交电商，却悄然蹿出一匹黑马——拼多多。

拼多多是拼团砍价式第三方社交电商平台，消费者通过微信、微博等社交平台发送链接拼团采购，获得超低的价格。据称，上线后不满一年，拼多多的单日成交额即突破1000万元。如今，其活跃用户已超过3亿，月流水高达400亿元——拼多多用不到3年的时间完成了这些成绩，而阿里和京东用了10年。

在过去的几年里，社交电商行业得到了飞速发展。根据相关数据显示，全球社交电商市场规模已经超过了2000亿美元，预计到2025年将达到5000亿美元。在中国，社交电商的市场规模也在不断扩大，2019年市场规模已经达到了2.4万亿元人民币，占整个电商市场的比例达到10%左右。随着城市化进程的加速和互联网技术的普及，下沉市场逐渐成为电商行业的新蓝海。与传统的电商模式相比，社交电商更加适合下沉市场的发展。通过社交媒体的传播和用户之间的互动，社交电商能够更好地满足下沉市场用户的消费需求，同时也能够更好地提升用户的购物体验。

(资料来源：创业家：社交电商背后隐藏不可忽视的三大痛点.)

第七章　社交电商

第一节　社交电商概述

社交电商简介.mp4

一、社交电商的定义

社交电商(Social Commerce)是基于人际关系网络，利用互联网社交工具(如微博、微信等)，从事商品交易或服务提供的经营活动，涵盖信息展示、支付结算以及快递物流等电子商务全过程，是新型电子商务的重要表现形式之一。

社交电商按照社交对电商影响的主要环节，可以分为拼购型(主要影响分享传播)、分销型(主要影响销售模式)、内容分享型(主要影响购买决策)、社区团购型(主要影响需求获取)。

社交电商社区互动的方式，不仅适用于商品销售，还被应用于精准扶贫和乡村振兴，促进贫困地区线上线下产品快速流通。

二、我国社交电商的发展阶段

(一)野蛮生长期(2012—2015)

随着微信的用户基数不断扩大，朋友圈、公众号、微信支付等功能不断完善，以个人代购和团队化分销为主要形式的微商群体快速发展，通过微信进行商品销售，这是社交电商的最初形态，与此同时暴力刷屏、假货泛滥、洗脑传销、质量安全等问题频发，消费者信任不断降低。

(二)多元探索期(2015—2017)

乱象丛生的传统微商模式逐渐被摒弃，行业出现结构性调整，一批善于打造个人品牌的网络从业者凭借优质内容汇集粉丝流量后通过电商变现，内容电商兴起。与此同时，通过平台载体为入驻商家/个人代理提供全产业链服务，并在平台上完成交易闭环的平台型社交电商模式出现，社交电商精细化运营开启。

(三)全面爆发期(2018至今)

市场和政府双维度规范社交电商。多家社交电商企业扎堆上市表明多条赛道跑出头部玩家，商业模式成型，跟风入局者众，行业迎来整合与争鸣。2018年8月31日颁布的《电子商务法》代表着国家层面对这一新兴领域的认可、重视和支持，社交电商进入发展与规范并举、开放与安全并重的新阶段。

三、我国社交电商的发展现状

随着互联网的发展及新型商业模式推广，2017—2021年，我国社交电商行业交易规模持续扩大。2022年，社交电商市场规模占网上零售总额比重提升至20.67%，用户规模达到8.8亿人。随着居民收入增加和生活水平的提高，社交电商行业人均消费额也在不断增加。

从消费市场看，社交电商消费者更偏好服装鞋帽、美妆个护及箱包服饰等领域。

2022年我国社交电商行业总体市场交易规模达到28542.8亿元，增长率为20%，不过随着市场规模基数变大及疫情影响，增速下滑，2022年首次增速跌破10%。如图7-1所示。

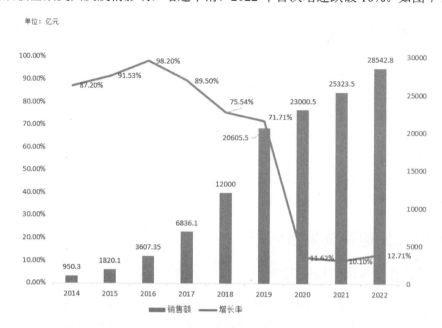

图7-1　2022年中国社交电商市场规模

(资料来源：网经社《2022年度中国社交电商市场数据报告》)

随着互联网红利逐渐消退，传统电商流量逐步转向社交电商领域，社交电商行业从业者快速增加，2022年从业人数达到20482万人，以女性居多，这主要与以下因素有关。一是社交电商经营的产品是以美妆等女性产品发展起来的；二是女性更愿意拿出时间和精力参与以社交为主要营销方式的交易行为；三是家庭中的女性更容易利用碎片化的闲暇时间来经营社交电商活动。调研显示，女性在社交电商从业者中占主导，形成"她经济"和"她创业"的基础。

四、社交电商的未来发展趋势

(一)社交电商基础设施化：无社交、不电商

随着社交电商的底层逻辑逐渐清晰，市场对社交电商的认可和信心不断加强。未来社交对零售全产业链的渗透融合将不断深化，成为网络零售不可或缺的基础要素，社交电商也将在持续放量、不断迭代中迈向成熟发展。

(二)社交关系链扩容：弱社交、泛参与、强把关

熟人社交为社交电商打开局面后，混合了交易性质的关系社交容易出现信任危机和增长瓶颈。长远来看，同时具备私人关系与公众属性的弱社交关系更具增长性，也更有利于个体参与者树立"把关人"身份认同，主动承担行业责任，从而对整体行业形象产生正面

影响。

(三)向用户全生命周期价值运营演变

社交关系并非单次交易博弈,其跟随人与人之间的信任关系,天然具备全生命周期合作的可能。未来,社交电商的着眼点将全面转为对用户生命价值的经营,在长时间周期视野下,主体的认知、双方的关系演变、交易形态等均会产生重要变化。

(四)聚焦零售本质纵深化发力

每一种社交电商模式的起点都是高性价比的流量获取,但要真正实现商业模式跑通,必然不能止步于前端流量运营,而应该始终聚焦零售本质(成本、体验、效率),贯通价值链前后端,才能打造核心竞争力,成就量级长效变现。在商业模式发展的不同阶段,企业的战略重心和发力方向将有所区别。

第二节　拼多多案例

拼多多案例.mp4

一、拼多多简介

拼多多隶属于上海寻梦信息技术有限公司,创立于2015年9月,以农产品零售平台起家,深耕农业开创了以拼为特色的农产品零售新模式,逐步发展为以农副产品为鲜明特色的全品综合性电商平台。作为新电商开创者,拼多多致力于以创新的消费体验,将"多实惠"和"多乐趣"融合起来为用户创造持久价值。通过创新的商业模式和技术应用,拼多多对现有商品流通环节进行重构,持续降低社会资源的损耗,为用户创造价值的同时,有效推动了农业和制造业的发展。

2023年,拼多多总营业收入为2476.392亿元,同比增长90%,非美国通用会计准则(Non-GAAP)下的净利润为678.993亿元,同比增长72%。根据Quest Mobile的统计显示,拼多多年活跃买家数量接近9亿,是用户规模第二大电商平台。2023年7月APP端日均活跃用户数(DAU)约为3.07亿,月活跃用户(MAU)为6.56亿。

新电商模式所释放的潜力,也为拉动中国内需、推动消费升级做出了巨大贡献。目前,拼多多平台的商品已覆盖快消、3C、家电、生鲜、家居家装等多个品类,满足消费者日益多元化的需求。

拼多多积极响应国家关于打赢扶贫攻坚战和实施乡村振兴战略的号召,投入大量资源,为脱贫攻坚贡献了积极力量。拼多多将创新的电商模式与精准扶贫紧密结合,为推动农产品大规模上行提供了有效途径。拼多多通过大数据、云计算和分布式人工智能的技术,打造"农地云拼+产地直发"模式,从时间和空间两个维度归聚数亿消费者的农副产品需求,将分散的农业产能和分散的农产品需求在云端拼在了一起,形成了一个虚拟的全国市场。目前已直连超过1600万农户,向近9亿消费者销售农副产品,改变中国农业生产与需求不匹配的现状。

截至2018年10月,拼多多已累计投入102亿元资金,帮助全国农户销售549万吨农货，催生逾 21 亿笔扶贫助农订单；在全国 679 个国家级贫困县扶持 10 万商家，累计帮扶 139 600 户建档立卡贫困家庭，直接和间接拉动包括各类平台商家、快递物流人员等超 700 万人就业。

此外，拼多多还全力培育具备网络营销能力的"新农人"，努力实现应急扶贫与长效造血的融合发展。截至 2022 年底，已有超过 12.6 万名 1995 年后出生的"新新农人"在拼多多平台上创业，在全部涉农商家中占到 13% 左右，他们将地方特色农产品不断推向全国市场。2022 年底的"暖冬行动"在非常时期助力农产品上行，创作了社会效益和经济效益的双丰收。

对制造业，拼多多通过提供免费流量，大幅降低生产商的营销成本。平台还持续向有志于打造自主品牌的生产商倾斜资源，助力其转型升级。创立至今，拼多多平台已催生近千家工厂品牌，并通过 C2M 模式持续推动多个产业集群的供给侧改革。2017 年，拼多多在长三角的 19 个产业带中，共计扶持 18 万商家，帮助大量工厂摆脱代工地位，以最低的成本实现品牌化。2018 年登陆纳斯达克之后，拼多多致力于引领更多品牌入驻平台走向国际，为推动中国品牌得到国际认可做出更大贡献。拼多多凭借多年深耕多个制造业领域的经验，为大量制造业品牌提供全链路的数字服务，利用旗下跨境电商平台"Temu"帮助企业实现营收增长，打造出海第二增长板。

拼多多还强化了技术研发，用最先进的科研技术去改造最传统的农业生产。2022 年度的研发费用达到 110 亿元，成为一家非典型的技术公司。

二、拼多多发展历程

2015 年 9 月，拼多多正式上线。

2016 年 6 月，腾讯应用宝发布"星 APP 榜"5 月综合榜单，拼多多获颁"十大流行应用"。

2016 年 8 月，拼多多获颁"2016 中国(成都)移动电子商务年会移动电子商务创新企业"奖。

2016 年 9 月，拼多多用户数超过 1 亿，月 GMV 超 10 亿元，日均订单超过 100 万单。

2017 年 6 月，拼多多荣获金瑞奖"最具成长力产品奖"。

2017 年，拼多多移动平台完成 43 亿笔订单。

2018 年 7 月 26 日，拼多多正式登陆美国纳斯达克证券交易所。

2018 年 8 月，拼多多开展"双打行动"，强制关店 1128 家，下架商品近 430 万件，批量拦截疑似假冒商家链接超过 45 万条。

2019 年 6 月，拼多多入选"2019 福布斯中国最具创新力企业榜"。

2020 年 3 月，报告显示拼多多 2019 年全年 GMV 踏上"万亿"新台阶，达人民币 10066 亿元。

2021 年 3 月，拼多多年活跃买家数达 7.884 亿，成中国用户规模最大的电商平台之一。

2021 年 8 月，拼多多年活跃买家数达到 8.499 亿，正式启动"百亿农研"专项，宣布投入 100 亿元致力于推动农业科技进步，科技普惠。

2022 年 9 月，拼多多在北美地区上线跨境电商平台 TEMU，推动上万家制造企业出海。

2024 年 3 月 20 日，拼多多发布 2023 年度财报，财报显示 2023 年全年研发费用达到 110 亿元。今年将保持投入力度，为高质量发展探索，培育新质生产力，提升前沿技术在农业及制造业中的支撑能力。

三、拼多多的商务模式

(一)战略目标

拼多多坚持本分价值观，站位消费者，为满足最广大用户的需求而不懈努力。

1. 始终将消费者需求放在首位

拼多多致力于为广大用户创造价值，让"多实惠，多乐趣"成为消费主流。拼多多新电商是一个将网络虚拟空间和现实世界紧密融合在一起的多维空间，一个由分布式智能代理网络驱动的"Costco"和"迪士尼"的结合体，在提供超高性价比的同时，将乐趣融入每个购物环节。

2. 推动供给侧改革，培育更多中国品牌

通过 C2M 模式对传统供应链进行极致压缩，为消费者提供公平且最具性价比的选择。通过创新的交互体验，将娱乐和商品交易融合，大幅改变传统电商的消费者触达和交互形式，降低营销和交易成本，让利于供需两端。通过产品创新、数据分析和资源倾斜等，与中小企业共同成长，培育、发展更多中国品牌，为最广大用户提供更多品质、实惠的国货选择。

因此，供应链升级将是拼多多今后很长一段时间内的战略重点。拼多多的最终目标是使得上游能做批量定制化生产，但现在对上游的投入和整个产业链的赋能都还太弱。稳健的供应链是产品质量的基础，产品质量稳定，才能提升消费者满意度，实现重复购买与口碑传播。拼单形式容易复制，但强大的供应链难以被模仿。价格优势只是拼多多能异军突起的表象，最短链条的供应链才是硬核。

3. 推动农产品大规模上行，有效助力精准扶贫

平台的"拼购"模式能够迅速裂变并聚集消费需求，实现大规模、多对多匹配，通过精简农产品供应链，将农产品直接从田间送到消费者手中。作为腿上有泥的新电商，拼多多深入到最基础产业带以及最基层村庄，始终与中国农民、农业一起共同成长。

(1) 农产品上行。"农地云拼+产地直发"的模式，以稳定的需求重塑农产品流通链条，以产地直发取代层层分销，从而为农货上行搭建起一条高速通路。2020 年，拼多多已成为中国最大的农副产品上行平台。

(2) 科技普惠。坚持对农业科技领域长期投入。"百亿农研"专项不以商业价值和盈利为目的，而是致力于推动农业科技进步，以提升农业科技工作者和劳动者的动力和获得感为目标。

(3) 助农富农。拼多多直连全国超 1000 个农产区，助力农副产品出村进城及农民增产增收；多多买菜创新供应链及"田间直达餐桌"模式，进一步提升农副产品流通效率。以市场化及科技普惠引导农业现代化升级，培养新农人，有效赋能农业。

(二)目标用户

截至 2022 年 6 月 30 日，微信及 WeChat 月活跃用户 12.99 亿，其中有 4 亿左右不用淘宝/京东等 APP 购物，他们就成为拼多多的目标用户。根据企鹅智库对拼多多用户画像的分析：拼多多用户中女性占比达 70.1%，一、二线城市的用户占比为 41.2%，更多用户在"低线城市"。30 岁以下用户占比为 72.9%，本科以下用户占比 68.2%，明显高于淘宝/京东，同时吸引了部分以线下购物为主的用户(13.7%)。大多数用户追求便宜和折扣，注重性价比。拼多多用户非传统意义上的"低价导向"，而是倾向性价比和折扣类购物。用户使用拼多多前，主要的购物渠道以网购占比最大(61.9%)。

在传统电商网站中，大部分用户具有的明确购物目的和信赖店铺，但在拼多多，用户主要依赖浏览式和引导性购物，目前有一半以上拼多多用户习惯从首页含有"便宜/折扣"性质引导词的区域进入购买。从用户调研的结果来看，拼多多目标用户群体的选定、购买动机、用户的来源、平台主营品类(高频易耗品)、产品主要板块及楼层设计(被动选择为主的活动专题)、优惠方法等(好友砍价、分享红包、熟人拼团等)，是商家满足用户需求的关键因素。

拼多多的用户可以分为三类：商家、主动用户、被动用户。各类用户的特点如下。

1. 商家

对于中小卖家而言，通过拼多多平台可以带来更多的流量及更精准、更活跃的目标群体，产生更高的客户黏性，从而获得更高的复购率、转化率和留存率。

2. 主动用户

希望以最低价格买到自己所需的商品。由于追求便宜，因而愿意拼团分享，将心仪的商品，分享给自己的朋友们，如能拼团成功，各方均能以低价买到。

3. 被动用户

不知道买什么，主动寻找需要付出大量时间。正好看到朋友群里的参团链接，感到物美价廉，既方便又省时。

(三)产品和服务

拼多多销售额前三的品类是食品、母婴、女装，均为高频易耗品，特点是尝试成本低，消费者对质量容忍度较高，对品牌要求低。从平台运营玩法来看，最吸引消费者的是和熟人拼团更便宜，还可以互相推荐，其次是可以邀请好友帮忙砍价，助力免单等。从用户需求来看，驱动消费者在拼多多上消费的第一原因是便宜，其次是囤货，另外还有一些用户因为好奇，在拼多多购买从未使用过的产品。可见拼多多能创造新的购物需求，本质上能够整合长尾的易耗品品牌。

拼多多之所以能够在短期内获得庞大数量的用户，关键在于运用了社交的玩法，拼团、拼低价。同时基于微信庞大的用户数量，借助社交平台裂变的传播方式，直接触达三、四线城市的用户。平台服务主要包括以下几种。

1. 用户直接拼团

相对理性的消费用户，关注点主要是平台上性价比高的目标商品，看到合适的商品直接拼团下单，不参与社交分享玩法。

2. 邀请参与拼团

拼团的发起通过邀请好友拼团获得相应的优惠。这种用户更关注玩法，因此会有冲动消费，并愿意用社交资源换取优惠。

3. 邀请助力

主要包括砍价免费拿、团长免费拿、助力享免单。砍价免费拿是典型的分享助力模式，将选购商品分享出去后，朋友通过在 H5 页面或者 APP 中点击砍价按钮，能帮助发起者砍价到 0 元，最终免费获得商品。这种方式起到广告曝光、病毒扩散作用，最终形成一定的拉新转化。团长免费拿是一种抽奖团的模式，发起 0 元拼单后，参团人数足够开团，则团长和随机一位团员能获得商品。这种模式的社交门槛相对较低，好友也有一定概率获得商品。助力享免单即下单后分享二维码给好友，好友通过二维码下载 APP 并登录微信即为助力成功，达到人数即享受免单。这种模式操作门槛高，主要是定向分享给个人，社交门槛也较高，但是能带来确定性的 APP 拉新转化。

4. 分享互惠

现金签到、分享领红包，本质上是分享有奖模式，步骤有签到、领现金分享、签到团分享、满额提现等。这个玩法里的现金或者红包都是很好的刺激点，并且融入了两种分享方式，一种不需要好友参与，每日签到分享即可获得红包；一种需要好友参团，属于好友助力模式。

分享是拼团模式的核心、社交电商的灵魂，分享成功与否直接影响营销传播的效果。总的来说，这种玩法主要针对的是最底层用户，他们拥有大量闲暇时间去换取确定性低的小优惠。低价的同时，拼多多还提供全场包邮、七天退换、假一赔十、海关监督等服务，打消用户购买顾虑，保障消费者利益。

(四) 盈利模式

拼多多的主要收入来自在线营销服务和交易佣金。2023 年财报显示：拼多多总营收为 2476 亿元，同比增长 90%；净利润超 600 亿元。交易服务收入同比增长 241%，达到 941 亿元。在线营销服务收入和其他收入为 1535 亿元，同比增长 49%。总营收的增长主要是由于在线营销服务和交易服务的收入增加。其中，交易服务收入的增长尤为明显，该项 2023 全年收入为 940.97 亿元，同比增长了 241%。

在线营销服务费包括：搜索推广、明星店铺、Banner 广告、场景推广。

1. 搜索推广

拼多多推出的一种服务于商家的推广营销工具，商家可以通过搜索推广使自己的商品排名靠前，获得优先展示的机会，为店铺引流。

2. 明星店铺

这是企业店铺推出的一种新的推广方式。商家成功申请品牌词、提交创意，在审核通过之后，可以创建明星店铺推广计划。

3. Banner 广告

凭借优势资源位，以图片展示为基础，以精准定向为核心，帮助商家实现店铺和单品的推广。主要推广位置是 APP 首页 Banner 轮播图的第二帧、第三帧。

4. 场景推广

场景推广打造的是一种定向条件与资源位的不同组合方案。

各类目店铺缴纳的商家保证金也是拼多多的收入来源之一。拼多多支持零元入驻，入驻及发布产品时均不需要支付保证金，但在缴纳足额店铺保证金之前，店铺将受到一定的限制，包括提现、报名活动、发布商品货值及库存限额等。

(五)核心能力

1. 人的优势

拼多多借助微信，实现对其 8 亿日活用户的全方位渗透，相比于淘宝 1.9 亿日活用户，用户基数优势更加明显。

2. 货的优势

当前国内消费者的需求痛点，即对于低价的偏好，在此前没有很好地被淘宝、京东等电商平台所满足。此外，拼多多还重新整合了大量的工业、农业产业链，为商家带来更大的销量，例如通过拼多多的促销，首批入驻的中牟大蒜，上线当天就卖出了 2000 亩的产量。

3. 场的优势

伴随基于搜索的电商红利的结束，京东与淘宝的流量单价越来越高，中小商家越来越无法承受。特别在 2015 年之后，淘宝、京东清理低端卖家的环境下，大量的中小卖家向微信端寻求生机，拼多多正好为这些卖家提供了合适的平台。凭借微信的 8 亿用户基数，拼多多通过社交链路，撬动了全新的电商流量，更容易形成爆款商品，以及更大范围的传播。

通过对人、货、场的分析，不难发现，拼多多的核心能力与美国克里斯坦森教授在《创新者的窘境》中提出的颠覆性创新十分吻合。

四、成功之处

(一)新电商模式以人为先，价廉物美

消费者将需求发出后，会同时接收到很多有相同需求的人响应，这些人可以一起组团，以低价购买到自己想要的产品。传统的电商考虑的是商品，并没有考虑到消费者的需求，而新电商是以群体消费者的需求为先，把有相同爱好的人划分为一类组团购买，并且价廉物美。便宜有好货，让消费变得更加有感情、有温度。

(二)以微信为依托,拥有庞大的用户群

微信作为最流行的社交工具,已经成为人们生活中不可或缺的一部分。微信生态圈内不止有信息,还有人脉资源。拼多多将购物与微信相结合,利用微信来获取流量,发挥了微信这一熟人社交媒体的强大势能,在电商流量成本持续攀升的背景下,实现了低成本引流。为拼多多发展社交电商模式奠定了坚实基础。为了能够凑够指定成团人数,团长需要把消息分享给自己的朋友,这让拼多多用较低的成本快速沉淀一批忠实用户。

在经历了7年多的快速发展后,拼多多积累了庞大的用户群和1150多万商户。于2021年第一季度以7.884亿年活跃买家数超过淘宝,成为国内用户规模最大的电商平台。

(三)C2M模式助推工厂实现品牌化

拼多多立足中国,与中小企业共同成长。平台"拼购"少SKU、高订单、短爆发的模式,不仅能迅速消化工厂产能,还帮助生产厂商通过"现象级"爆款迅速赢得消费者的信任,树立品牌形象。

(四)基于大数据实现低价高质

拼多多通过去中心化的流量分发机制,大幅降低传统电商的流量成本,并让利于供需两端。基于平台大数据,拼多多根据消费者的喜好与需求,帮助工厂实现定制化生产,持续降低采购、生产、物流成本,让"低价高质"商品成为平台主流。

五、结论与未来发展建议

拼多多要想再创佳绩,无论是顶层设计、产品优化还是建立良好的信用体系,都需要积极寻求突破。企业发展要以优质的产品服务赢得市场的认可,因此,拼多多未来应继续关注以下问题。

(一)面临的问题

1. 质量保障及信用监管问题

拼多多早期的成功很大程度上依赖于低价的商品和广泛的用户群体。然而,在快速扩张的过程中,产品质量控制容易被忽视。许多消费者反映在拼多多购买的商品存在质量问题,这严重影响了消费者的购物体验,使其信任度下降。

2023年开始,只要消费者提出实物与预期不符,就可以选择"仅退款"模式。该模式的初衷是为了保护消费者权益,但在运行过程中,退款不退货,不仅会使商家损失货款,也破坏了消费规则的正常运行,不利于社会信用体系建设,也为部分恶意消费者创造了谋取不正当利益的条件。

2. 用户留存问题

用户之间的分享,迅速带动了拼多多用户规模增长。目前,比较常见的是老用户带新用户,这需要消耗老用户的社交资源。当老用户把自己的社交圈子都带进了拼多多,身边的新用户变少了,用户的增量是否会遇到瓶颈?用户对于拼多多优惠的玩法设计和优惠激

励,是否会持续产生兴趣?这关系到用户是否会长时间留在拼多多。

3. 消费升级问题

拼多多首先选定三、四线及以下城市的用户,他们当中更多的是年轻的女性用户,未来将面临自身的升级,对此,拼多多需要持续观察产品定位、调性是否能满足用户中长期需求?另外,拼多多仍有40%以上的用户来自一、二线城市,他们的消费观和需求是什么?对于以上两方面问题,未来是否可以通过消费升级来解决?目前拼多多首页已经可以看到品牌馆上线,不过这还不是目前主推的方向,至于消费升级的推动时机,仍需基于用户研究以及市场态势等来评估。

(二)未来发展建议

1. 加强质量保障及信用监管

拼多多上的消费者保障计划已较为完善,如假一赔十、如实描述、诚信发货、七天无理由退换等。只有真正做到物美价廉,才能赢得消费者的信赖。另外,自2019年起,拼多多进一步强化了对商家的信用监管,保障消费者权益。对于信用评价优秀的商家,拼多多会在投诉处理过程中为其开通绿色通道,或为商家在参与相关活动时提供保障服务;对于信用评价不良的商家,拼多多会将其列为重点抽查对象,同时取消已提供的绿色通道等服务,并对商品进行降权、下架、禁售等处理;对于失信情况特别严重的商家,拼多多平台会建立名录,并有权对纳入名录的企业终止合作,商家不能再次申请入驻平台,情节严重者还将把相关信息报送市场监管部门。

2. 有序推进转型升级,驱动平台高质量发展

拼多多持续关注用户服务的提升与平台生态的优化。2023年以来,拼多多已经将绝大部分品类从支持72小时发货,升级至支持48小时内发货。如果卖家超时未发货或者虚假发货,平台也会有相应的惩处措施,从而更好保障消费者利益。同时,在售后策略上,拼多多对老人及偏远地区的消费者进行服务倾斜,并执行更加主动的客服策略,比如"仅退款"服务就是其中之一。拼多多的这些举措体现了平台的人文关怀,让容易被忽视的群体也能安心购物,共享数字经济的成果。

在提振消费的大背景下,拼多多希望通过加大补贴、扩充品类、升级服务、充分保护消费者权益等一系列举措,进一步优化平台生态。通过平台生态的高质量转型,进一步助推消费活力。"百亿生态项目"希望做到把更多机会给到高信用、合规经营的优质商家,最终目的是推动中小企业、优质商家实现有质量的增长,提升平台商户的整体服务效率与品质。

第三节 小红书案例

小红书案例.mp4

一、小红书简介

小红书是创立于2013年6月的一个社区电商平台,用户可以在上面通过短视频、图文等形式记录生活的点滴,包括内容社区、"企业号"产品电商和"福利社"自营电商。和其

他电商平台不同，小红书是从社区起家，原本的海外购物分享社区已经发展为覆盖时尚、个护、彩妆、美食、旅行、娱乐、读书、健身、母婴等各个生活方式领域的内容社区，每天产生超过 70 亿次的笔记曝光，其中超过 95%为 UGC 内容，这已经成为小红书的优势所在，也是其他平台难以复制的社区基因。"企业号"产品电商是小红书另一个核心产品，通过整合公司从社区营销到交易闭环的资源，更好地连接消费者和品牌，帮助品牌在小红书完成一站式闭环营销。小红书福利社是其自营电商平台，用户可以一键购买来自全世界的优质美妆、时尚、家电、零食商品。小红书福利社直接与海外品牌商或大型贸易商合作，通过保税仓和海外直邮的方式发货给用户，满足不同用户的需求。过去几年，包括完美日记等在内的新品牌在小红书上成长起来，回力、百雀羚、大白兔、李宁等老品牌通过小红书被更多年轻人喜爱，成为新消费品牌的代表，小红书也成为助力新消费、赋能新品牌的重要阵地。

截至 2023 年，小红书月活跃用户数已达到 3.12 亿，同比增长 20%，总营收为 37 亿美元，同比增长 85%，净利润为 5 亿美元，首次扭亏为盈。QuestMobile 的数据显示，截至 2023 年 9 月，小红书的用户以 35 岁以下群体为主，占比达 69%，女性用户占比在各社交媒体中领先，为 67.8%。一、二线城市用户占比为 50.3%。人均单日使用时间为 71.7 分钟，较 2022 年增加 5.5 分钟。KOL 以 50 万以下粉丝的达人为主。2023 年小红书加速商业化进程，组建全新一级交易部门，全力扶持直播业务。

从通过 UGC 分享打造消费类口碑社区，到构建网上商城，再到成为年轻人的生活方式分享平台，小红书成功地完成了一个商业闭环。小红书作为一个生活方式社区，其最大独特性就在于，大部分互联网社区更多是依靠线上的虚拟身份，而小红书用户发布的内容都来自真实生活，用户必须具备丰富的生活和消费经验，才能有内容在小红书分享，继而吸引粉丝关注。

二、小红书发展历程

2013 年 6 月，小红书在上海成立。

2013 年 12 月，小红书推出海外购物分享社区。

2014 年 3 月，小红书完成数百万美元的 A 轮融资。

2014 年 12 月，小红书正式上线电商平台"福利社"，从社区升级电商，完成商业闭环。

2015 年 5 月，小红书福利社在半年内零广告销售额破 2 亿。

2015 年 6 月，小红书深圳自营保税仓投入运营，保税仓面积在全国跨境电商中排名第二。

2016 年下半年，小红书拓展了第三方平台和品牌商家，全品类 SKU 快速成长。

2017 年 6 月，小红书第三个"66 周年庆大促"，开卖 2 小时即突破 1 亿元销售额，在苹果 APP Store 购物类下载排名第一，用户突破 5000 万。

2017 年 12 月 24 日，小红书商城被《人民日报》评为代表中国消费科技产业的"中国品牌奖"。

2019 年 7 月，小红书用户数突破 3 亿，月活突破 1 亿

2021 年 11 月，小红书完成新一轮 5 亿美元融资，投后估值超过 200 亿美金(约合人民

币 1267 亿元),由淡马锡和腾讯领投,阿里、天图投资、元生资本等老股东跟投。

2022 年 5 月,小红书上线《社区商业公约》,首次系统地表达了社区的商业规范主张,倡导品牌和商家践行"真诚经营、用心创造"的价值观,开展有创造力的商业活动,实现"商业与社区共生共赢"的成功。

2023 年 2 月 7 日,小红书网页版上线。

2023 年 9 月 15 日,小红书宣布将关闭自营店铺"福利社",自此小红书自营电商平台将全部关闭。

三、小红书的商务模式

(一)战略目标

小红书的使命是 Inspire Lives(分享和发现世界的精彩),愿景是成为最受用户信任的互联网公司,让全世界的好生活触手可及。它以 UGC 社区分享+引流模式搭建 B2C 内容电商平台,用户在社区浏览时,可以分享优质商品的使用心得,从而激发社区其他用户购买这些商品的欲望,以达到较高的转化率。而另一方面,小红书致力于做最大的全球购物社区,利用自身的优势,将购物分享社区和电商板块进行完美结合,为用户开启全新 C2B 的消费模式,消费者能够更安心地享受到高品质的产品,不再担心网购买到假货。

(二)目标用户

随着用户体量壮大和平台多元化发展,小红书用户的兴趣点早已从海淘为主、美妆独大转变为渗透生活领域的各个方面,2023 年小红书活跃用户画像趋势报告显示,平台的六大人群标签包括 Z 世代、新锐白领、都市潮人、单身贵族、精致妈妈、享乐一族,主要共同点是爱尝鲜、爱生活、高消费力、爱分享。

截至 2023 年 9 月,小红书男性用户占比已升至 32.2%,女性用户仍为平台主力军。从传统商业到现在的互联网产业,女性都被公认为是潮流的引导者,喜欢逛街购物的天性使其具有更高的消费频率。小红书 18~35 岁的用户占比约为 69%,该年龄段人群愿意通过短视频、图文等形式记录生活的点滴,也愿意花费时间在社区中寻找优质的商品并与他人进行交流沟通。职业分布包括大城市白领、公务员以及大学生。大城市白领与公务员有良好的收入基础,追求生活品质;大学生是生成购物笔记的主力军之一,他们紧跟潮流,对时尚穿搭、美妆护肤等关注较多,也更乐意分享。

(三)产品与服务

2013 年上线之初,小红书只是一个单纯的 UGC 购物笔记分享社区。当时,中国海外旅游市场正处于快速上升阶段,旅游期间的购物选择是一大痛点。小红书正好切中了这个痛点,再加上极其高效的社交网络推广方法(目的地购物攻略),吸引了大量用户注册。在此基础之上,小红书建立了自营海外购电商平台,为用户提供海外单品的购物服务。

总的来说,诞生之初小红书的产品定位是海外购物笔记分享社区,以及自营保税仓直邮电商。多元化趋势下,小红书的社交网络推广方法本质不变,不过产品定位扩展为不限主题的内容社区和内容电商平台,小红书功能结构如图 7-2 所示。

1. 笔记社区(首页)

笔记社区是小红书的主功能模块，且发现模块、购买模块都与其有信息上的交互。这个模块是用户分享讨论购物心得的高端品质社区，社区达人每天分享真实的购物心得，各类神贴层出不穷，内容涵盖最畅销的化妆品、最大牌的包包、最隐秘的小店等。小红书实现了用户分享的内容上有商品品牌、照片、用户心得、价格、购买地点和评价，能对其他用户的购买产生引导作用。

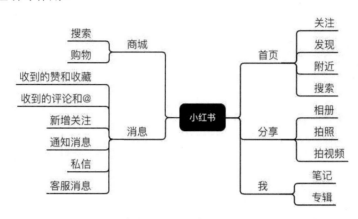

图 7-2　小红书网站功能结构

2. 发现模块

信息全部源于笔记分享社区，可以理解为对笔记社区内容的分类整理，用户在该模块可以找到值得关注的账号、专辑。

3. 购物模块

购物模块与笔记社区有着非常巧妙的联系，笔记社区中部分高频商品被优先引进了商城，而在商品详情页中，编辑会将精选笔记作为商品的评价链接进来。此外，在添加笔记时，小红书也鼓励用户关联商城订单，关联后，商品购买链接就会显示在笔记中。

4. 以社区运营满足消费者需求

小红书的商业流程主要由三个部分组成，即社区内容刺激消费者欲望，形成订单，产品配送。首先，在内容上，小红书积极开展各类活动，激发用户的参与热情，提高平台的活跃度。同时，该平台还会邀请一些知名的网红、明星来分享自己的产品使用经验，从而让更多的粉丝加入这个平台中来；其次，通过社区平台的数据分析，可以精确地判断出所需商品的种类和数量，为商城提供有效的支撑。最后，为节省物流时间，小红书采用了保税仓储模式，目前使用的是郑州和深圳保税仓。而国际物流体系 REdelivery 的应用，使小红书的供应链更上一层楼。

5. 以 UGC 生态构建商业闭环

小红书最开始的定位是跨境电商平台，而随着竞争加剧以及供应链问题，市场份额被逐步蚕食，小红书也开始转型求变。2016 年，小红书开始深耕 UGC 内容，倡导用户真诚地分享生活经验，由此吸引了大量新用户。同时，利用各种营销方式，为平台带来了巨大的流量。此外，借助站内商城，小红书完成了种草—购买—再推荐的闭环系统，直接连接资源而非第三方平台，成功实现了消费转化。2023年推出的"博主探店+到店团购"打开了其本地生活业务，创新了商业闭环中零售新模式。

(四)盈利模式

2022年官方数据统计显示，90%的小红书用户在购买前有过平台搜索行为。作为用户心中的"消费决策平台"，小红书基于消费需求，构建消费场景，影响消费决策，其平台商业价值不言而喻。目前小红书的盈利模式包括以下三种。

1. 平台保证金及佣金收入

目前小红书为了保证品类的多样性，除了自营，也引入了商家入驻。商家入驻小红书平台需要缴纳品牌保证金，国内品牌统一征收20000元；国外品牌统一征收3300美元。对商家通过小红书销售出的商品收取一定佣金，平台基础佣金率为5%，针对好物推荐带来的成交，平台实际收取的基础佣金率下降为3%。

2. 会员费和广告收入

小红卡会员享有专属的会员价、无门槛包邮、跨境商品包税、限时购提前抢等多项购物特权，连续包年会员费为每年199元。商家在小红书平台开户时需要预存广告费用+服务费用，官方要求最低充值10000元，平台提供竞价排名和按点击计费的广告模式。小红书将广告推荐与用户兴趣结合，并自然地穿插在笔记的"发现"页内，让用户更容易接受。

3. 通过数据分析产生价值

小红书致力于"社区+内容+电商"的模式。平台运营人员通过对用户的浏览、点赞、收藏等进行分析，及时发现用户的需求，分析出最受欢迎的商品及全球购物趋势，同时通过全球跨境供应链进行采购，把商品与用户之间的触达链路做到更短、更简洁。福利社采取闪购模式，有95%的商品会在上架2小时内卖完，库存压力非常小，周转快，不会因为潮流改变等产生坏账。随着小红书电商和社区的融合，交易链路被打开，现阶段选择关闭福利社店铺，可以将人力、物力进行聚焦资源，以承接快速扩大的电商生态。

(五)核心能力

1. 让用户晒笔记成为习惯

小红书让用户晒笔记变成一种习惯，既有成就感，又有收益。

(1) 小红书定期推出新的社区活动，引导用户跟随活动一起晒，让晒物变成习惯。

(2) 设定不同的主题，让用户跟随主题去晒，让晒物变得有成就感。

(3) 当小红书账号有人气、有关注度时，发有软文推广的笔记就能获得一定的转化率，进而形成收益。

小红书的笔记功能，更贴近女性用户的日常消费场景，将高性价比、特色鲜明的商家及商品以图文笔记的形式收录，对用户进行购物消费指导，并引导购买，充分发挥了小红书笔记的商业价值。以帮助用户记录产品使用为出发点，与商城模块无缝对接，实现了从社区到商城的闭环。

2. 口碑积累让小众品牌崭露头角

海量95后正在小红书分享来自吃、穿、住、行等方方面面的心得,这些数据通过机器学习和技术创新,使得小红书成为了解年轻人需求与生活方式的社区电商平台。

小红书增长最快的消费品牌大都是在中国传统渠道没有售卖的,这是95后的需求,也是商机所在。得益于小红书社区口碑的积累,初创品牌和新产品找到了崭露头角的路径。以本土彩妆品牌Hold Live为例,好口碑吸引了小红书福利社的注意。经过筛选和内测,Hold Live入驻福利社,很快引爆市场。

在这一过程中,品牌也可以通过前期的售卖成绩和社区口碑第一时间看到用户的反馈,结合社区的购物笔记,积极调整产品设计,满足用户需求。

3. 用户提供海量商品的真实评测内容

小红书的用户是来搜寻信息的,他们平均每月打开APP超过50次,使用130分钟以上。在小红书搜索自己想购买的商品,即可看到用户对商品使用效果较为真实的评价,最大限度地消除用户和商户之间的信息不对称,这也是小红书的重要核心能力之一。

4. 个性化推荐让用户产生购买欲望

用户注册小红书时就被要求选择感兴趣的内容,平台进而可对用户进行个性化推荐。用户往往被小红书笔记分享的某些商品的优异品质吸引,想要购买该商品。如果小红书福利社有卖,笔记里会有链接直达页面,更多买家的评价也会一一展现,供用户浏览、选择。也可关注作者或转发笔记,与朋友分享相关内容。

四、成功之处

小红书在用户运营和营销推广的策略与众不同,这除了使其在发展新用户和增加用户黏性上有较好的表现外,也在不断塑造"高层次、有品位"的平台形象。在小红书,一个用户通过"线上分享"消费体验,引发"社区互动",能够推动其他用户去到"线下消费",这些用户反过来又会进行更多的"线上分享",最终形成一个正循环。而随着人民生活越来越走向数字化,小红书社区在"消费升级"的大潮中将发挥更大的社会价值。

(一)立足社区,抓住海淘机遇

小红书从社区起家,最初由用户在社区分享消费经验。后来除了美妆、个人护理外,还新增关于运动、家居、旅行、酒店、餐馆的信息分享。在小红书能够围观别人的消费经验和生活方式,逐渐成为用户的生活指南。

此外,小红书利用平台累积的购物数据,分析出最受欢迎的商品及全球购物趋势,并在此基础上把全世界的好东西,以最短的路径、最简洁的方式提供给用户。这样的营销策略,一举奠定了小红书在海淘类APP的地位,随后又发展为国内外商品均有销售。

(二)用户黏性高,带货转化率高

小红书通过创办红色星期五、全球大赏等年度活动,切中女性消费者爱美、爱购物对好物低价无法抗拒的心理,同时利用社交网络,进一步宣传通过小红书"找到想要的生活"的乐趣,增强用户黏性。近几年,众多明星纷纷入驻小红书,在平台上录制自己的美妆、好物分享视频,普通用户也能一起欣赏、种草明星的美妆、好物,不仅拉近了明星与粉丝的距离,也为小红书带来了巨大的流量。

根据QuestMobile 2020年4月的数据,在抖音、快手、微博、小红书四个内容平台中,平均带货转化率分别为8.1%、2.7%、9.1%、21.4%,小红书已经成为影响数亿人生活方式、消费决策的内容社区。小红书还在用户增长方面展现出惊人的活力,QuestMobile 发布的《2023年新媒体生态洞察报告》显示,在亿量级APP中,小红书月活用户规模增长速度达到20.2%,在五大平台中排名第一。在用户使用时长方面,小红书的成绩也十分亮眼。截至2023年9月,小红书人均单日使用时长达到了71.7分钟,在所有内容平台中位列第四。2023年小红书加快推进商业化进程,整合电商业务与直播业务,吸引KOL入驻,发力买手电商和本地生活服务,提升用户购物和消费体验的品质。

(三)经营口碑力量

小红书拥有来自用户的数千万条真实消费体验,汇成全球最大的消费类口碑库。欧莱雅首席用户官曾说:"在小红书,我们能够直接聆听消费者真实的声音。真实的口碑,是连接品牌和消费者最坚实的纽带。"这也是小红书难以被复制的成功之处。

五、结论与未来发展建议

小红书利用UGC社区分享+引流模式展开业务,用户通过上传文字、图片分享自己的购物经验,通过口碑相传的商品用户信任度高、黏性强。社区积累下来的数据能为平台选品提供有价值的参考,更精准地满足用户需求。尽管小红书已经获得巨大成功,但仍然面临来自内部和外部的双重压力。

(一)面临的挑战

1. 平衡商业化与内容生态的压力

小红书要积极变现增加营收,也要注意商业化进程中对社区生态和社区用户的维护。2019年以来,有多家媒体报道了小红书存在虚假"种草笔记"的情况,小红书上的大量烟草软文也曾引发争议。此外,小红书还被指存在涉黄信息、售卖违禁药等乱象。2019年7月2日,工信部发布第一季度电信服务质量通告,小红书因存在"未经用户同意收集个人信息"等问题而被点名。在移动互联网生态治理不断深入的时代,强化内容治理、构建健康的生态系统,是互联网平台特别是小红书这类内容电商平台可持续发展的命脉。

2. 互联网巨头试水内容电商的压力

图文内容创作门槛和互动门槛更低,是各大互联网平台加速构建电商交易闭环的一致选择。实际上,阿里巴巴、腾讯、字节跳动、美团以及拼多多都曾试水类似小红书的种草形式,小红书势必面临各大平台入场图文内容社区的竞争局面。

(二)未来发展建议

小红书也面临前所未有的发展机遇。2020年新冠疫情发生后,上海市委领导走访小红书时作出指示:要充分看到新经济、新消费等发展机遇,充分依托上海的市场优势、场景优势、资源优势,找准各类消费群体的兴奋点、关注点、聚焦点,时不我待,深入谋划,创新方式,进一步精准有效搭建消费平台、释放消费潜力、做强消费品牌,推动市场消费尽快得到回补。

未来小红书应继续分享精彩生活方式的主旨,完善数据驱动需求的商业模式,加强用户及销售数据的收集和分析。目前小红书的用户群体以青年女性为主,还可以深入挖掘她们的生活方式和消费需求,适当扩充商品种类。随着平台分享的生活方式更加多元化,吸引更多年龄层次、不同类型的用户加入小红书,做好社区分享的同时,将流量转化为收益。

自 测 题

1. 试分析,拼多多和小红书的社交电商模式的成功,分别抓住了用户的哪些需求痛点?
2. 社交电商平台可通过哪些方式保持用户黏性,从而实现可持续发展?
3. 随着业务的发展,拼多多的目标市场及产品与服务发生了哪些变化?

第八章 共享经济

【学习要点及目标】

通过对本章的学习，熟悉共享经济的定义；通过对共享经济案例 Airbnb 及滴滴出行的商务模式的学习，了解其产品、服务及核心能力。重点关注共享经济的信用体系及盈利模型对其可持续发展的作用。

【引导案例】

据网约车监管信息交互系统统计，截至 2023 年 4 月 30 日，全国共有 309 家网约车平台公司取得经营许可，环比增加 2 家；各地共发放网约车驾驶员证 540.6 万本、车辆运输证 230.0 万本，环比分别增长 3.4%、2.2%。网约车监管信息交互系统 4 月份共收到订单信息 7.06 亿单，环比下降 1.4%，而取得网约车驾驶员资格证的司机数量上升了 17.7 万人，这意味着，单个司机的接单量降低了。其中，面向乘客与网约车平台公司共同提供服务的平台(聚合平台)完成 1.96 亿单，环比下降 0.7%。在提供聚合服务的 7 家平台中，滴滴出行、花小猪出行和百度打车出现不同程度下滑，而高德打车、携程用车、美团打车、腾讯出行都有不同程度的上升。

5 月 5 日，三亚市交通运输局发布通知称，近年来，三亚市网约车平台及网约车数量快速增长，运力趋于饱和，违规经营现象突出。为进一步维护网约车行业市场秩序，保障乘客和其他经营者的合法权益，决定暂停受理网约车经营许可及运输证核发业务。实际上，三亚市早在 2020 年就发布了网约车市场投资风险预警的通告。在三亚之后，济南、温州、东莞也曾发布网约车饱和的提示。

随着越来越多平台和司机的加入，审核机制不严格、违规运营等问题也不断凸显。网约车合规化、精细化监管的呼声越来越高。不过相比于其他城市的饱和预警和提醒，三亚此举显得较为激进，暂停发证之后如何进一步优化当地的网约车管理，也成为行业普遍关注的问题。

在新的市场形势下，如何管理网约车也成为城市管理者面临的共同问题。管理是一把双刃剑，一方面可以保护司机利益，避免收入下降，但是网约车市场本身可以自发调节，政府层面不宜过多干预，预警手段是当下比较好的解决方法。不同于其他行业，网约车市场不是纯市场化竞争，过多的网约车会造成交通拥堵，因此需要研究更为优化的管理方式。"不管是巡游车还是网约车，都是服务于大众出行，年轻人群更多地使用网约车，出租车也在网约化，并不存在各自市场的范围。只要服务优质，便民出行，合理化收费，让大众更便捷,出行更简单才是硬道理。"

(资料来源:多地发布饱和预警,网约车该驶向何方?)

第一节 共享经济简介

一、共享经济概述

共享经济简介.mp4

(一)共享经济的内涵

随着互联网技术的飞速发展,各类产品和服务的供求主体多样化,资源丰富匹配效率低下。因此,共享经济作为一种新的经济模式得到了广泛发展。共享经济是利用互联网平台将分散资源进行优化配置,通过推动资产权属、组织形态、就业模式和消费方式的创新,提高资源利用效率、便利群众生活的新业态新模式。共享经济强调所有权与使用权的相对分离,倡导共享利用、集约发展、灵活创新的先进理念;强调供给侧与需求侧的弹性匹配,促进消费使用与生产服务的深度融合,实现动态及时、精准高效的供需对接。共享经济是信息革命发展到一定阶段后出现的新型经济形态,是强调以人为本和可持续发展、崇尚最佳体验与物尽其用的新消费观和发展观。共享经济模式表现为"供给方—共享平台—需求方"的相互关系,其中还有第三方配送等诸多复杂参与主体,作为有形产品或服务的直接或间接提供者。

共享经济包含以下三个主体。

1. 共享平台

基于互联网、GPS 与 GIS 等现代技术,把可利用的闲置资源的位置,应用大数据算法精准、实时地对接供给端与需求端。平台本身对共享的物品与服务没有所有权,也不对其承担相应的固定成本支出,提供的仅仅是中介匹配服务与法定的监管,属于轻资产运营,收入来自交易的佣金抽成。

2. 供给方

拥有闲置的可用资源,并且愿意为获取一定收益而暂时转移产品的使用权或服务的个人或组织即为供给方,其本质是在获取额外收益的同时提高资源的使用效率。

3. 需求方

需求方是愿意付出一定的经济报酬来获取物品的使用权或接受服务的个人或组织,他们无须拥有产品所有权便可获取产品和服务需求。

共享经济的产生是需求推动的必然结果,当前互联网技术飞速发展,第三方支付被广泛采用,为共享经济模式推广提供了有力支撑。例如,网约车和短租公寓行业的迅速崛起正是为了满足消费者对方便出行、在旅途中享受家的需求。然而近年来频现的网约车乘客人身安全受到危害、短租公寓名不副实等风险表明,共享经济模式的监管制度供给亟待完善。

(二)共享经济的发展历程

共享经济并不是一个新的概念,其发展可分为三个阶段。

第一阶段,共享经济早期阶段,时间为20世纪70年代以前,主要特征是朋友、熟人之间物品工具的互借或信息共享。由于空间地域及科学技术的限制,共享的物品或服务有限,需要彼此之间的信任,多数是没有报酬或仅有少量报酬,非营利性,共享范围有限。

第二阶段,共享经济萌芽阶段,时间为20世纪70年代到20世纪末,主要特征是以共享信息为主,共享对象为陌生人。得益于网络技术的飞速发展,网络上的信息爆炸式增长,信息共享突破人际交往、时间、地域等诸多限制,共享多以免费的信息为主,较少涉及实物,人们的共享意识尚处于模糊阶段。

第三阶段,共享经济发展阶段,时间为21世纪初至今。移动互联网技术飞速发展、智能手机迅速普及、第三方支付流行、共享经济平台出现,使共享经济由概念转变成现实,人们的共享意识得到很大提升,共享消费行为得到培养。在这一过程中,共享的物品既有机动车、自行车、洗衣机、房屋、雨伞等各种耐用消费品,也有用于科学实验和生产的各类设备和工具等,而且,共享物品的范围还在不断扩展中。

二、我国共享经济的发展现状

(一)发展现状

我国共享经济市场规模持续扩大,在增强经济发展韧性和稳岗、稳就业方面发挥了积极作用。共享经济主要领域亮点凸显,平台治理制度建设和执法实施取得新成效,规范发展水平进一步提高。

1. 共享经济市场交易规模同比增长3.9%

国家信息中心发布的《中国共享经济发展报告(2023)》显示,2022年我国共享经济市场交易规模约为38320亿元,同比增长约3.9%(如表8-1所示),增速较上年有所放缓。从市场结构上看,生活服务、生产能力和知识技能三个领域共享经济市场规模居前三位,分别为18548亿元、12548亿元和4806亿元。

表8-1 2021—2022我国共享经济发展概况

领 域	共享经济交易额(亿元)		
	2021年	2022年	2022年同比增速
交通出行	2344	2012	-14.2%
共享住宿	152	115	-24.3%
知识技能	4540	4806	5.9%
生活服务	17118	18548	8.4%
共享医疗	147	159	8.2%
共享办公	212	132	-37.7%
生产能力	12368	12548	1.5%
总计	36881	38320	3.9%

不同领域共享经济发展的不平衡性凸显。从主要领域共享经济市场规模情况看(如图 8-1 所示)，生活服务和共享医疗两个领域市场规模同比分别增长 8.4%和 8.2%，增速较上年分别提高了 2.6 个百分点和 1.7 个百分点，呈现出持续快速发展的良好态势。生活服务领域，在疫情催生的"宅经济"带动下，居民线上消费需求激增，平台企业在保障生活物资供应和满足居民消费需求等方面发挥了重要作用。受多种复杂因素影响，共享办公、共享住宿、交通出行三个领域共享经济市场规模显著下降，同比分别下降 37.7%、24.3%和 14.2%；其中共享住宿领域下降幅度较上年进一步扩大。主要原因是 2022 年疫情呈现点多、面广、频发等特征，对国内旅游、住宿、出行等各方面影响较大。

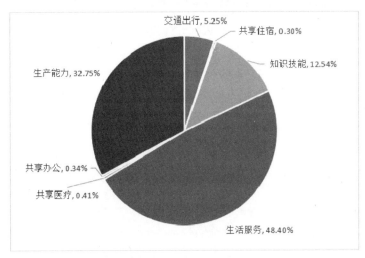

图 8-1　2022 年我国共享经济市场结构情况

(资料来源：国家信息中心《中国共享经济发展报告(2023)》)

2. 共享型服务和消费成为稳增长的重要力量

受多重因素影响，2022 年我国消费总体表现不佳。国家统计局数据显示，全年社会消费品零售总额约为 43.97 万亿元，同比下降 0.2%；除汽车以外的消费品零售额约为 39.4 万亿元，同比下降 0.4%；最终消费支出对经济增长的贡献率仅有 32.8%。这种形势下，网络零售市场总体稳步增长，2022 年全国网上零售额达 13.79 万亿元，同比增长 4%。实物商品网上零售额 11.96 万亿元，同比增长 6.2%，在社会消费品零售总额中的占比呈现新高，达到 27.2%。共享经济作为顺应人类生产生活数字化趋势、依托互联网平台发展起来的新型业态，既成为疫情防控期间弥合民生需求缺口的重要力量，也成为消费升级大趋势下满足人民多样化、灵活化、个性化消费需求的重要载体。

从发展态势看，在交通出行领域，2022 年网约车客运量占总客运量的比重约为 40.5%，占比较 2021 年提高 6.4 个百分点。在生活服务领域，2022 年在线外卖收入占全国餐饮业收入比重约为 25.4%，占比较上年提高 4 个百分点。在住宿领域，2022 年共享住宿收入占全国住宿业客房收入的比重约为 4.4%，占比较上年下降 0.6 个百分点，但降幅较上年明显收窄。

3. 共享经济在稳岗稳就业中发挥积极作用

2022年,受多重因素的超预期影响,平台企业经营面临巨大压力和困难。国务院积极研究部署,运用多种政策,采取退税减税降费、缓缴社保费和降低融资成本等一系列减负稳岗扩就业政策措施,稳就业取得扎实成效。

共享平台助力提高就业市场效率,为更多人带来增加收入的机会。借助数字技术和算力系统强大的资源汇聚和匹配能力,共享经济平台可以实现对劳动供需双方高效率和大规模的匹配调度,提高劳动市场效率。疫情防控期间,许多平台积极采用包括众包在内的灵活多样的用工形式,不断加强新就业群体的培训,努力让外卖、即时物流配送业务成为临时吸纳失业人员、创业受困群体就业的"蓄水池"。如美团发起的"春风送岗"行动,在2023年第一季度开放50万个骑手、站长等配送服务岗位,并投入1亿元用于招募新骑手。58同城平台实施"58智慧家政专项"以来,平台入驻劳动者由2021年的60万人上升到2022年的130万人,劳动者收入同比提升了50%。

4. 共享经济领域直接融资大幅下降

初步测算表明,2022年共享经济领域直接融资规模约为132亿元,同比大幅下降93.8%(如表8-2所示)。主要原因有：一是国内互联网领域投融资活跃度大幅下降,头部平台企业对产业链上下游初创企业的投资大幅下滑。二是在多种因素影响下中国公司赴美上市意愿减弱,直接影响到一些投资机构对我国市场的信心。上市是资本进入的主要方式,上市道路不畅直接影响到资本进入的积极性。三是国内平台经济企业发展面临营收与利润"双降"压力,也直接影响了市场的投资信心。

表8-2　2020—2022年共享经济主要领域直接融资规模

领　域	融资额(亿元)			
	2020年	2021年	2022年	2022年同比增速
交通出行	115	485	23	-95.3%
共享住宿	1	6	33	455.5%
知识技能	467	253	<1	-98.0%
生活服务	260	750	51	-93.2%
共享医疗	88	372	22	-94.2%
共享办公	68	1	<1	-99.0%
生产能力	186	270	2	-99.4%
总计	1185	2137	132	-93.8%

(数据来源：国家信息中心分享经济研究中心)

(二)存在的问题

1. 缺乏完善的信用体系

共享经济要实现快速健康发展,必须建立完善的信用体系,信用体系的完善水平决定着这种模式是否能够成功。如在互联网金融方面,平台对外融资时,由于客户信用缺失导

致 P2P 公司"跑路"现象经常发生,严重影响到行业的健康发展。中国企业联合会的数据表明,诚信缺失每年造成的经济损失为 5000 多亿元。

2. 法律滞后,缺乏监管

以互联网为平台的共享经济具有网络化、跨区域、跨行业等不同于传统行业的特点,当前的社会管理制度、相关法律已很难满足于共享经济的发展。首先在概念上很多共享经济模式的"共享"成分并不明显,而且很多共享经济模式难以纳入现有管理规定。由于法律条文的滞后性,目前众多共享经济模式游走在法律监管的灰色地带。例如,共享经济从业人员社保、养老问题、税收问题,现有法律均没有界定和要求,无法发挥有效的监管引导作用,这很容易导致不公平竞争、偷税漏税、劳资矛盾等问题,不利于社会稳定。

3. 盈利模式亟待创新

共享经济普遍盈利模式较为单一,导致成本压力无法分担,需要寻找新的增长点。共享平台前期多采用补贴等让利策略,吸引消费者低价甚至免费使用产品,提高市场占有率,眼下"烧钱"大战基本结束,平台纷纷依靠提高收费去平衡硬件和运维成本,共享经济"涨"声一片。如各主流品牌共享充电宝每小时租金从 2018 年的 1 元上涨为 2022 年的 4 元;哈啰单车和美团单车在无优惠折扣的情况下,骑行套餐涨幅在 40%~50%。共享经济本身是技术创新和商业模式创新融合的产物,相对早期的低价竞争,涨价从一定程度上说明共享经济的商业模式正在回归理性。而要想实现突破,必须重构盈利逻辑,开拓新的增长路径,才能将已积累的规模效应转化为成本竞争力。

(三)共享经济发展趋势展望

1. 共享经济成为拼经济扩内需的重要抓手

从国家层面经济发展战略部署看,共享经济新业态有望在扩大内需、促进消费、提升供给质量等方面发挥重要作用。我国《扩大内需战略规划纲要(2022—2035 年)》提出了扩大内需的新战略定位,这是新形势下"构建以国内大循环为主体、国内国际双循环相互促进"的新发展格局下的必然选择。其中明确提出要"促进共享经济等消费新业态发展",具体做法有:为拓展共享生活新空间,鼓励共享出行、共享住宿、共享旅游等领域产品智能化升级和商业模式创新,完善具有公共服务属性的共享产品相关标准;打造共享生产新动力,鼓励企业开放平台资源,充分挖掘闲置存量资源应用潜力;鼓励制造业企业探索共享制造的商业模式和适用场景。可见,共享经济新业态有望向社会生产、人民生活、公共服务等领域加速渗透。

2. 元宇宙为代表的技术创新带来新机遇

元宇宙作为新一代数字技术的综合集成与耦合创新,其技术发展与应用普及也将对共享经济产生巨大的影响。具体来看,5G 将提供更强大的网络支撑能力,人工智能充分激活数据价值,物联网促进万物互联,区块链赋能可信确权,虚拟现实将提升线上线下融合的能力。技术的耦合作用将推动共享经济发生两个方面的转变。一是线上与线下的融通。元宇宙所具有的全息沉浸、具身交互等特征,将使得人类线上线下的生活方式发生融合重构。

二是虚与实的交互。元宇宙作为跨越虚实二重空间的创新业态，其与共享经济的结合也将使其产生从实体到虚拟的延展创新。

3. 共享经济平台治理呈现新趋势

一是覆盖全链条、多种监管方式相结合的监管体系将加快建立。相关部门积极推进和依托国家"互联网+监管"等系统，加强平台交易各环节的数据分析，开展信息检测、在线证据保全、在线识别、源头追溯等治理，增强对平台经济风险和违法违规线索的发现甄别能力，实现以网管网、线上线下一体化监管；二是大数据、区块链等技术支撑下的监管模式创新加快。相关部门充分利用大数据等技术手段，加快推进智慧监管，提升市场监管政务服务、网络交易监管、消费者权益保护、重点产品追溯等方面跨省通办、共享协作的信息化水平。

第二节 Airbnb 案例

Airbnb 案例.mp4

一、Airbnb 简介

Airbnb(爱彼迎)是世界知名的旅行房屋租赁平台，已从 2009 年拥有 2,500 家房源和 10,000 名用户增长到 2022 年拥有遍布 192 个国家 34000 个城市，全球活跃房源总量超过 770 万套和超过 3 亿年预订量的平台，其业务约占全球旅游住宿市场份额的 25%。Airbnb 的使命是打造一个人们可以享受健康旅行的世界，这种旅行具有地方性、可信性、多样性、包容性和可持续性。疫情前，Airbnb 代理着纽约 17.2%、巴黎 11.9% 和伦敦 10.4% 的酒店房间。2019 年 Airbnb 的估值是 350 亿美元，与 Uber、滴滴、小米等并列为全球最大的独角兽公司。Airbnb 在 2016 年下半年首次实现盈利，被时代周刊称为"住房中的 eBay"。2020 年，新冠疫情重创下，Airbnb 亏损 46 亿美元，但仍于当年 12 月 10 日正式在纳斯达克交易所上市。2021 年 Airbnb 在中国市占率仅为 2.5%；2022 年 6 月，Airbnb 宣布暂停中国境内游房源、体验及相关预订。2023 年，Airbnb 发布上一年度全年财务业绩报告，宣布 2022 年创下其首个盈利财年。后疫情时代，出行需求回暖，民宿平台巨头 Airbnb 实现上市后首次全年盈利，让全球旅游业看到了强势复苏的信号。2024 年，Airbnb 发布财报表示，全球房东社区首次突破 500 万人大关；完成了近 200 项全新产品升级；房东总收入超过 570 亿美元。

二、Airbnb 发展历程

2007 年美国旧金山的两位设计师布莱恩·切斯基(Brian Chesky)与乔·吉比亚(Joe Gebbia)为解决付不起房租的困扰，做出了将闲置的阁楼出租的计划。于是他们搭建了一个简易的网站，用以招徕"家庭旅店"生意。一开始，他们仅提供三张空气床垫和供应家庭自制早餐。初次成功后，他们把这个做法推广到大型集会。

2008 年 8 月，具有在线支付功能、支持任意时间、任意地点住宿的 Airbnb 正式成立。

2015 年 8 月 18 日，Airbnb 正式进入中国市场。

2017 年 3 月，Airbnb 完成了新一轮融资，市值达到 310 亿美元。

2018年2月22日，Airbnb对外宣称，除了共享住宿，公司还会向其他领域扩张，变成一家完整的旅行公司。

2018年7月17日，Airbnb被控违反欧盟法律，在网上宣传的价格基础上额外收费，遭遇信任危机。

截至2018年8月，全球已有超过3亿房客入住Airbnb房源，全球范围内Airbnb房源数已超过500万。

2019年11月，根据Airbnb在爱尔兰都柏林提交并公开发布的收益报告，2018年其不包括美国和中国的Airbnb业务实现4647万美元净利润，而2017年同期则亏损9722万美元。

2020年5月5日，Airbnb宣布将裁减约25%的员工，并预计2020年的收入将减少50%以上。

2020年12月10日，Airbnb正式登陆美国纳斯达克市场。

2022年5月24日Airbnb中国宣布，自2022年7月30日0时起，中国大陆地区房源和体验的相关服务将全部暂停。

2023年，Airbnb宣布2022年营收达83.99亿美元，同比增长40%；净利润18.93亿美元，创下Airbnb首个盈利财年。

2024年，Airbnb宣布2023年营收约99亿美元，同比增长18%；净利润为48亿美元，同比增长约15.4%。

三、Airbnb的商务模式

Airbnb商务模式非常清晰，房东将闲置的房源信息发布在平台上，房客通过平台查找房屋信息，一旦租赁双方达成一致，房客就可以付费并入住。Airbnb在线短租模式是共享经济的典型代表。房东把闲置房源出租，赚取额外的收入，而房客以合理的价格入住各种特色房源，不仅有居家体验，还可以和当地的房主深入交流，在短期内体验当地文化，更好地融入当地环境。Airbnb模式的成功在于重品牌、轻资产，运营上注重多样化、个性化、社区化体验，强化信任和安全，从而在短时间内风靡全球，引发共享经济热潮。

(一)战略目标

Airbnb联合创始人兼首席执行官布莱恩非常重视企业文化，他认为企业员工都应该拥有相同的基本动力和价值体系。中文名"爱彼迎"意指"让爱彼此相迎"，传达了Airbnb的愿景与使命，即创造一个由爱连接的全球化社区，让人们在任何地方都有归属感。

Airbnb致力于提供独特的住宿体验，与传统酒店和其他同类网站不同。其主要定位是旅游知识的共享以及社区的建立。通过社交化体验，创建独特的房东租户关系，为人们提供更加便捷的住宿体验。

Airbnb未来将聚焦三个战略方向：加强对房东的服务、优化核心短租服务、扩张新战线。上市以来，若不计中国区，Airbnb活跃房源数量每一个季度的同比增长都在提速。2023年第四季度，活跃房源数同比增长18%，所有地区的房源供给量均呈现持续的两位数增长。加强对房东服务对于增加平台活跃房源和巩固库存供应力的作用不言而喻。

在优化核心短租服务方面，Airbnb 2020年至2023年3年间，推出了430多项功能和服务升级，针对用户反馈最多的价格上涨问题，给出了定价工具和透明度指引等回应，旨在缓解住客和房东之间日渐激化的矛盾。

而在扩张新战线方面，Airbnb 表明公司已经有一些新想法。对于目前风头正劲的 ChatGPT 等 AI 技术，Airbnb 也在探索新方式，希望借此改善客户服务，在房东和客人之间实现更有效的匹配。

(二)目标客户

Airbnb 在国际市场上的目标客户主要是年轻一族和追求差异化消费的人群，其服务特点是便宜、便捷、提供个性化的入住体验；而在中国市场上的目标客户主要是出境游人群、留学人士以及部分愿意尝试个性化服务的消费者。随着房源以及用户数量的不断增加，Airbnb 又拓展出新的目标市场——商务差旅市场。

Airbnb 注册用户中女性占比 53.7%，男性占比 46.3%，女性占比略高于男性占比，二者差异不大；用户年龄分布广泛，主要分布在 25～45 岁，在超过 50 岁的用户群体中，用户数量随年龄增长逐渐下降。Airbnb 用户覆盖全球多个地区，较受欢迎的目的地集中在欧美地区发达国家，美国占比最高，使用英语的用户占比高达 96.66%，中文是排名第二的用户语言。

(三)产品和服务

1. 住所

对于旅客来说，Airbnb 提供的是各种各样个性化的住所，以及这些住所带来的体验和生活。Airbnb 平台利用 LBS 定位、大数据挖掘、云计算等技术将消费者需求与海量房源进行匹配，带给消费者满意的当地特色住宿。

随着出境游市场的强势复苏，Airbnb 预计，2024 年爱彼迎将在全球多个区域迎来强劲发展，中国出境游将在 2024 年底反超 2019 同期水平。拉丁美洲的巴西出境游也较 2019 年同期几近翻倍，经验将会被推广到其他拉丁美洲市场。为迎接出行旺季，平台推出了以"爱彼迎房间"特色分类为首的产品创新，对创始之初就存在的"独立房间"分类进行了全面升级，帮助旅行者更为轻松地找到世界上 100 万个独一无二的"家"，如图 8-2 所示。同时，爱彼迎推出了有史以来最全面的产品及服务体验升级，全方位满足用户需求。

图 8-2 Airbnb 首页

2. 平台

在 Airbnb 平台上，每个人都能成为房东。它为拥有闲置住所的人提供了一个共享的平台，既让房屋所有者获得额外的收入，又可以提高闲置资源利用率，从而获得最大的收益，如图 8-3 所示。

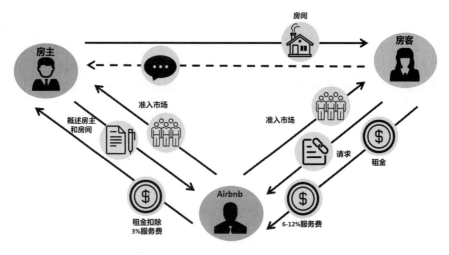

图 8-3　Airbnb 平台关系

3. 安全保障机制

为了保证平台双方的人身财产安全，Airbnb 采取了多项措施，除了提供多种认证服务外，还开放了社交关系链，允许用户接入他们的社交账号如 Facebook。Airbnb 利用社交筛选系统，优先给房客提供房东的某种社交联系方式，使得原本是陌生人的房东和房客变得互相熟悉。新推出的房东小档案可以帮助房客在预订前更多地了解房东的相关信息，例如房东的职业、掌握的语言、自身的故事以及在房客住宿期间预期的互动频率等。

此外，Airbnb 成立 7×24 小时全天候客户服务热线，设立授信安全部门，并且为户主提供 5 万美元的财产损失保证金。Airbnb 的客服中心和授信安全部门规模达到了 600 人，每次预订的损失保证金也提高到了 100 万美元。

4. 评价体系

Airbnb 提供了双向评价服务。房客可以通过平台评价自己的房东，房东可以根据房客的反馈来了解他们对房间的设置及服务的意见。房东也可以根据顾客的入住表现进行打分，在一定程度上能够避免房客恶意破坏房间的行为发生。

依托全球数百万用户在社交媒体上的真实反馈，Airbnb 进行了有史以来最全面的产品体验服务升级。"作为一家以设计为驱动的公司，我们充分考量到房客从注册到退房的每一个流程的体验，包括向用户展示的每个页面、每项平台政策以及用户与社区支持团队的每次互动等，力求全方位完善 Airbnb 的产品体验。"

(四) 盈利模式

Airbnb 的收入主要来自从房主及房客订单中抽取的佣金，包括向房客收取 6%～12%的服务费，向房东收取 3%的服务费。此外还包括自有现金和客户资金的利息收入，如 2022 年第四季度为 1.03 亿美元，这相当于该公司季度总利润的三分之一。

2022 年 Airbnb 全年利润为 19 亿美元，较 2021 年的亏损 3.52 亿美元大幅扭亏为盈，公司上市后首次实现年度盈利。Airbnb 能够实现盈利，得益于三点：一是重品牌、轻资产。轻资产化使 Airbnb 削减了传统酒店模式中的冗余成本，只需追加少量成本投入，就能够实现扩张与利润的持续增加；二是差异化的产品及服务获取高溢价。首先借助给民宿注入人文价值和良好的视觉体验实现高溢价，Airbnb 为屋主推出拍摄服务，高质量的房屋照片可以带来 2~3 倍的订单量。其次借助高品质、个性化服务实现高溢价。如 Airbnb 提供了"挑选友邻"等功能，可以带给房东和租客高质量的体验；三是出行旅游的反弹。2023 年 Airbnb 业绩继续强势增长，第四季度住宿和体验订单突破 9900 万单，创新有史以来第四季度预定量的最高纪录。得益于全球出境游市场的复苏，Airbnb 将致力于扩展区域，完善服务，聚力创新，继续赢得市场。

(五) 核心能力

1. 不断创新商务模式的能力

Airbnb 的新房源增长数量创下历史新高，活跃房源总数超过 770 万套。Airbnb 在 220 多个国家和地区，约 10 万个城市为旅行者们提供数以百万计的独特入住选择，包括公寓、城堡、船屋和树屋等。庞大的房源数量让 Airbnb 有足够的能力接待更多的用户，同时降低成本，为用户提供更加多样化的选择，性价比更高。

2. 完善的安全及信用机制

Airbnb 房客身份认证机制全面验证姓名、地址、政府签发的身份证件等详细信息，以确认房客的身份。订单筛查机制则采用 Airbnb 自有技术来分析每笔订单中的数百种因素，并屏蔽某些存在较高滋扰性派对风险和房源损坏风险的订单。

Airbnb 建立了高达 300 万美元的房东财产保障金，为房东的房屋和财产投保；以及 100 万美元责任险，在发生房客受伤、财物受损或被盗的罕见情况下提供保障，进一步提升了房东分享房源，以及房客租赁 Airbnb 房屋的信心。另外，成立 7×24 小时全天候客户服务热线，如果房客感觉不安全，可以通过 APP 一键联系经过专门训练的安全团队。同时，平台提供房东与房客双向评价机制，双方的评价都将记录在各自档案中，不仅为后来者提供真实参考，同时对双方行为进行约束，因为不良评论可能导致未来该平台上的出租/预订更加困难。

3. 领先的技术和良好的用户体验

Airbnb 通过大数据分析和机器学习，为房客提供房间偏好类型推荐和匹配，便于房客快速找到心仪的住所。相比于传统的酒店服务，很多房东还提供适度收费的本地导游服务，通过介绍当地的民俗风情、个性化的定制服务带给旅客一种归属感，进一步提升了旅行体验。

四、成功之处

(一)差异化的定位优势

Airbnb 的优势在于提供了非常多样化的住宿选择，从豪华公寓到普通的房间，都能在 Airbnb 上轻松找到。此外，与传统酒店相比，Airbnb 更加具有灵活性，旅客可以根据自己的需求进行调整，例如选择更大的房间或厨房等。

Airbnb 还有很多亮点，例如，旅客可以通过评价、口碑等信息进行客观的比较，找到最适合自己的房源。同时，Airbnb 还为房主和房客提供了一定程度上的保障，这也是吸引更多人选择 Airbnb 的原因之一。

目前，Airbnb 已覆盖全球 220 多个国家和地区的 10 万座城市，拥有 770 多万套房源。作为经营最早、范围最广的短租平台，在世界范围的影响力是目前其他短租平台无法达到的。

(二)不断创新，服务项目多元化

提供民宿是 Airbnb 的主要业务，此外还提供各种特色活动，如海上冲浪、野外露营等，让顾客深入地体验到与平时不一样的生活。Airbnb 正在打造一个覆盖餐饮、机票预订、行程计划、家庭度假、团队支付等领域的综合社会化服务平台，从而进一步提升服务价值，提高客户黏性。

全球知名商业杂志《快公司》发布的"2023 年度全球最具创新力公司榜单"显示，Airbnb 凭借打破传统的创新产品和高适应性的商业模式荣登排行榜三甲。2022 年开始，Airbnb 对产品进行全面升级，正式发布了全新旅行搜索方式，新增数十种特色房源分类，使用户可以通过个人风格喜好搜索住宿。同时，Airbnb 的社区成员也不断壮大，如今 Airbnb 全球超赞房东数量已突破 100 万。

(三)共享经济模式提升社会资源利用率

对于旅行者而言，Airbnb 提供了传统酒店之外的新选择，也为游客连接了当地的旅游资源，提供深度体验当地文化的机会；对房东而言，能以出租闲置房源换取额外的收入，同时也在介绍当地风土民情中，更加了解自己的社区并产生更强的认同感；对于当地社区而言，在 Airbnb 平台的宣传分享下，能吸引更多游客的到来，不仅有助于发展当地旅游，也提升了资源配置效率。在促进当地居民、游客、社区三方共赢方面，Airbnb 能在旅游旺季帮助旅游目的地解决游客住宿问题，提高游客承载量。新冠疫情前后，全球各地的旅客对近郊游和乡村游的热情不减，而酒店运营处于停滞状态。在这个时候，Airbnb 成为他们的主要选择，因为它能提供更加安全和私密的住宿方式，价格也更为合理。根据 Airbnb 的数据显示，短租市场的预订量在 2023 年第一季度同比增长了 22%，这一数据超过了所有市场同行。

五、结论与未来发展建议

(一)结论

Airbnb 在住宿方式上进行了巨大改革,还积极探索新的业务模式。在 2021 年末,Airbnb 推出了体验(Experiences)服务,为旅客提供了更加多元化的旅行选择。这个新模式不仅扩大了 Airbnb 的业务范围,同时也为旅客带来了更丰富的经历。

此外,Airbnb 还在不断地尝试新的技术手段,例如人工智能、大数据等。这些技术的运用,可以帮助 Airbnb 更好地对用户需求进行分析和预测,进一步提升用户体验,为 Airbnb 提升订单量创造更好的基础。

总体上来看,全球经济衰退并没有对 Airbnb 造成负面影响,反而促使其订单量的节节攀升。这得益于 Airbnb 灵活、多样化的住宿选择和保障服务等优势,同时,Airbnb 也在不断地探索新的业务模式,不断增加使用场景,逐渐摆脱对旅游的依赖,并利用新技术提升用户体验。

Airbnb 作为住宿共享经济的开创者,进入中国市场之后,除了采用国外通行的策略外,还采取了以下措施。

1. 了解当地用户需求,为用户创造良好体验

创始人、公司高层亲自参加各地用户聚会,倾听当地用户的心声。根据国内需求定制安卓版手机应用,支持新浪微博登录、银联支付、微信分享等,给用户更好的体验。

2. 整合本地资源,快速打开市场

引进中国投资者,与国内新兴旅游网站穷游网和马蜂窝合作;在国内招募工作团队;借助国内领先的社交营销策略、软件和数据解决方案提供商展开本土社会化营销。

3. 利用公司强势业务保住先发优势,迅速占领市场

面对疫情后出境游高速增长的态势,Airbnb 利用规模庞大、数量领先的海外房源优势,吸引用户,迅速占领市场。

(二)面临的挑战

尽管 Airbnb 积极融入中国市场,但由于种种原因,业务推广并不顺利。2022 年 7 月,Airbnb 关闭了中国境内业务,本土化尝试宣告结束,转而专注于中国境外业务。这也揭示了 Airbnb 在全球推广面临的一些问题。

1. 传统住宿习惯尚未改变

已经习惯了"乡土熟人社会"的中国人,对于"住进陌生人家里"这样的新型消费方式难免有些不习惯,甚至会有排斥心理。短期内要让国内消费者接受这样的住宿方式较困难,愿意分享闲置房屋的房东也不够多。

2. 绑定的社交软件在中国无法使用

海外用户在 Airbnb 上通过 Facebook、LinkedIn 等社交软件注册账号绑定信息。然而在中国，大众化的社交软件是微信、微博，支付软件是支付宝等。Airbnb 想要使境外用户与房东进行有效交流，进而提升房屋租赁意愿，显然需要在社交软件的使用上做出一定的改进。

3. 平台信用管理机制不符合本地环境

在美国，由于 Airbnb 需要绑定 Facebook 等社交软件和信用卡，房东和房客双方均可以清楚地看到对方的信用状况和个人信息。而有些国家甚至还未实行网络实名制，房客的信息往往处于不透明的状态。此外，Airbnb 的房屋安全性与卫生管理没有统一规定，房客仅能通过房东提供的照片与描述了解房屋的实际情况，获取真实情况的渠道有限，一旦发现问题，往往需要电话或邮件直接与美国客服联系，这对大多数非英语国家的用户而言，显然是个挑战。

(三)未来发展建议

1. 优化调整平台，符合当地消费者习惯

平台应优化交易流程，提升交易效率。在大数据时代，平台需进行消费者数据统计，了解消费偏好，整合数据并建立数据库，尽快实现交易自动匹配和动态定价。同时，加强平台用户信息安全管理，防止个人信息泄漏。

2. 打通社交关系链，建立房东与房客的信任机制

安全和信任是在线短租的最大隐忧。社交关系链作为连接一切商业的新纽带，能够帮助解决陌生人之间的信任问题。Airbnb 可通过与当地流行的社交平台展开深入合作，获取用户信息及用户关系，实现个性化推荐，提升品牌信任度。另外，社区及文化也是提高信任和认可度的重要窗口，围绕产品建立"共情"社区，鼓励用户分享交流，提升用户的社区归属感，从而提高用户对品牌的好感度和忠诚度。

3. 与征信机构合作

Airbnb 还可以与当地个人征信机构合作，建立平台、客户以及房主之间的信任机制，从而提高平台的可信度；对房源进行严格的实地考察，根据房源的质量实行差异化定价，必要的时候可以对高端房源进行个性化定价以满足更多消费者的需求；实现房主与客户的信息透明化，采取评价的方式对房主和客户的行为进行约束，另外通过评价、分享返优惠券的激励机制对忠诚用户进行锁定并带来更多新的消费者。

第三节　滴滴出行案例

滴滴出行案例.mp4

一、滴滴出行简介

滴滴是全球卓越的移动出行科技平台，在亚太、拉美、非洲等市场提供网约车、出租车召车、代驾、顺风车等多元化出行服务，并运营车服、外卖、货运、金融业务。作为全球最大的网约车平台，滴滴覆盖了中国大陆、澳大利亚、巴西、智利、哥伦比亚、哥斯达

黎加、日本、墨西哥等国家和地区，拥有超过 5 亿用户和 3100 万司机，车主、司机及骑手提供了灵活的工作和收入机会。滴滴致力于与各地监管部门、出租车行业、汽车产业等伙伴及社群积极协作，用本地化的人工智能技术推动智慧交通创新，共同解决全球交通、环保和就业挑战。未来，滴滴将持续致力于提升用户体验，创造社会价值，建设安全、开放、可持续的移动出行和本地生活服务新生态。

2023 年滴滴出行核心平台总交易量达到 134.69 亿单，同比增长 39.1%。根据晚点(Last Post)的统计，滴滴和旗下花小猪，在网约车市场占有率从约 65%回升到 75%。滴滴出行财报显示，2023 年第四季度，滴滴出行国内出行的日均订单量达到 3190 万单，国际业务的日均单量达到 850 万单，均创历史新高。2023 年全年，滴滴实现总收入 1924 亿元，同比增长 36.6%；净利润 5.4 亿元，实现年度净利润转正。滴滴在出行市场的市场竞争力和盈利能力强劲，处于业内领先地位。

二、滴滴出行发展历程

2012 年 6 月，小桔科技在北京成立并推出滴滴打车 APP，快智科技在杭州成立并推出快的打车 APP，双方均为用户提供出租车在线叫车服务。

2013 年，滴滴打车和快的打车相继获得腾讯和阿里巴巴战略投资。

2015 年 9 月，滴滴进行全面品牌升级，更名为"滴滴出行"，明确依托移动互联网技术、构建大出行生态，共享经济模式得到积极肯定。

2016 年 1 月，滴滴宣布 2015 年完成 14.3 亿订单，成为仅次于淘宝的全球第二大在线交易平台。2015 年，滴滴实现中国网约出租车市场份额 99%，网约专车市场 87%，并在其他各条业务线都取得了超过 70%的主导性地位。

2018 年 2 月，滴滴与北汽新能源、比亚迪、长安汽车、东风乘用车、东风悦达起亚、华泰汽车、江淮、吉利、雷诺日产三菱联盟、奇瑞、中国一汽、众泰新能源 12 家汽车厂商达成战略合作，共同建设新能源共享汽车服务体系。

2018 年 9 月，滴滴出行宣布启动安全大整治。乘客端全面上线"安全中心"快速入口，上线一键报警、紧急联系人、隐私号码等功能。

2018 年 12 月，滴滴调整组织架构，升级安全管理体系，成立网约车平台公司，公开《安全管理整改方案》，主动接受监督，坚定做好贯彻落实工作。

2019 年 9 月，《滴滴网约车文明乘车指南》正式发布；在中国国家标准化管理委员会下属企业标准信息服务平台发布网约车行业首个安全标准——《滴滴网约车安全标准》。

2021 年 7 月 2 日，网信中国发布《网络安全审查办公室关于对"滴滴出行"启动网络安全审查的公告》。公告称将对"滴滴出行"实施网络安全审查，审查期间"滴滴出行"停止新用户注册。

2022 年 4 月，滴滴发布财报显示，其 2021 年总营收为 1738.3 亿元(约 272.8 亿美元)，较上年同期的 1417 亿元增长 22.6%。

2022 年 9 月，人社部会同中央网信办、交通运输部、市场监管总局、全国总工会就维护新就业形态劳动者劳动保障权益对滴滴等 11 家头部平台企业联合开展行政指导。

2023 年 1 月，滴滴出行官方发布消息称：经报网络安全审查办公室同意，即日起恢复其新用户注功能册。随后滴滴出行 APP 开始陆续在各大应用商店重新上架。

2024 年 3 月，滴滴在其官网发布 2023 年全年业绩，宣布其实现了年度净利润转正。

三、滴滴出行的商务模式

(一)战略目标

滴滴出行的愿景是致力于成为引领汽车和交通行业变革的世界级科技公司、全球最大的一站式出行平台、全球最大汽车运营商以及全球智能交通技术引领者。

滴滴出行的使命是"让出行更美好"。滴滴将进一步打造服务品牌，满足用户多样化需求，除了为用户提供标准优质的用车环境、训练有素的司机以及标准化的服务流程外，也将为用户提供个性化定制化服务。让司机真正感受到职业的尊严、拥有服务精神，进而为乘客提供更好的服务。

2020 年 4 月，滴滴出行公布了未来 3 年的战略目标：实现全球每天服务 1 亿单；国内全出行渗透率 8%；全球服务月活跃用户数超 8 亿。

2023 年 3 月，滴滴在福州举行第三届网约车合作伙伴大会，与来自产业链上下游的汽车租赁公司、汽车厂家、金融机构等探讨如何共建更良性的司机和车辆服务生态，提高产业链运营效率。2023 年滴滴计划携手合作伙伴推出更加灵活多元的产品服务，并在技术能力开放、流量共享、品牌支持等方面探索更多合作方案，共同助力合作企业实现数字化转型。此外，还会与产业链各方合作伙伴共同覆盖到更多城市，织密司机和车辆服务网络。

2023 年，滴滴继续发力提升服务质量和乘客体验感，并加强与合作伙伴的合作扩大业务范围和全球市场份额。

(二)目标客户

滴滴出行的目标用户分为两类：一类是乘客，一类是司机。首先，目标用户一定是拥有手机支付软件和网上银行的群体。其次，乘客主要是集中在 18~35 岁追求高品质生活、年轻、时尚的学生及白领人群，他们大多面临上下班高峰或加班到深夜"打车难"的问题。而滴滴司机主要集中在 30~45 岁、高中以下学历的男性人群，他们可在空余时间接单以增加收入，这使得他们更愿意接受这种打车软件。

早在 2018 年，滴滴出行平台已成为国内最大的一站式出行服务平台，其用户规模超过 4.5 亿，每日出行规模达 2500 万次，与此相关的每日路径规划请求超过 400 亿次，每日处理数据超过 4500TB。为用户提供出租车、快车、专车、豪华车、顺风车、公交、小巴、代驾、企业级、共享单车、共享电单车、共享汽车、外卖等全面的出行和运输服务，日订单达 3000 万个。在滴滴平台，超过 3000 万车主及司机获得灵活赚取收入的机会。在全球范围内，滴滴与 Grab(东南亚)、Lyft(美国)、Ola(印度)、Uber(美国)、99(巴西)、Taxify(欧洲)、Careem(阿拉伯)七大移动出行企业构建了触达全球超过 80%的人口、覆盖 1000 多座城市的合作网络。

2022 年 12 月，城市用车行业中(不包含聚合平台)，滴滴出行活跃人数渗透率达 19.27%，比位居第二的嘀嗒出行高出 10.52%。

2023 年春节以来，国内通勤、消费性出游、大型交通枢纽等场景的出行需求恢复较快，带动了滴滴中国出行业务回归增长。截至 2023 年 3 月 31 日，滴滴在全球有 5.87 亿名年活跃用户，2300 万名年活跃司机。其中，中国有 4.11 亿名年活跃用户，1900 万名年活跃司机。这些数据都说明滴滴在经历调整过后，仍然在司乘两端有着相当稳定的基本盘。

(三)产品和服务

滴滴将其现有业务划分为三大主线，分别为中国出行业务、国际业务和其他业务。
中国出行业务主要包括以下几个部分。

1. 滴滴快车

用户通过手机 APP 实现当前位置的准确定位，并在选定好目的地后实时呼叫车辆。在此过程中，系统会通过大数据分析，综合考虑距离、拥堵情况、运力供需、司机服务评价等因素，自动将乘客订单定向匹配给一位最合适的司机。一般情况下，从乘客发出订单请求到司机到达只需要短短的几分钟，大大节约了时间成本。完成服务后乘客可对司机打分，结果司乘双方均可看到，分数高的司机还能获得平台优先派单，这促使司机提供更优质的服务，顾客也能获得良好的乘车体验。

2. 滴滴专车

"滴滴专车"是滴滴为高端商务出行人群提供的产品。2021 年 5 月，滴滴出行宣布，其旗下"礼橙专车"更名为"滴滴专车"，新名称将在滴滴出行 APP 端和小程序端同步更新。专车有舒适、商务、豪华等车型可选，可满足不同人群的出行需求。

3. 滴滴顺风车

分享出行，让生活更美好，滴滴顺风车 2015 年 6 月 1 日上线。作为滴滴出行旗下的分享互助出行平台，通过算法智能匹配，可以让路程部分重叠的乘客和私家车主拼车出行，让出行变得更加经济、便利。同时，滴滴顺风车提高了车辆利用率，让车主降低了燃料成本，还能够减少能源消耗，缓解空气污染状况和城市交通高峰期的出行压力。但早期滴滴对于顺风车车主的资质审查和相关安全应急方案不到位，顺风车业务存在重大安全隐患。自 2018 年 8 月 27 日零时起，滴滴在全国范围内下线顺风车业务。此后，滴滴对顺风车功能进行整改，取消平台社交功能、消除安全隐患、加强司机背景资格审查。滴滴出行 APP 安全中心新增一键报警、虚拟号码和分享位置等功能，更大限度的保证乘客用车过程中的安全性。

4. 滴滴出租车

"滴滴出租车"为滴滴出行旗下线上召出租车平台，通过滴滴出行 APP、乘客端小程序等线上化工具向用户提供出行服务。滴滴出租车业务成立于 2012 年 9 月，是滴滴出行的初始业务。通过"互联网+交通"帮助用户匹配出行需求，改变了以往路边扬招的传统打车方式，让人们的出行更加便捷、高效。当乘客发出呼叫出租车的信息后，系统会以该顾客所在位置为原点，在 90 秒内将用车信息自动推送给 3 公里以内的出租车司机，司机可以在滴滴出行的司机端一键抢单，并在获得订单后和乘客保持联系，直到完成订单。

5. 滴滴代驾

"滴滴代驾"通过GPS确认用户和司机的位置，以地图的形式展现附近代驾司机信息。顾客可以选择驾龄较长、服务水平较好的司机。由于近几年国家打击酒驾力度不断加强，代驾服务发展迅速，据艾瑞咨询的研究数据显示，未来5年国内代驾市场产值将高达500亿元。

此外，滴滴还提供企业版出行服务，与企业采取公对公结算形式。用户在使用企业出行服务时，可通过滴滴企业出行移动端入口，实现一键式约车、代叫车、异地预约等功能。滴滴企业出行服务的系统可自动记录行程单，并设立一对一客服和后台对账系统，免除了企业员工在出行时打车难、报销烦琐等问题。费用方面，实行价格透明化，用车前系统会预估费用，并自动记录行程单，后台也可以实时查询财务明细。

滴滴的海外业务主要涵盖国际出行和外卖两个部分，且主要把市场确定在了巴西、墨西哥、印度和南非等人口密度较大的发展中国家。2018—2022年，滴滴国际业务的营收占比分别为0.3%、1.3%、1.7%、2.1%和4.2%，呈现逐年提高的趋势。

2018—2022年，滴滴其他业务收入占比分别为1.2%、3.2%、4.1%、5.6%和7%，也呈现逐年提升趋势。但从盈利情况看，随着社区团购、自动驾驶等领域投入的持续加大，目前其他业务处于持续亏损状态，且规模明显放大，这是导致滴滴亏损的关键原因，目前滴滴已关停社区团购。

2024年3月滴滴发布的年报显示，2023年度，滴滴中国出行业务实现了总收入1750亿人民币，同比增长39%；同期，国际化业务表现出强劲的增长势头，总收入达到78亿元人民币，同比增长了33.8%。2023年前3季度中国出行业务、国际化业务和其他业务总计日均完单4500万。

(四) 盈利模式

滴滴出行的核心盈利模式主要包括佣金、商家合作、金融服务等。

1. 佣金收入

滴滴在司机完成一笔订单之后，会从司机的收入中抽取大约20%~30%作为佣金，这是滴滴最重要的收入来源。目前平台注册司机的数量足够多，滴滴理论上可以从中获得可观的利润。但滴滴出行财务数据显示，2018年全年亏损109亿元，同时还投资了113亿元用于司机补贴。这意味着，如果减去对司机的补贴，滴滴账面上已实现盈利。但问题在于，如果没有补贴，营收也将随之下滑，扭亏为盈也变得更难。为了保住市场地位，短时间内滴滴似乎还难以摆脱对补贴的依赖。占滴滴营收近九成的中国出行业务正企稳回升。2022年，滴滴全年营业收入1408亿元，虽然同比下降19%，但亏损压力大幅降低，净亏损238亿元，同比下降52%。在亏损收窄的同时，随着经济复苏，滴滴正不断拓宽行业龙头的护城河。2023年实现了年度净利润转正。

2. 商家合作

滴滴出行作为中国共享出行领域最大的平台，其庞大的用户数量带来的是数以亿计的流量，而流量可以带来广告收入。目前，滴滴出行除了传统的广告曝光收入以外，还与多品牌合作，在其导航、APP 页面中植入品牌广告，同时为品牌方提供具有其专属设计的电子优惠券，供企业在营销推广过程中使用。

滴滴长期与去哪儿、优酷、腾讯等商家合作，推出联名省钱套餐，捆绑获得滴滴及相关商家的优惠券；滴滴里程会员则与万达酒店具有联名特权，根据滴滴会员等级获得酒店对应会员权益；与中国移动合作，在滴滴 APP 内可直接充值话费，移动积分可兑换滴滴优惠券，形成合作生态圈。

3. 金融服务

"滴滴数科"(原滴滴金融)是滴滴旗下金融数字科技品牌，依托于滴滴生态圈，探索普惠金融的创新发展道路，致力于打造满足用户需求的金融服务。滴滴数科成立于 2016 年，通过旗下相关金融牌照，累计为数千万用户提供了安全、普惠、便捷的互联网信贷、保险、支付、理财等服务。从简单的满足出行需求扩张到出行周边的相关金融服务，滴滴赚取佣金或利用资金进行投资，从而提高平台的影响力和竞争优势。

滴滴支付是获得中国人民银行批准取得《支付业务许可证》的第三方支付公司，从事互联网支付业务，提供互联网支付解决方案。滴滴与光大、浦发等多家银行合作，推出联名信用卡，部分打车有优惠。此外还提供小额信贷服务，通过吸引用户申请贷款，获得收益。

(五)核心能力

滴滴出行的核心能力主要是数据和算法。人工智能技术已经运用在滴滴智能派单等方面，这能够有效提升用户出行效率并且优化出行体验。滴滴在大数据和人工智能领域的布局和探索，已经走在了互联网行业的前列。

智能派单是滴滴的核心技术之一，乘客每次发单，背后都需要借助大规模分布式计算对司机和乘客进行最优匹配，不仅要将乘客与周围空闲的司机进行匹配，还要计算出最佳行驶路径，做到总时间最短，从而实现平台效率和用户体验最优化。

路径规划和 ETA(预估到达时间)两项地图技术是滴滴实现最优匹配的关键。通过对滴滴出行海量的用户行驶数据进行挖掘和学习，滴滴已经围绕最低的价格、最高的司机效率和最佳交通系统运行效率设计出了全新的智能路径规划算法，能够对路况做出准确预测，整体考虑司机所有可能的走法，在毫秒级时间内算出 A 到 B 点的最优路径。

当前滴滴正在驱动人工智能技术迅速迭代升级，已经构建了一个智能系统滴滴大脑，能够通过大数据、机器学习和云计算最大化利用交通运力，做出最优的决策，为每一位用户设计最贴心的出行方案。未来，滴滴也将积极与城市管理者携手，共建智慧交通体系，创造未来出行新生态。

四、成功之处

在滴滴出行未上线之前，外出打车只有出租车，出租车司机只能靠巡游搜寻乘客，或者乘客通过电话召车。这种方式的优势在于车辆的专用性、司机的专职化及服务的稳定性，但出租车数量受到管控，运力供给非常有限，况且出租车还存在关于"份子钱"的问题，这给出租车司机造成较大的经营压力。而滴滴出行的出现解决了这个行业痛点问题，除了可以预约出租车，还使得大量私家车主通过注册审核后也能接送乘客，平台能够为乘客匹配距离最近的司机。这种方式既提升了乘客的打车效率和便捷度，又节约了司机的营运成本，满足了司乘双方的需求。

另外，滴滴公司拥有比肩百度、阿里巴巴和腾讯的技术实力以及研发能力。滴滴出行已将人工智能应用拓展至网约车业务之外的更多领域。2018年1月，滴滴出行宣布成立AI Labs(人工智能实验室)，以加大人工智能前瞻性基础研究，吸引顶尖科研人才，加快推进全球智能交通前沿技术发展。

同时滴滴积累了大量的数据资源，滴滴拥有乘客端的出行数据及出租车司机的营运数据，通过这些数据可以分析用户历史出行偏好，总结出频率较高的起点和终点，挖掘和预测用户常去位置的潜在信息点，这不仅能为用户提供更便捷的服务，还能在市场上为众多的广告主提供精准人群覆盖服务。

五、结论与未来发展建议

滴滴创新了人们的出行方式，从网约出租车、专车、快车再到顺风车等用车服务，极大地方便了人们的出行生活。同时盘活了社会上闲置的汽车资源，使得部分没有资质开出租车，又想获得额外收入的人群可以在空余时间兼职接单。最初滴滴的经营范围大多围绕中国一、二线城市，这些城市本身拥有较多出租车资源，同时用车需求量也相对旺盛。随着业务的发展，滴滴逐渐以快车和专车为主，从发达地区渗透到几乎所有低线城市中，实现业务范围全覆盖。因此，滴滴必须维持高质量的服务，锁定既有的用户，才能实现网约车业务的不可替代性。新对手的追赶尚未对滴滴构成实质上的威胁，但他们实际上起到了督促滴滴不断精进定价、服务、聚合效率、安全保障等多方面服务的作用。

出于安全考虑，各地网约车政策趋严，合规司机和车辆的门槛提高，越来越多的司机选择"以租代购"，对滴滴的运力也是不小的冲击。通过规范网约车及司机资质，提高司乘安全保障成为滴滴的一大竞争优势。

(一)面临的挑战

近年来，各类网约车平台快速发展，随着新对手的涌入，网约车行业逐步分化出自营类、聚合类以及自营+聚合三种业态。目前，滴滴仍是网约车领域的绝对老大，但依靠补贴留下的用户哪里便宜去哪里，司机则是哪里收入高去哪里。背靠高德地图的聚合平台高德打车，靠着自带的6亿月活用户，以及免佣、红包等获客手法，日单量曾一度涨到700万。在早晚高峰期，曹操专车对司机开启补贴，符合条件的，每单奖励2~5元不等。国内网约车市场开始逐步从垄断进入到一超多强的竞争阶段。滴滴面临的挑战之一是，如何在保持业务量增长的同时，面对来自曹操专车、高德打车等出行平台的竞争，建立起自己独特的竞争壁垒。

(二)未来发展建议

首先，滴滴需要通过发展新技术巩固市场地位。仅仅通过烧钱补贴用户获得市场的方式已经很难持续，滴滴需要继续研发自动驾驶等新技术，为用户提供更好的无人驾驶出行服务，加速无人驾驶技术商业化落地。以及依托海量数据，推出更多的智慧出行服务，如智能出行规划、智能出行导航、智能出行支付等，以满足用户的智慧出行需求。

其次，进一步开拓国外市场。像腾讯、阿里巴巴等互联网公司在滴滴发展的过程中都或多或少地进行了投资，这也许可以成为滴滴的优势。未来可以寻求与这些大型互联网公司进行互利合作的机会，如数据共享等。开拓海外市场能够帮助滴滴扩大市场份额和品牌影响力。目前，滴滴已经投资了全球部分地区领先的打车创业公司，比如投资美国的Lyft、Ola、GrabTaxi，其中滴滴已经与Lyft合作，推出了滴滴海外出行产品。

最后，滴滴还需全力保障乘客与司机的安全。滴滴需要加强对司机与乘客的审核及安全教育，加强对整个营运过程的监控，提高应急处置能力，从根本上消除乘客与司机的安全隐患，使滴滴为代表的共享出行模式真正成为用户经济、放心、便捷的选择。

自 测 题

1. 共享经济的盈利模式有哪些？
2. 对于Airbnb而言，如何建立有效的信用评价体系，以加强对房东及房客的监督，提升双方对平台的满意度？
3. 滴滴出行体系中，哪些服务最能体现共享经济的特征？为什么？
4. 为了平台的可持续发展，滴滴应采用什么举措来保证司乘安全？

第九章　B2B 电子商务

【学习要点及目标】

通过对本章的学习，熟悉 B2B 电子商务中撮合交易模式的代表阿里巴巴 1688 平台以及寄售交易模式的代表钢银电商的商务模式。重点关注商务模式中的盈利模式和核心能力，分析网络外部性及商业生态在这些平台的应用。

【引导案例】

当地时间 9 月 7 日，阿里巴巴国际站在美国拉斯韦加斯举办"Co-Create 2023"峰会，吸引海外中小企业主的热情参与。首日便有上千名专业采购商专程到场，超过 200 万海外观众收看了该场大会的直播。当地媒体评论称，这是近年来贸易领域最大规模的一场峰会。现场观众更是直呼"This is really impressive(实在令人印象深刻)"。

据了解，此次峰会将持续两天，因此期间有 50 多场嘉宾演讲、圆桌论坛、技术分享等丰富活动，预计将发布包括基于 AI 的下一代全球采购工具等一系列新技术。同时还有多位海外知名创业者、嘉宾将分享全球最新的市场趋势。

眼下正值全年最大的外贸采购季——阿里国际站"9 月采购节"，此次峰会在美国当地受到的欢迎超出预计。早在峰会开始前一周，门票就在当地受到"疯抢"，甚至登上了当地售票 APP 的热门第一名。而地标建筑上也亮起了阿里国际站的标志。

活动现场，记者看到会场里人头攒动，海外买家不断地在找阿里国际站的团队、来自中国的供应商交谈，"Alibaba.com"的声音反复响起。峰会现场的摄影师更是发出"抗议"，因为人太多，原本设计各种拍摄线路全部因为"拥堵"取消。

此次一同赴美参会的阿里国际站商家"贝昂科技"也告诉记者，来到这场峰会，感受到海外买家的热情超出想象，仅仅一上午他们就接到了超过 50 多位海外采购商的详细询问。展位上的主打产品——无需滤网的空气净化器，因其更趋绿色环保的性能，成了海外买家的"网红打卡点"。

而阿里国际站的一位工作人员也告诉记者，现场来询问的客户不仅来自北美，甚至还有从牙买加专门赶来的海外采购商，他们都在询问怎么入驻阿里国际站。而在线上直播间里，更是英语、法语、阿拉伯语等数十种语言交替刷屏，分享着用阿里国际站采购的各种经验，甚至还有很多人从非洲发来问候。

事实上，随着数字贸易成为全球贸易不可逆转的大趋势，阿里国际站在各个市场愈发受到关注,成为中小企业便利参与全球贸易的必选项。

(资料来源:阿里巴巴国际站在美国举办峰会 美媒:B2B 领域中小企业最大规模峰会)

第一节 B2B 电子商务简介

B2B 电子商务简介.mp4

一、B2B 电子商务概述

B2B 电子商务是电子商务按交易对象分类的一种模式,指的是通过因特网、外联网、内联网或者私有网络,以电子化方式在企业间进行的交易。这种交易可能是在企业及其供应链成员间进行的,也可能是在企业之间进行的。这里的企业可以指代任何组织,包括私人的或者公共的,营利性的或者非营利性的。B2B 电子商务可以帮助企业降低彼此之间的交易成本,提高客户满意度,是目前电子商务市场的主流模式。B2B 行业也在推动企业之间合作、促进供应链优化以及推动经济增长方面发挥着至关重要的作用。

2018 年以来,国务院、发改委等机构陆续出台了一系列鼓励数字经济与产业数字化发展的规划指南,内容主要涵盖鼓励平台经济建设、促进供应链数字化转型与提升中小企业数字化渗透等方面,顶层政策引导并促进 B2B 行业向高质量发展阶段迈进。为了更好地促进并引导政策的落实,各省市均陆续出台实施方案,根据各地资源与数字经济现状确定具体的发展目标,将数字经济体量与生产总值紧密挂钩。政策的落地将夯实数字经济发展的土壤,带动 B2B 行业借数字经济发展之势持续扩容。

云计算、大数据技术的持续发展让 B2B 电商可以打通供应链上下游环节,为采购双方提供包括仓储物流、数据分析、金融信贷等在内的一系列服务以实现产业赋能,从"交易闭环"向"交付闭环"转变。以 GPT 为代表的生成式 AI 技术,通过构筑智能选品等应用场景,加速 B2B 向全链路渗透,赋能商家提升全链路运营效率与降低交易成本。而增值服务将成为公司的主要收入来源,突破了以会员费、广告费、佣金为主要盈利模式的瓶颈。截至 2022 年底,我国 B2B 电商市场交易规模达到 13.9 万亿元,同比增长 36.5%,其中 B2B 电子商务服务商营收规模 220 亿元,同比下降 13.7%。(注:从 2022 年起,我国 B2B 电商服务商营收规模只涵盖平台的会员费、广告费、交易佣金等收入,不包含服务商自营营收。)

20 世纪 90 年代,B2B 行业由信息黄页的展示形式逐步发展起来,2005—2020 年 B2B 行业经历飞速发展的线上交易阶段后,目前已渗透进各个垂直领域,基于不断积累的行业数据与愈发成熟的数字技术应用,B2B 平台以数字化形式满足企业多样化需求。未来在线交易服务仍是 B2B 平台主要发展的方向。在增加用户黏性,获取企业间的交易数据、配套服务等方面仍有很大进展空间,赋能企业运营能力成为 B2B 新业务的发展重点。

随着用户迭代产生的线上化采购需求逐步凸显,头部 B2B 平台积极探索 AI、物联网及云计算等数字技术与 B2B 全链路的深度融合,以驱动 B2B 全链路向数字化与智能化方向发展。现阶段以 ChatGPT 为代表的 AIGC 技术应用革命已拉开序幕,AIGC 技术能够适配多个 B2B 行业发展场景,如辅助商家优化组货策略、辅助商家产品设计、延伸平台增值服务及改善平台营销效率等,进一步加强了中国大语言模型的实用性,推动 B2B 行业数智化渗透率持续提升,最终实现 B2B 行业高效率、精细化及前瞻化运营。

二、B2B 电子商务的类型

(一)私有 B2B 商务模式

私有 B2B 商务模式,是指企业根据自身采购销售的需要,建立满足自己生产需要的网上交易平台,交易双方的关系是一对多的形式,买方建立交易平台吸引多家卖方进行交易,或者卖家吸引多家买方到其交易平台上进行采购。这种模式可以帮助企业实现交易费用的节省,有利于企业控制成本。典型的平台如日本丰田汽车的供应链平台、海尔的 b2b.haier.com 采购平台。

(二)有偏 B2B 电子商务模式

有偏 B2B 电子商务模式,也被认为是行业联盟 B2B 模式。行业中的若干企业根据需要建立交易平台,可以由采购方或供应方主导,按照不同主导方被称为买方平台或卖方平台。有偏 B2B 电子商务模式,常使用半开放或专用网络,缔造一个专业性的交易市场,但市场上的交易伙伴是主导方筛选的,市场中大家共享交易信息、战略信息,多通过契约的形式设定双方的权利义务,解决企业间的信息不对称问题,进而降低成本,实现多方共赢。典型平台有美国汽车联合采购网 Covisint、大宗金属交易的 Quadrem。

(三)中立 B2B 电子商务模式

中立 B2B 电子商务模式是指由第三方企业创力的,旨在集合买卖双方,构建网络交易市场,依据服务对象的专业化分为综合 B2B 模式和行业 B2B 模式。综合 B2B 模式也称为水平 B2B 模式,将各个行业中相近的交易集中到一个场所,为采购方和供应方提供交易机会,这种模式下,电子商务企业只提供平台,汇聚采购商和供应商的各类信息,以撮合服务为主。典型企业如阿里巴巴、慧聪网。行业 B2B 模式也称为垂直 B2B 模式,主要服务某一行业,提供专业信息资讯、专业搜索及专业解决方案等服务。典型企业如网盛科技、钢银电商。

三、中国 B2B 电子商务发展情况

(一)探索阶段(1999—2003 年)

1999—2003 年,中国开始迎合信息化的发展趋势对传统商务进行改革和创新。这一阶段,企业对于电子商务的主要需求是获取商机,利用网络开拓国际业务渠道。该阶段大量 B2B 平台相继出现,如阿里巴巴、中国制造网、中国化工网等,这些企业构建的 B2B 平台极大地推进了产业的发展,平台也在该阶段迅速积累客户以及知名度,并通过会员制来实现收入和盈利。

(二)启动阶段(2004—2008 年)

2004—2008 年随着 IT 技术的高速发展、个人计算机的普及以及信息化进程的不断推

进，企业对于电子商务服务的需求不断增加，越来越多的企业进入 B2B 市场，早期的慧聪集团、环球资源网、国联资源网等传统信息服务平台，主要以信息交互为主，解决企业获取供求信息的途径和及时性问题，随着敦煌网、马可波罗等提供线上交易的 B2B 综合电商平台的创建，一些垂直品类的 B2B 平台也相继出现，如找钢网等。随着 B2B 市场的迅速发展、网站流量的增加、企业用户信息的积累，B2B 模式被各方认可，我国 B2B 市场达到第一次顶峰。B2B 电子商务企业推出多项产品与服务，以满足用户多样化需求，利用会员和增值服务实现了收入和盈利的快速增长。

(三)转型阶段(2009—2014 年)

2009—2011 年，由于国际金融危机的影响，外贸订单数量减少，中国 B2B 发展中的问题被放大，同质化的服务使得 B2B 市场竞争激烈。虽然 B2B 平台在很大程度上解决了信息不对称的问题，但用户需求发生改变，平台付费会员服务效果逐渐下降，各平台纷纷探索基于数据存储的其他运营模式。中国 B2B 市场在经过 2011 年的低迷之后，在 2012 年进行了初步的变革，2013 年市场运营模式多元化态势初显，2014 年，互联网、大数据、云计算等新技术不断被应用。从以信息服务、广告服务、企业推广为主的 B2B 1.0 电子商务时代，转为以在线交易、数据服务、物流服务等为主的 B2B 2.0 模式。互联网搜索引擎也进入了 B2B 市场，服务更加丰富，收入形式更加多样，一些大型 B2B 电子商务企业相继上市。

(四)高速发展阶段(2015—2020 年)

2015 年起，我国 B2B 电子商务在垂直领域快速崛起。2016 年找钢网获得 11 亿元 E 轮融资，上海钢联按营业收入进入中国 500 强。以交易为核心的 B2B 电子商务正在"撬动"中国具备万亿元规模的垂直市场，如钢铁、化工、电子元器件、农业、建材等领域。资本市场对 B2C 和 O2O 的关注度逐渐转移至 B2B 垂直交易领域。垂直交易类 B2B 平台具备较强的服务"纵深"能力，其更加深入产业链上下游，满足企业多样化需求，为中国整个 B2B 电子商务市场带来了新的"增长动力"，也促进了中国 B2B 电子商务市场的快速发展。

(五)数字化升级阶段(2021 至今)

2020 年以来，B2B 平台以一站式采购与定制化解决方案，不断提升采购体系的标准化程度，逐步简化传统流程，使下游采购企业能够直接与上游供应商交流，极大地提升了采购效率。但 B2B 上游商家也存在发展瓶颈，如场景定位和需求分析能力较弱、精准营销能力不足、全渠道运营力较低、转化率低下、用户黏性差等。B2B 平台借助自身积累的巨量数据支撑，帮助上游企业达到了管理和履约的最优解。最后，基于平台的中间属性，B2B 平台又进一步促进市场规范，并加强采购流程监督，同时为企业提供更多增值服务，打破传统巨头垄断局面，促进行业健康有序发展。一系列的数字化升级服务让 B2B 平台进入新一轮增长期，B2B 3.0 模式初现规模，现行 B2B 产业图谱如图 9-1 所示。

第九章　B2B 电子商务

图 9-1　B2B 行业产链图谱

(资料来源：艾瑞咨询《2023 年中国 B2B 行业研究报告白皮书》)

第二节　1688.com 案例

一、1688.com 简介

1688 案例.mp4

1688.com 创立于 1999 年，与阿里巴巴国际站一起为全球 200 多个国家和地区的 49 个行业 6000 多个产品类别提供交易服务，是中国领先的中小企业国内贸易电子商务平台。作为阿里集团旗下子公司，1688 在其 CBBS(C 为消费者、第一个 B 为渠道商、第二个 B 为制造商、S 为服务)电子商务体系中代表企业的利益，为采购商和供应商提供商机信息和便捷安全的在线交易，也是商人们以商会友、真实互动的社区。1688.com 是全球首个企业类注册用户超过 1.2 亿的平台；网站日均浏览量达到 1.5 亿，每天超过 1200 万客户来访，超过 1000 万企业开通公司商铺，覆盖服装、家居、工业品等 49 个一级行业，1709 个二级行业。

1688.com 以批发和采购业务为核心，通过专业化运营，完善客户体验，全面优化企业电子商务的业务模式。目前提供原料采购、生产加工、现货批发等一系列的供应服务，同时提供金融支付、担保、贷款、物流仓储、运输、信息服务、外贸辅助、电子商务培训、线下会展服务等多种增值服务。2007 年 11 月，以 B2B 业务为主的阿里巴巴在香港证券交易所上市，代码为 1688.hk，2012 年 6 月 20 日由于私有化原因退市。2014 年 9 月 19 日，阿里巴巴集团在纽约证券交易所正式挂牌上市，1688.com 是其主要业务体系。2019 年，阿里巴巴集团在香港联交所实现主板第二次上市，2022 年 7 月，申请香港为其主要上市地。两次上市为集团扩大了投资者基础，带来了更大的流动性，促进了整个阿里业态的发展。经过近 25 年的发展，1688.com 已和全球百强产业带签约合作，带动产业带成功实现电商化；并且启用全生态运作模式，帮助数万企业实现了数字化升级转型。

二、1688.com 发展历程

1999 年 6 月，阿里巴巴网站(1688 前身)上线。
2002 年 3 月，为从事国内贸易的卖家和买家推出"诚信通"服务。
2003 年 11 月，推出通信软件"贸易通"，买卖双方实现实时沟通交流。
2005 年 3 月，推出"关键词竞价"服务。
2007 年 9 月，推出黄金展位服务。
2007 年 11 月，阿里巴巴(HK1688)于港交所主板上市。
2008 年 4 月，推出"Winport 旺铺"服务，为中小企业提供建站功能。
2008 年 6 月，上线"诚信通个人会员"，帮助企业发展国内贸易。
2010 年 3 月，启用新域名，1688 正式上线。
2012 年 7 月，宣布"七剑"战略，1688 在 CBBS 体系中代表企业的利益。
2013 年 6 月，1688 注册会员数突破 1 亿。
2014 年 7 月，1688 无线客户端上线，进入无线时代。
2014 年 9 月，阿里巴巴集团整体在美上市，1688 发展迎来新机遇。
2015 年 7 月，上线"实力商家"，满足买家对源头品质货源的需求。
2019 年 11 月，阿里巴巴集团于香港联合交易所主板正式挂牌上市。
2020 年 4 月，阿里财报显示，2020 财年，阿里巴巴生态系统的 GMV 突破 1 万亿美元。
2022 年 11 月，阿里巴巴集团为商家提供多元工具及解决方案，助力企业推进研发。
2023 年 3 月，阿里巴巴集团调整组织和治理架构，推动业务更敏捷地响应市场变化。

三、1688.com 的商务模式

(一)战略目标

阿里巴巴的企业愿景是——为千万中小企业服务，让天下没有难做的生意。1688.com 最初的战略定位为"汇聚天下商家"，后来随着 B2B 行业的发展，1688.com 的战略目标变更为"致力服务中国中小型企业，让其在阿里巴巴做成生意"。2006 年后 1688.com 立足于中国本土市场，聚焦服务中国上千万中小企业，并提供包括研发、产品推广、客户服务、组织培训、文化传播、商业信用、市场分析等多种企业运营辅助服务产品。

(二)目标用户

1688.com 的目标用户主要是中国的中小型企业，无论是采购商还是供应商，都是网站的目标用户。随着其服务能力的增强，也为大企业提供采购服务，目前已服务数千家大型企业采购商，2017 年单家就产生了 3636.2 万元的超级大单。一些垂直电商也陆续入驻 1688 平台，如主营工业品分销的震坤行，其他化工、塑料、电子元器件等品类的垂直电商也以"超级店"的形式入驻 1688.com。另外一些零售平台的用户直接在 1688 上进行采购，阿里旗下零售平台的供应商以超级店的身份参与 1688.com 的采购节。因此，1688.com 现在的目标用户包括中小型采购商、供应商、大型企业采购公司、中小垂直电商，以及零售平台大用户。

(三)产品与服务

1. 诚信通

诚信通会员是 1688.com 目前长期保持的营收和利润占比最大的业务,如图 9-2 所示。其为从事国内贸易的中小企业推出会员制网上贸易服务,主要用于解决网络贸易信用问题。开通诚信通服务的会员能在 1688.com 上建立独立的企业商铺直接销售产品;在品牌类栏目中享有引流的优先权,更容易发现市场机会;优先参与平台开展的各类培训、会展、金融支持等线下服务。

图 9-2　1688.com 的诚信通会员服务

(资料来源:1688 官网)

2. 伙拼服务

伙拼服务是 1688.com 推出的批发型团购服务,如图 9-3 所示。目前,伙拼服务的行业覆盖了服装、母婴、食品、美容、百货、家纺、家装、工业品等几乎全部的产品品类,让各类平台、小微批发商及零售商以低成本、高效率进行网络批发。无论是采购商、渠道商还是终端零售商,都可以通过伙拼服务进行全球范围内的产品购买,有效降低成本。

图 9-3　1688.com 的伙拼服务

(资料来源:1688 官网)

3. 产业带服务

产业带服务是 1688.com 针对供应商的综合服务项目，如图 9-4 所示，该服务聚集了生产设备、原材料、辅料、设计、货运等各类以生产为中心的上下游企业，建立经济技术协作圈。这里汇聚了某一区域内的好商好货，旨在帮助买家直达原产地，获得优质货源，帮助卖家提升竞争力，降低竞争成本，同时联合产业带、当地政府和第三方服务商合作运营，实现优势共享。目前 1688.com 通过淘货源、档口尖货两个主栏目，联合平台其他服务商提供各类服务，保障区域优质供应商利益。

图 9-4　1688.com 的产业带服务

(资料来源：1688 官网)

4. 淘工厂服务

淘工厂服务是 1688.com 推出的定制服务，是联结电商卖家与工厂加工定制的新平台，如图 9-5 所示。一方面解决了电商卖家找工厂难、试单难、翻单难、新款开发难的问题；另一方面将线下工厂产能商品化，通过淘工厂平台推向广大的电商卖家，从而帮助工厂获取订单，实现工厂电商化转型，打通整个线上产品供应链的生态体系。在阿里数据业务的支持下，该项业务正成为中小企业产业升级的重要支撑。

5. 淘货源服务

淘货源服务是 1688.com 注重 CBBS 战略的具体实现，其深度整合尖端设计师、产业集群地工厂、外贸大厂及尖端面料商等供应链上游资源，旨在为淘宝天猫卖家、线下品牌商、微商、跨境电商等核心零售商提供海量的商品，打造"小批量、快生产、高品质"的一站式采购订货销售模式，支持品牌商家进行线上代销、宣传加盟、招募代理等渠道扩展。针对用户群体的差异，1688.com 现通过工厂代发、微供市场、一件代发三个主要栏目提供特色服务，能为各类商家和境内、跨境零售卖家实现快速铺货和直通销售业务，轻松上手电子商务。如图 9-6 所示。

第九章 B2B 电子商务

图 9-5　1688.com 的淘工厂服务

(资料来源：1688 官网)

图 9-6　1688.com 的淘货源服务

(资料来源：1688 官网)

6. 实力优品服务

实力优品服务是 1688.com 具有企业特色的高端品质交易模式，将一批优质的、有一定行业影响力的实力品牌商、源头厂商和品牌代理以超级店的形式在平台进行专门推介，如图 9-7 所示。这些商家有着非常严格的入驻门槛，需经过国际权威认证机构的深度验厂验商，目的在于提供全面一体化的品质好货和保障服务，降低买家选商成本。此项服务践行平台"诚信"理念，旨在实现双方在引流、变现、创新上的多赢。

图 9-7　1688.com 的实力优品服务

(资料来源：1688 官网)

7. 企业采购服务

企业采购服务是 1688.com 针对采购用户的专项服务，包括采购对接和大企业采购，为企业提供互联网采购整体解决方案，帮助企业实现采购全流程数字化、可视化，打造大数据驱动的供应链协同网络。采购对接能提供涵盖五金工具、劳保防护、电工电气、机械部件、行政办公、物流包装、LED 照明、精细化学和公用设施等多种产品品类，如图 9-8 所示。在大企业采购服务中，1688.com 保障正品真货，竞争匹配供需服务、物流信息协同服务、大数据风控服务以及提供各类供应链金融服务，帮助企业降低风险。

图 9-8　1688.com 的企业采购服务

8. 商人社区服务

商人社区服务是 1688.com 为让用户更好地达成生意提供的社群服务模式和培训教育板块，让用户更容易实现商业交易，实现以商会友，如图 9-9 所示。目前提供社区讨论性质的商友圈服务和知识分享性质的生意经服务两种社群交流模式。商友圈是聚集不同行业、不同地域、不同专业市场的卖家和买家专业群体的电子商务社区，汇聚全国各地各行业超过 1

万个商盟、50 万个生产厂家企业主、经销商，横跨数千个行业。商友们可以在这里发现专业的交友、互动圈子，与各行各业专家、企业主交流商业经验、分享商业知识，参与各种类型商圈线上/线下活动，聚集商业人脉。生意经是 1688 为广大用户提供的专注于商业领域，通过问答的手段解决商业难题，并通过 wiki 手段积累商业实战知识的平台，每天有超过 300 万商友通过生意经沟通商业难题。并在此基础上衍生出行业资讯、阿里智库。

图 9-9　1688.com 的商人社区

(资料来源：1688 官网)

9. 生态服务

1688.com 还依托集团的商业生态，为用户提供一系列包括业务培训、物流支持、金融支持、技术支持等各种线上线下融合服务，让用户可以在集团完成完整的交易。如图 9-10 展示了平台提供的生态服务中的学习中心服务。

图 9-10　1688.com 的学习中心

(资料来源：1688 官网)

(四)盈利模式

1688.com 网站 2022 年的企业财报显示，其主要收入为会员费、竞价排名和增值服务三大类。其中最主要的收入是会员费和增值服务费，特别是基于数据的增值服务收入逐年递增。为此盈利模式总体上可概括为：通过免费服务引流，增加会员数量保障会员费，依托增值服务提升盈利水平。

1. 会员服务

1688.com 是目前国内最大的综合性批发平台，作为行业领先的 B2B 平台，截至 2022 年底，其注册会员超过 12 000 万，拥有超 1400 万网商，业务遍布 220 个国家。其中诚信通会员超过 100 万，目前年费为 6688 元，这为平台带来了超过 60 亿元的收入。

2. 竞价排名

由于 1688.com 的用户规模庞大，为获取更好的引流效果，卖家需要在一定的时间内对产品关键词进行竞价，价格越高，产品信息将在用户搜索该关键词结果的前列，排名处于搜索结果前列的卖家往往具有更多的流量，并带来更多的贸易机会。同其他搜索引擎存在差异，1688.com 不使用"按点击付费"的模式，而是要求一次性付费买断竞价位置。目前竞价排名已成为中立型 B2B 商务模式的重要收费方式，其本质是网络广告，1688.com 2020—2022 年营运报告显示，竞价排名已成为平台的第二大收入来源。

3. 线上线下增值服务

1688.com 提供众多的线上增值服务，包括企业认证、信息定制、供应链协助、线上培训、交流互动、广告协助、运营指导等，如图 9-11 所示。其中有一些为免费推广项目，有一些为定制项目，依据用户的需求收取相应的技术增值服务费用。为匹配传统产业的特点，1688.com 还提供线下企业服务，主要包括会议会展服务、管理咨询服务等，按次数收取相应的服务费用。随着平台数据的积累，这类收入正在快速增长，是平台现在的重要盈利点。其他盈利来源包括金融服务的利息收入、物流服务收入、商务数据分析收入、分销辅助收入等。

图 9-11　1688.com 常用的增值服务项目

(五)核心能力

1. 规模效应

1688.com 为用户提供闭环的全产业链交易服务,包括源头采购、渠道批发、零售批发、金融、物流、管理、培训、人力招聘等服务,让各类用户能在平台做成各种生意。良好的口碑和完善的服务产品,让平台快速实现供应用户的集聚,并带动采购用户的大量增长。目前,1688.com 是全球 B 端用户最多的平台,网络外部性被激发,建立起竞争对手难以突破的壁垒。

2. 生态互动

1688.com 依托阿里集团下淘宝、速卖通等平台的消费刺激,在第三方安全支付系统支付宝的金融保障和菜鸟物流的强大支撑下,让平台 B 端用户能享受优质的闭环交易服务。商业生态使得平台能够提供多样性的增值产品和服务,促进了平台的有效创新,让一些原本处于细分市场的产品或服务具有更加广阔的发展空间,为平台带来了丰厚的利润。同时,集团内各平台的互动也为该模式的后来者和效仿者以及生态系统外的竞争者建立了一道难以逾越的门槛。

3. 技术创新

1688.com 十分重视自身技术的创新,云技术、数据挖掘技术、人工智能技术为平台的持续发展提供了良好的保障。1688.com 能依据用户的交易数据评估,提供各类精准服务,提升企业的服务满意度,让企业能有效提高电子商务开展效率。在技术支持下,平台与用户之间能够实现良性互动与协同创新。

4. 管理文化

阿里特有的企业文化和管理体系是 1688.com 成功的又一核心优势。平台秉承集团的"六脉神剑"企业文化,注重人才培养、应用,注重企业执行能力,从而建立起平台独特的管理模式。平台勇于创新,允许试错,经过不断地推出、试验、改进、重塑,不断改进产品和服务,从而匹配用户不断变化的需求。平台注重执行力,阿里推出针对不同层级员工的"管理三板斧",开创了员工自我成长与团队的发展的双通道,造就了平台的高效执行力,让平台在外界激烈竞争中保有独特的发展优势。

四、成功之处

(一)用户第一的经营理念

1688.com 坚持"用户第一",以团队间紧密无缝的合作机制,一丝不苟的敬业精神、真实诚信的合作理念,建立多赢的伙伴式合作体系,与合作伙伴一起为平台用户创造最大价值。同时,将合作伙伴视为集团重要用户,保障其利益,并致力于促进其成长。这种维护所有平台参与者利益的经营理念让 1688.com 不是沿着传统市场定位的思维出发,不拘泥于单一核心竞争力创建,而是不断实现商业模式的创新,让平台一直具有独特、领先的竞争能力。

(二) 用户规模优势

1688.com 是阿里巴巴集团境内业务的第一个板块，经历 20 多年的发展，成为国际 B2B 行业的知名品牌，拥有全网最大的用户规模，对于同类型的行业竞争者是一个强硬的壁垒。除非竞争对手可以提供更大的用户流量、更完善可信的服务，否则无法轻易转移它的会员，这是平台典型的网络外部性表现，体现了"赢家通吃"效应。

(三) 商业生态系统

1688.com 所属的阿里集团已构建了相互关联成长的生态圈，全面涵盖了企业间交易、个人零售购物、个人生活服务三大互联网板块。中小企业、自主创业者、消费者是阿里巴巴生态圈中的三大群体，如图 9-12 所示。B2B(阿里国际、1688)、C2C(淘宝)和 B2C(天猫、速卖通)是阿里巴巴生态圈的三大类平台。阿里妈妈、阿里软件、支付宝、阿里旺旺等是生态圈中的工具或资源，为平台服务。阿里巴巴企业级综合平台"旺铺"等一系列网络营销工具陆续加入，促使生态平衡进化，整个阿里体系创造的价值已经超过万亿元。为此，1688.com 拥有完善的服务能力，提供种类繁多的交易服务产品，可以满足不同交易群体的需求。作为国内 B2B 业务的佼佼者，1688.com 向会员提供从源头生产商到终端消费者的全产业链交易服务产品及信用服务。

图 9-12　阿里巴巴集团简明商业生态图

(资料来源：东吴证券研究所绘制)

(四) 高效的管理体系

阿里巴巴拥有独特的企业文化，通过不断地进行组织结构的调整，建立了良好的管理体系，通过该体系可以将员工按照不同的职责划分，专事专做，执行力强。平台还拥有独特的人才评价系统，以日常管理实现绩效考核，保障平台的发展。良好的管理模式让阿里的生态系统能够健康发展，并对其产业或所在行业产生变革影响，有力地保障了平台的经营理念和各项目标的实现。

五、结论与未来发展建议

1688.com 自成立以来，从最初简单的信息黄页服务，转型为 B2B 综合交易服务商，到现在"互联网+"的数据服务商，成为拥有上亿用户的行业巨擘，为会员提供企业间交易的全产业链服务。然而，平台也出现过市场份额下降、会员流失、假货频出、用户抵制等各类问题；与合作伙伴、客户之间也时有矛盾被爆出，企业间的关系处理是电商业内关注的焦点。在 B2B 市场竞争不断加大，各类平台层出不穷的环境下，1688.com 面临的压力越来越大。

(一)面临的挑战

1. 面临垂直平台的挑战

当前中国经济正处于转型升级的重要时期，传统产业通过"互联网+"和供给侧改革实现转型升级，已成不可逆的趋势。垂直产业链平台相比综合类平台具有更加专业的特点，能专注于某个细分行业进行深入拓展，在产业链上下游的延伸上下功夫，降低行业供应链的成本，提升产品和服务的质量。为此更容易满足用户对行业产业链的深度需求。1688.com 虽然有以超级店的形式引入一些垂直电商，为用户提供专业服务，但总体比例较低，提供服务也较少，在产业互联网高速发展的背景下，平台必须对此做出积极响应。

2. 合作伙伴加入竞争

网络的普及，用户素质的提升，让更多的传统企业进入 B2B 电子商务市场。一些供应商开始自建平台实施销售，平台的一些传统合作伙伴，如商业银行、物流公司也纷纷进入 B2B 市场，提供专项精准服务，如何协调合作伙伴之间的关系，提供给用户质优价廉的产品与服务，成为 1688.com 面临的巨大挑战。

3. 用户增长放缓

B2B 平台发展的关键是用户的参与，早先电子商务的发展多通过提高用户基数来获得业务增长，但阿里集团的中国区活跃用户增长率在不断下降，集团从 2017 年开始停止在季度财报中公布活跃用户数，而从之前的数据统计和业内估计来看，2015 年第四季度之前，年活跃用户增速呈现线性上升趋势，但自此之后，新用户增速开始放缓，而 1688.com 更是面临用户增长放缓甚至停滞的情况，2016 年诚信通会员超过 100 万，但 2017—2018 连续两年都呈现出下降趋势，2020 年后用户数量基本保持稳定。以会员费为主要收入的盈利模式让平台营收增速有所下降。

(二)未来发展建议

1. 不断创新商业模式

B2B 电子商务企业正处在不断拓宽边界的新时代，面临信息、技术、模式之间的碰撞带来平台商业模式的创新，从而不断发现新的价值领域，开发不同的产品与服务。1688.com 现在已不单纯为批发商服务，而是能满足从源头到终端用户的各类需求，在未来发展中，应通过商业模式的创新，继续锁定用户，保持平台的稳步发展。

2. 合理分配各方利益

在竞争压力大的形势下，1688.com 更需要公平地分配好各方利益，而不能坐享"赢家通吃"带来的红利，忽视了上下游合作商的利益。在信息获取成本低、信息逐渐趋于透明的环境下，只有当 1688.com 为合作伙伴节省下来的交易成本大于开发新用户成本时，多方共赢的局面才能形成。如针对现有的采购现状，考虑到 B2B 采购行为会较大程度受到采购决策人的影响，平台应为商家提供将公域平台流量导入私域运营，并以核心采购商为枢纽，形成私域反哺公域的传播路径。

3. 提升对付费用户服务水平

中国的经济发展依然强劲，对电子商务依旧利好。1688.com 可以利用政策优势，积极开展多元化业务，不断地进行市场扩张。在活跃用户增速不断放缓的情况下，加强对付费用户的服务水平，在收取会员费的同时提升来自会员的收入，才能保障平台继续发展。

4. 积极投入数智化建设，提升综合服务力

随着用户迭代产生的线上化采购需求逐步凸显，1688.com 需积极探索 AI、物联网及云计算等数字技术与 B2B 全链路的深度融合，以驱动 B2B 全链路向数字化与智能化方向发展。现阶段以 ChatGPT 为代表的 AIGC 技术应用革命已拉开序幕，AIGC 技术能够适配多个 B2B 行业发展场景，如辅助商家优化组货策略、辅助商家产品设计、延伸平台增值服务及改善平台营销效率等。1688.com 若以此为新契机，可以推动 B2B 行业数智化渗透率持续提升，最终实现 B2B 行业高效率、精细化及前瞻化运营。

第三节　钢银电商案例

上海钢银案例.mp4

一、钢银电商简介

上海钢银电子商务股份有限公司(简称：钢银电商)于 2008 年正式注册成立，注册资金 10.3 亿元，总部设在中国上海，现旗下拥有 40 个服务站点，员工人数超 1000 人，其中高端互联网研发人才近 200 人。钢银电商由上海钢联电子商务股份有限公司投资控股，有背景、实力和信用背书。2015 年 12 月，获准在新三板挂牌，并于 2016 年 6 月入围新三板创新层，2016—2023 年连续 7 年位居营收前列。钢银电商是国内大型 B2B 钢铁全产业链智慧服务平台，也是国内位居前列的千亿级钢铁电商平台。被全国高新技术企业认定管理工作领导小组认定为高新技术企业，是上海市"专精特新"企业。

钢银电商依托上海钢联大宗商品资讯背景、大数据积累和复星集团的实力，经过多年的摸索和沉淀，以交易为核心，产业大数据为支撑，构建了集数据信息、交易结算服务、供应链服务、仓储加工服务、物流配送服务、数据信息服务于一体的"全产业链生态服务体系"。平台企业用户数超过 8 万家，公司连续七年上榜中国互联网协会、工业和信息化部信息中心发布的"中国互联网百强企业"榜单，是大宗商品交易类首位企业，中国产业互联网标杆性企业。

二、钢银电商发展历程

2008年2月，上海钢银电子商务股份有限公司正式成立。
2013年7月，钢银电商平台项目正式启动。
2013年11月，钢银电商撮合模式上线，为客户提供资源信息服务。
2013年12月，日交易量突破1万吨。
2014年3月，钢材超市模式上线，为用户提供信用结算服务。
2015年12月，钢银电商正式挂牌新三板(股票代码835092)。
2016年6月，钢银电商入选新三板创新层。
2016年10月，钢银实时数据上线，为用户提供数据信息服务。
2017年12月，钢银电商完成10亿元定增。
2018年12月，成立钢银科技，推动新兴技术在钢铁产业中的应用探索。
2020年7月，入选"上海供应链创新与应用示范企业"。
2020年10月，入选"2020年度国家中小企业公共服务示范平台"。
2021年7月，"终端直采"上线，为用户提供终端采购业务。
2022年5月，"钢厂竞拍"上线，为用户提供钢厂直供服务。
2023年3月，单日寄售交易量突破41.28万吨。

三、钢银电商的商务模式

(一)战略目标

钢银电商的战略定位为"平台+服务"，为此钢银电商从传统撮合服务向以寄售为核心的交易服务转变，实现交易的扁平化和数据化。同时以寄售交易为基础，推出供应链服务解决方案，进一步延伸至仓储、物流、数据等增值服务，最终创新打造了以"交易+供应链服务"为核心的双驱动业务生态模式。

(二)目标用户

钢银电商涉及的核心业务是钢铁的在线交易，为此针对上游钢厂，平台提供集合零散订单集中采购，实现柔性制造；针对中游贸易商，平台发挥供应链服务优势，解决中小企业分销及采购难题；针对下游终端企业，平台提供交易配送服务，解决最后一公里问题。因此，钢银的目标用户主要是钢铁贸易商，并衍生至钢厂和部分终端钢材需求企业。

(三)产品与服务

1. 撮合商城

撮合商城是钢银电商作为大宗商品交易平台提供的主要服务项目，买卖双方可以在平台上寻找合适的交易机会，利用平台实现在线交易，也可以获取交易信息，实施线下交易。撮合服务不是钢银电商的主要服务模式，却是平台引流和数据服务的重要基础，如图9-13所示。

图 9-13 钢银电商撮合交易服务

(资料来源：钢银官网)

2. 现货超市

现货超市实质是钢银电商的寄售平台，平台根据市场需求，设立寄售卖场，提供自主挂牌服务和结算服务，即价格由客户决定，平台不参与定价。寄售钢材出售前，钢厂仍然持有钢材的所有权，有利于随行就市，如图 9-14 所示。这种模式要求供应商提供实物现货与需求客户直接进行买卖交易，规避传统贸易商经常有价无货的情况，使得成交率大幅提升，是目前钢银电商最主要的服务模式和最大的利润来源业务。

图 9-14 钢银电商寄售交易服务

(资料来源：钢银官网)

在寄售的过程中，平台用户面临资金压力、价格波动和物流风险，对此，钢银电商联合金融公司和物流公司为需求端客户提供基于全产业链真实交易场景的四类供应链服务产品——"帮你采、随你押、任你花、订单融"。

帮你采：钢银电商平台通过垫付资金的方式帮助有采购需求且交易行为正常的会员进行代理采购的一种服务。

随你押：在钢银电商平台有正常交易行为的商家将货物放入本平台的指定仓库，从而获得所需资金的一种服务。

任你花:在钢银电商平台有正常交易行为的买家会员通过资质申请,能够获得平台提供的赊销服务,从而实现先提货后付款的一种服务。

订单融:一款基于现货的保证金交易服务,使用20%保证金买货,利用现货超市卖货,能帮助客户在盘活资金的同时锁定成本,降低市场风险。

3. 钢银数据

钢银数据是钢银电商提供的大数据服务项目,包括数据分析、数据咨询、数据决策等。依托母公司上海钢联积累的大数据基础,发挥互联网平台的大数据处理优势,通过实时交易获取数据,及时反馈给产业客户,如图9-15所示。作为国内为数不多公开实时交易数据的平台,钢银电商基于沉淀的大数据,逐步推出了多款数据产品,真实数据和高质量分析反馈深受大众认可。平台提供的钢银数据3.0服务主要包括成交、价格、库存三大板块,实现了分时呈现实时成交量、3秒更新实时成交价格、按需自选对比多城市库存等。而平台提供的商家数据中心则能全方位展示成交对比数据、每月交易排行、销量分布以及买家动向,帮助客户及时了解企业状况,随时调整企业发展方向。

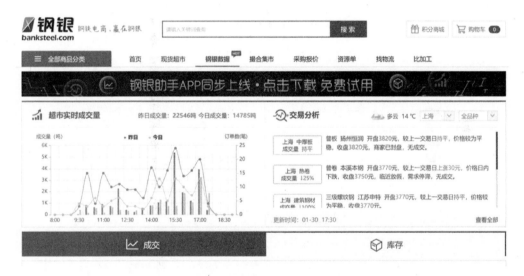

图9-15 钢银电商数据服务

(资料来源:钢银官网)

4. 钢厂竞拍

钢厂竞拍是钢银电商与合作钢厂联合推出的竞价类交易服务模式。钢厂在线发布资源,竞拍成功用户可直接与钢厂签署交易协议,同时支持使用钢银电商提供的代采服务。钢厂竞拍直接对接钢厂,减少中间环节,可节省人力、物力等综合成本。此服务是对平台交易服务的全新探索,钢银电商与上游钢厂强强联合助力产业下游实现更为精准的供需匹配,有利于产品集聚、交易集聚和配套服务集聚,如图9-16所示。

5. 终端采购

终端采购是钢银电商推出的一项针对"以工程为主的终端"的增值服务,其聚焦终端工程采购场景，利用下游资源整合优势，加入数字化科技的投入，打造全场景数字化采购服务，实现产业下游用户便捷化一站式采购。通过"终端直采"模块，下游用户可实时发布真实需求，在线自由报价，快捷在线成单，提升采购效率，降低采购成本，如图9-17所示。这项业务是钢银电商以数字供应链创新为突破口，基于核心业务的一次创新与突破，既注重专业深耕，又兼顾跨界拓展，利用了多方资源整合优势，推动产业数字化向更特色化方向发展，打造更具优势的产业生态。

图 9-16　钢银电商钢厂竞拍服务

(资料来源：钢银官网)

图 9-17　钢银电商钢厂终端采购服务

(资料来源：钢银官网)

6. 物流服务

物流服务是钢银电商基于同集团的运钢网和平台数据系统，为用户提供的高效物流决策服务，帮助用户解决大宗商品的运输难题，降低采购成本，如图9-18所示。以粗钢为例，2020年产量约为8亿吨，去除10%~20%的直供比例，在传统钢贸交易中，每批货物会经过3~4次销售，按平均50元/100公里物流成本计算，物流总成本就是960亿~1080亿元/

年。而通过钢银电商进行销售，中间环节可缩短至 1～2 次，物流成本将降低 50%，估测相当于 480 亿～540 亿元/年。物流服务是钢银电商商务模式实现的最重要保障之一。

图 9-18　钢银电商物流服务

(资料来源：钢银官网)

7. 加工服务

加工服务是钢银电商提供的一项增值服务，打通了钢材交易活动中的上下游服务，主要为贸易商寻找合适的加工商，或将加工商推介给有需求的钢铁贸易商，如图 9-19 所示。

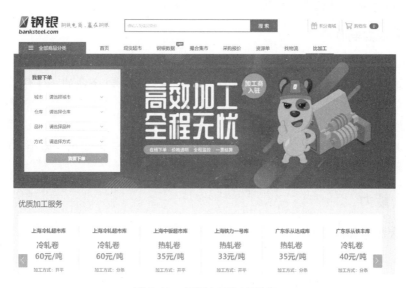

图 9-19　钢银电商加工服务

(资料来源：钢银官网)

用户可以根据平台提供的信息以及自身需求，快速寻找到合适的加工商，对钢材进行处理，有利于后续的物流和销售，也利于平台实现一站式钢贸交易服务。

(四)盈利模式

钢银电商 2023 年的企业财报显示,平台交易量 6364.07 万吨,同比上涨 20.14%,营业收入 855.08 亿元,同比增长 12.07%,净利润达到了 3.20 亿元,同比增长 17.28%。其中,供应链服务收入 831.64 亿元,同比增长 16.64%;其他业务收入 23.44 亿元。目前,平台的主要盈利模式是收取交易佣金、供应链服务收费和软件产品定制收费。

1. 交易佣金

交易佣金是平台寄售模式下的主要收入来源,平台用户通过钢银电商参与大宗商品交易,必须注册为平台会员,不需要缴纳会员费,就可以享受网站提供的服务。但若买卖双方交易成功后,平台会收取一定佣金,目前佣金率为 5%~25%。早期平台以预付寄售业务为主,基于降低风险的考量,平台不断削减预付寄售业务规模,积极鼓励一般寄售业务交易,提升毛利率,契合平台稳健发展战略。

2. 供应链服务收费

钢银电商通过介入在线交易,帮助用户解决现实交易中面临的行业链条长、流通层级多、信息流通不畅、资金流通效率低下、物流成本难以控制的难题,同时打造平台核心竞争力。平台依据提供的精准服务收取费用,包括金融服务、物流服务、数据分析服务等。其中赊销业务(任你花)和预购类业务(帮你采、订单融、随你押),均系通过钢材产品的买卖差价获取利润,而供应链管理、资源匹配、货物结算、物流配送以及线上营销等多种增值服务价值,则是在收费阶段与客户以协商方式确定价格。目前供应链收费是钢银增长速度最快、占比最大的收入来源。

3. 软件产品定制收费

钢银电商提供的云 SaaS 产品,构建了集深入调研、需求分析、方案制定、服务保障四步流程为一体的高标准服务体系。以企业个性化需求为锚,以企业的一体化应用、灵活的产品架构、完善的业务交付体系为抓手,针对性地为企业数字化升级注入活力,帮助钢铁企业降低各经营环节成本,提升运营效率,精准管控营销渠道,实现内部管理数字化和外部业务数字化"双轮"发展。钢银电商从中收取高额的定制软件费用,截至 2022 年 12 月,SaaS 产品注册用户数已超 8000 家,付费会员超过 1000 家。

(五)核心能力

1. 用户大数据分析能力

钢银电商的母公司上海钢联于 2000 年创立,截至 2023 年,有近 600 万注册用户,超 23 万付费用户,产业数据覆盖超过 100 条产业链,已实现数据服务标准化。钢联利用多年来用户资源积累所产生的各类数据,以及钢银电商现有的交易数据,加上公司出色的数据分析能力,构建钢银电商的底层数据库。钢银电商据此创立了底层 BCS(Banksteel Credit System)信用模型,通过对不同数据进行灵活组合,为用户提供个性化的数据应用——如将客户身份数据与其在平台的行为数据进行组合,帮助会员判断交易方信用;通过对下单数、成交数以及异常订单等交易数据进行实时监测,帮助用户及时规避风险;整合用户在多平台的各项交易数据，构建商家管理系统，对数据进行有针对性的分析；利用大数据构建了 SaaS 系统，帮助用户实现企业内部管理提升。庞大的用户数据基础和精准的分析能力提升了平台的用户满意度，进而实现了用户锁定，完成了数据价值变现，以保障平台快速发展。

2. 技术创新能力

钢银电商十分重视研究平台的技术服务能力，从创立之日起，就持续加大研发投入力度，提升研发能力，驱动产品升级。钢银电商平台系统不断迭代版本，为平台服务注入新动能。技术的领先，让平台能根据不同的应用场景、用户信息、交易行为、市场信息等多维度因素，智能化地分析出商业用户信用，满足用户多样化的需求。而平台内部的多元数据风控监测体系，可以与政府数据平台、企业数据平台、第三方服务商数据平台相连接，突破多平台数据壁垒，进行全面信用分析，确保平台交易安全、高效地进行。平台加速智慧仓储与智慧物流体系建设，投资控股第三方物流平台"及韵物流"，并依托物联网、5G 等新兴技术，促进物流的运载跟踪及预警能力再上新台阶；同时，钢银电商深化"云仓数联"仓储系统建设，积极推进合作仓库仓储系统与平台系统的链接，大幅提升提货速度和工作效率，降低货物管理风险。平台数字供应链的建设，也为平台找寻到新的利润增长点。

3. 供应链深化管理能力

钢银电商通过在线交易，将信息流、订单流、物流、资金流进行整合，并以此为基础从在线交易延伸到上下游用户的生产采购、物流仓储、支付结算、营销推广等供应链管理的不同层面，打造高效的供应链管理服务体系，满足用户交易场景需求，充分解决了传统钢贸产业链条中分别存在的订单零散、渠道不畅、采购及周转困难等问题，进一步将互联网和实体产业相融合，为钢铁产业上下游用户赋能，提高用户满意度。

4. 风控能力

钢银电商的风险控制能力是平台能够成功的核心能力。平台首先通过信用体系，选择拥有供应能力的供货商；其次平台把控采购全过程，确保货物符合客户要求；同时，平台随时监测供应链上实时交易信息数据，保障交易安全，分析真实信息数据，建立信用体系，保障金融服务中的资金安全；最后平台通过数据接口监控物流仓储过程，保障货品的安全。一系列举动最终形成了平台高效、灵活的风控策略，解决了在钢铁采购过程当中长期存在的买不到货、买到假货等风险。强风险控制能力让平台设计的寄售模式得以实现，并在同行中保持先行者的竞争优势，为平台稳健成长提供了强力支撑。近年来，平台风控体系不断升级，采用"定性协量"双重分析，升级商家分类分级管理模型，细化风险管控力度，实现交易流程的闭环管控，确保交易真实、安全、合规，为平台高质量发展提供落地保障。

四、成功之处

(一)商务模式不断创新

目前 B2B 平台的商务模式主要有三种：撮合模式、自营模式和寄售模式。钢银电商最初以撮合模式和免费模式吸引用户注册，实现平台引流。随后，为了提高平台用户的体验度，平台通过自营模式开启近两年的"野蛮生长"，低价和高品质服务让平台用户急速增加。

但缺乏明确的盈利模式让平台承受了极大的成本和资金压力，平台一直处于烧钱亏损境况。2015年年底，平台下定决心砍掉"自营项目"，进行商务模式创新，创建"平台+服务"的寄售模式，为上下游用户提供全方位供应链服务，不与用户抢夺利润。新商务模式的应用让平台运营步入正轨，寄售规模不断扩大，连续10个季度实现盈利，2018年净利润超过1.5亿元，同比增长超过261%。随着国内外环境变化，钢铁行业供需形势起伏不断，行业风险和企业经营面临巨大挑战，钢银电商拥抱变化，快速调整战略部署，以高质量发展为主线，围绕"寄售+供应链"核心业务模式，着力推进"一体两翼"建设，夯实数字化风控管理根基，及时调整寄售策略，加大数字供应链建设。在智慧风控与智慧服务"双智"驱动下，保持稳定健康的发展态势。2022年，平台企业用户数超16万家，交易量达5297.15万吨，年人均效能4.83万吨，持续领跑行业。公司连续7年上榜"中国互联网百强"，并荣膺商务部"全国供应链创新与应用示范企业"。

(二)提前布局数据战略

作为钢铁B2B电子商务的先行者之一，钢银电商一开始就确定数据资源战略，并在平台运营过程中不断发掘数据新应用，提前在商业信用、交易风险、交易决策支持等方面进行数据准备和战略布局，平台还首批公开交易数据，与产业用户分享数据资源。钢银电商的数据战略，有效地提升了用户的使用满意度，帮助平台扩大用户规模，进而推动了平台商业模式的创新，实现了平台服务升级，同时为平台带来了丰厚的利润，让平台能持续成长。随着数字化成为国家级战略，数字要素成为数字经济发展的新引擎，钢银电商继续高扬数智化管理之帆，把稳高质量发展之舵，充分彰显了公司敏锐的产业洞察力和强劲的发展韧性。

(三)跨组织协作提高服务效率

钢银电商是其母公司上海钢联企业生态系统中的重要一环，钢银电商与上海钢联的其他平台，以及众多的第三方服务企业良好的协作关系，保障了钢银电商各项业务的开展及创新。上海钢联旗下的"我的钢铁网"承载资讯业务，钢银电商承载交易和金融业务，运钢网承载物流业务，钢联物联网承载仓储业务，钢联研究中心承载研究咨询业务。各平台将积累的海量行业资讯数据与钢银电商交易平台无缝对接，同时钢银电商在运营过程中不断产生新的高频交易数据，与资讯数据共同构成上海钢联生态系统的大数据闭环。此外数据还来源于商业生态中资讯、研究、交易、物流、仓储、金融商业活动的各个环节，而加工后的数据又反馈回相应的商业组织和商业活动，形成交易产生数据，数据优化交易的模式。钢银电商在交互过程中，妥善地协调相互独立但彼此互相支持的组织关系，最终使得平台的服务效率提升，盈利能力大幅增强。

(四)产业生态

钢银电商将钢贸产业的交易业态进行重塑，重新定义产业价值链和产业生态。钢银电商与天津物产电子商务有限公司、南京钢铁股份有限公司、平安银行股份有限公司上海分行、中建材工程材料有限公司等产业链上下游企业形成战略合作关系，与产业中相关的组织和个体实现资源共享、互利共存。这些跨部门、跨领域、跨利益相关者之间的互动,让产业链中的所有参与方形成一致目标并协同行动,最终形成共生的产业链生态系统。打破企业内部、组织间的业务孤岛和信息孤岛,有效规划和管理产业链上发生的供应采购、生产运营、物流活动、金融服务,最终实现产业组织网络、价值网络、物流网络和金融网络的全面融合,实现了整个产业链价值的提升,也造就了价值网络主导者——钢银电商的快速成长。

五、结论与未来发展建议

钢银电商自成立以来,从简单的撮合平台,发展为现在最大的**钢铁现货交易平台**,催生出万亿元规模的现货网络交易市场,为 B2B 电子商务企业提供了一条可参考的转型之路。但在钢银电商的发展过程中,其资金、信用、人才方面都存在一些问题。

(一)面临的挑战

1. 资金流风险程度高

钢银电商现在采用的寄售模式,要求平台拥有庞大的资金池,才可以支撑平台的供应链金融服务,保障平台寄售业务的顺利开展。而在寄售模式下,货物的所有权不归属平台,但货物发生价值涨跌的风险却要由平台把握。这对平台的资金获取能力和资金风险控制能力要求极高,如何低成本获取资金和长期保持资金池稳定就成为平台发展的关键。目前钢银电商凭借母公司的资质背书、金融机构的大力支持、交易数据的监控来把控资金应用。在未来市场规模继续扩大、同行竞争加剧的情况下,如何保障资金池平稳,以及如何提升资金利用效率成为钢银电商发展面临的首要问题。

2. 全程交易信用监管难度较大

钢铁产业链条上不同主体的电子商务程度发展不均衡,流通端到需求端的互联网化水平较高,而生产端和物流端互联网化水平过低。信息的不对称性,让平台无法在真正意义上实现交易数据的闭环,即无法把控整个产业链条的运转情况。因此,平台商必然会遇到用户的信用问题,如何保证卖家能把货卖出去,保证买家买到好货,光凭借数据分析是无法解决的。在信息化水平发展不一致的条件下,如何处理数据之外的信用管控,仍是钢银电商运营中遭遇的最大难题。

3. 人才竞争问题

钢铁行业现在有找钢网、钢钢网、钢为网、中钢网、兰格钢铁网、飞谷网等第三方电商平台,东方钢铁在线、欧冶云商、河钢云商、荷钢网等钢厂电商平台,以及鑫益联、西本新干线、中拓钢铁网等钢贸电商平台,欧浦智网、斯迪尔等物流加工企业电商平台,行业竞争激烈。由于行业品类众多,标准各异,大多数平台都在各自品类领域内精耕深作,除了资金、资源的比拼外,更多的还是对人才的竞争。各平台都出台各种政策,吸引、留住优质人才,钢银电商如何应对同行的人力扩张战略、保障自身竞争力,是平台未来发展的关键问题。

(二)未来发展建议

1. 开放平台

钢银电商的交易平台是利用 SaaS(Software as a Service)这种开放性平台实现,接入独立的物流配送平台运钢网,仓储加工平台钢银物联网。未来钢银电商可以考虑接入更多平台,例如欧浦智网、中储天物网等集团商业生态外的第三方平台,甚至可以考虑开放接纳如欧冶云商、宝钢的加工中心等竞争平台。钢贸行业的电子商务平台建设仍处于发展阶段,各平台的用户增加都是缓慢的,开源带来的促进效果有限,而节流的方式则更有利于各平台保持资金的稳定,为此开放平台、多方协助有利于实现多方共赢。

2. 加强技术创新应用

钢银电商需继续加强大数据分析能力,从平台用户数据中发现未知的联系,不断发掘新的价值空间,寻求新的利益来源。钢银电商还应加大区块链在供应链金融服务中的建设与应用,重点完善 BCS 信用体系,为服务的安全性、持续性提供数字化风险管理保障。还可以引入更多的技术创新提升整体信用监控,如引入人工智能图像识别技术实现物流的自动监测。

3. 人才培养

未来的 B2B 产业竞争,必然是全球生态的竞争,是供应链服务能力的竞争。因此钢银电商在现有人力资源策略下,要留住平台核心岗位的关键人才,还要提前布局供应链综合人才的培养,人才的稳定有助于平台的持续发展。

自 测 题

1. B2B 模式中信息撮合模式和寄售交易模式的主要特点是什么?相应平台商的核心能力有何不同?
2. 银行、物流商及源头工厂纷纷建立自己的电子商务网站,提供直销渠道;垂直电商平台提供更多精准服务。1688.com 这类综合 B2B 平台如何直面竞争,保持先行者优势?
3. 大数据时代,B2B 电子商务平台如何构建商业生态,实现内容的价值?
4. B2B 电子商务模式常见的运营模式和盈利模式有哪些?

第十章 搜索引擎

【学习要点及目标】

通过对本章的学习,熟悉搜索引擎的定义和工作原理,对比谷歌和百度在自然搜索和广告等业务的不同发展模式,重点关注盈利模式对搜索引擎企业社会责任的影响以及AI技术发展背景下搜索引擎的未来发展方向。

【引导案例】

2023年2月3日,谷歌(Google)云业务部门宣布了对人工智能初创公司Anthropic价值3亿美元的投资,约占这家公司股权的10%。这项投资有一个很现实的回报:Anthropic今后将从Google采购更多的云计算服务。换句话说,Google这笔投资,主要是以它为一家人工智能公司长期提供云计算服务的方式来兑现。

这家在过去五六年间不断以"人工智能优先(AI First)"构筑公司技术创新形象的硅谷巨头,忽然间发现自己在长期引以为傲的人工智能领域,竟然失去了聚光灯下的位置。

如今,每个人都在讨论OpenAI和ChatGPT,讨论这是不是人工智能界的"iPhone时刻",很少有人记得GPT技术的理论基础——Transformer模型算法,是Google Brain的研究团队最先提出的。

Google希望尽快夺回公众的注意力,但微软瞄准Google要害的一击已经在来的路上。2月7日,与Google宣布投资Anthropic仅仅隔了一个周末,在位于美国华盛顿州雷德蒙德的微软总部,CEO萨蒂亚·纳德拉宣布将OpenAI的最新技术集成到必应(Bing)搜索引擎和Edge浏览器的下一个版本中。他对外展示了一个能够与用户对话的搜索引擎:你只要提出问题,Bing在检索相关网页信息后直接以回答问题的方式将结果告诉用户。

"互联网搜索的范式在过去十多年间从未变化,但人工智能会让获取信息的方式更快更流畅,"纳德拉总结道:"这是搜索领域新的一天。"

微软这一招戳到了Google的命门。搜索是Google赖以为生的核心业务,搜索广告带来的收入占到公司总营收约57%。过去十多年来,Google垄断了全球搜索市场,份额始终保持在90%以上。相比之下,排名第二的Bing市场份额只有3%。Google太久没有感受到过威胁了,它只能仓促应对。

2月8日,Google在巴黎召开了发布会,推出一款类似ChatGPT的产品:Bard。但资本市场对于Google的应对并不买账,究其原因是Google在过去十余年里一步步在人工智能领域塑造出的独占鳌头的形象突然崩塌了。投资人发现,Google建立的技术壁垒并非高不可攀。资本市场对于这场失败的发布会给出的负面反馈，直接掩盖了人们对于 Bard 的产品能力的正常讨论：Google 股价在次日开盘后暴跌超 7%，市值蒸发 1000 多亿美元。

这听起来像一幕新的英雄挑战恶龙的故事。有趣的是，这样的故事不止一次在微软与 Google 这两家公司之间上演过，只不过，上一次扮演恶龙的公司是微软。

(资料来源：微软 vs Google：AI 技术的王权更迭．第一财经)

第一节 搜索引擎简介

一、搜索引擎概述

搜索引擎简介.mp4

搜索引擎是为网络用户提供信息查询服务的计算机系统，也可以说是一类提供信息检索服务的网站。它根据一定的策略，运用特定方法搜集互联网上的信息，对信息进行组织和处理，并将处理后的信息通过计算机网络显示给用户。它包括信息搜集、信息整理和用户查询三部分。

最早的搜索引擎是 1990 年由加拿大麦吉尔大学的三名学生艾伦·埃姆塔吉(Alan Emtage)、彼得·德意志(Peter Deutsch)、比尔·威伦(Bill Wheelan)发明的 Archie(ArchieFAQ)。Archie 是第一个自动索引互联网上匿名 FTP 网站文件的程序,还不是真正的搜索引擎。1994 年 4 月，斯坦福大学的两名博士生，美籍华人杨致远和大卫·菲洛(David Filo)共同创办了雅虎(Yahoo)。Yahoo 通过人工选择和整理互联网上的优秀网站，并进行简要描述分类放置到不同目录下，用户必须通过一层一层的点击来查找自己需要的网站，这是一种网站分类目录的形式。在此后的一段时期内，以 Yahoo 为代表的网站分类目录查询非常流行。

然而，网站分类目录仅适用于信息不是特别多的情况。随着互联网信息呈几何式增长，网站分类目录就显得力不从心。这时，真正意义上的搜索引擎即全文索引搜索引擎呼之欲出。其通过计算机程序搜索互联网上的所有超链接，将超链接所链接的页面放入索引数据库，按照一定方法对将要输出的结果进行排序。

随着互联网应用的快速发展，由于全文索引搜索引擎搜索的结果繁杂，无法满足用户特定需求，这时就出现了旅游搜索、新闻搜索、图书搜索、图片搜索等专业化、行业化的搜索，也称为垂直搜索。

从使用者的角度看，搜索引擎提供一个包含搜索框的页面，在搜索框输入词语，通过浏览器提交给搜索引擎后，搜索引擎就会传送同用户输入的内容相关的信息列表。搜索引擎的工作包括如下三个过程。

(1) 在互联网中发现、搜集网页信息。

(2) 对信息进行提取和组织，建立索引库。

(3) 检索器根据用户输入的关键字，在索引库中快速检出文档，进行文档与查询的相关度评价，对将要输出的结果进行排序，得出查询结果。

其中，发现、搜集网页信息需要有高性能的"网络蜘蛛"(Spider)程序自动地在互联网中搜索信息。一个典型的网络蜘蛛工作的方式是查看一个页面，并从中找到相关信息，然后再从该页面的所有链接中出发，继续寻找相关的信息，以此类推，直至穷尽。网络蜘蛛为实现其快速地浏览整个互联网，通常在技术上采用抢先式多线程技术聚集信息。通过使用抢先式多线程，可以以 URL 链接为基础索引 Web 页面，并启动新线程跟随每个新的 URL 链接，进而形成索引链。当然，在服务器上所开的线程也不能无限膨胀，需要在服务器的正常运转和快速收集网页之间找到平衡点。在算法上各个搜索引擎技术公司可能不尽相同，但目的都是帮助用户快速检索并浏览所需要的 Web 页面。

二、搜索引擎的分类

(一)按工作原理划分

从工作原理来分，搜索引擎可以分为全文检索搜索引擎、分类目录式搜索引擎和元搜索引擎。

1. 全文检索搜索引擎

全文检索搜索引擎是纯技术搜索引擎，如谷歌、AltaVista、ASK、Overture 等，其原理是通过"网络蜘蛛"(Spider)程序到各个网站收集、存储信息，并建立索引数据库供用户查询。这种搜索方式方便、简捷，并容易获得所有相关信息，但搜索到的信息过于庞杂，用户需要逐一浏览并甄别出所需信息。

2. 分类目录式搜索引擎

分类目录式搜索引擎是一种基于网站分类的搜索方式，它将互联网上的信息按照一定的分类体系进行组织和整理，使用户能够快速找到所需的信息。分类目录式搜索引擎的优点在于提供了更加精确和有组织的搜索结果，目录是由人编辑和分类，而不是通过机器学习算法自动生成的。雅虎分类目录是这种类型的典型代表，它按照主题将网站进行分类，如新闻、娱乐、体育等，用户可以在相应的类别下找到相关的网站。

3. 元搜索引擎

元搜索引擎是一种调用其他独立搜索引擎的引擎。元搜索引擎在接受用户查询请求时，同时在其他多个引擎上进行搜索，并将结果传送给用户。著名的元搜索引擎有 Webcrawler、Dogpile 等，中文元搜索引擎中具代表性的有 360 搜索等。

(二)按搜索引擎结果的来源划分

从搜索引擎结果的来源来分，即相对于搜索引擎服务商对搜索结果的"产权"来划分，可以分为独立搜索引擎和第三方搜索引擎。

1. 独立搜索引擎

独立搜索引擎就是搜索引擎服务商所提供的搜索结果来源于自身的数据库，前述的全文检索搜索引擎和分类目录式搜索引擎就属于独立搜索引擎。

2. 第三方搜索引擎

第三方搜索引擎是对独立搜索引擎搜索结果的整合，上述的元搜索引擎就属于这一类。

这类搜索引擎通常会收集各个网站的数据，并使用自己的算法进行排序和展示。第三方搜索引擎的优点是可以提供更加全面和广泛的搜索结果，因为它们可以整合多个引擎或数据库的信息。

(三)按商务应用划分

从商务应用来分，搜索引擎可以分为综合搜索门户和垂直搜索引擎。

1. 综合搜索门户

综合搜索门户是以谷歌(Google)、百度、必应(Bing)为代表，以综合信息搜索为主的独立搜索系统。它们给用户提供一个统一的搜索界面，用户可以在同一个地方进行多个领域的搜索，如网页搜索、图片搜索、新闻搜索等。综合搜索门户的优点是方便快捷，能够一站式满足用户的多种搜索需求。

2. 垂直搜索引擎

垂直搜索引擎于 2006 年以后逐渐兴起，是相对综合搜索引擎的信息量大、查询不准确、深度不够等提出来的新的搜索引擎模式。它具有明确的市场定位，能提供更加具有针对性的、满足用户需求的内容和服务，可以按行业、区域、用户需求的产品和服务种类建立搜索平台，在特定的搜索领域内为用户提供更好的体验。

(四)按搜索信息的范围划分

按搜索引擎搜索信息的范围划分，搜索引擎可以分为内部搜索引擎和公共搜索引擎。

1. 内部搜索引擎

内部搜索引擎是指属于某一个网站且仅检索自身网站内容的搜索引擎。这类搜索引擎不能独立存在，必须依附于某一个网站。用户利用这类搜索引擎检索出的信息都是其所依附的网站的内部信息，例如企业内部知识库、文件库、产品数据库等。目前，大的门户网站、论坛、博客平台、SNS 网站一般在其网站上提供这样的内部搜索引擎，方便用户检索自己网站上的信息。

2. 公共搜索引擎

公共搜索引擎是指收录互联网上其他网站的页面供用户检索的搜索引擎。这类搜索引擎独立存在，定期在互联网上抓取其他网站的页面供用户检索，用户利用这类搜索引擎检索出的信息都是互联网上其他网站的信息，具有代表性的有百度、谷歌、有道、爱问、搜狗等。

三、搜索引擎的盈利模式

搜索引擎发展之始只是作为门户网站的附属，并无有效的商务模式。目前，搜索引擎已成为网络信息来源的主要通道，其盈利主要有以下几种模式。

(一)搜索技术提供模式

这是搜索引擎发展早期的商务模式。在当时,搜索引擎企业仅是作为搜索技术的提供商和运营商,为互联网主流门户网站、企业和政府机构网站提供相应的搜索技术,并由此获取技术服务费。该模式使得搜索引擎企业对其他企业依赖性强,无法直接接触搜索用户、详细了解用户需求,营收及增长均有限,难以支撑搜索引擎长期可持续发展。

(二)搜索服务提供模式

随着互联网的发展,搜索引擎企业从为门户网站提供搜索技术转向独立为用户提供搜索服务。在这一模式中,搜索引擎运营商已经占据绝对关键位置,成为用户直接面对的互联网应用。一方面,搜索运营商直接为用户提供搜索服务,同时也为合作网站和联盟网站提供搜索技术支持,间接为用户提供服务;另一方面,通过搜索引擎平台,可以将广告传递到用户,真正形成链接广告主与用户之间的桥梁。

(三)关键词广告模式

自 2002 年后,关键词广告成为网络广告市场增长最快的模式。其基本形式是当搜索引擎用户利用某一关键词进行检索时,在检索结果页面会出现与该关键词相关的广告内容。由于关键词广告具有较精准的定位,其效果比其他一般的网络广告形式要好。关键词广告主要有两种模式:一种是在查询结果显示区左边的广告,一般称为竞价排名广告;另一种则是在查询结果显示区右侧,不会干扰自然搜索结果,这种广告模式提供了竞价机制和点击付费机制,即综合考虑广告商的付费额度和被点击的频率,从而决定广告的排名。

其中,竞价排名是一种遵循特定规则,通过推行关键词广告来获取收入的盈利模式,是中文搜索引擎盈利的主要模式。搜索引擎运营商将客户的广告页面放在索引库里,根据关键词竞价的不同,在搜索用户查询该关键词时就能将不同客户的广告链接以不同的顺序在结果页面中显示出来。竞价排名广告采用的付费方式是"按效果付费",即所谓竞价实际上也是对每次有效点击所付费用的竞价。

(四)广告联盟模式

该模式是在关键词广告模式基础上推出的。搜索引擎运营商搭建联盟平台,将广告主和联盟网站联系在一起。广告联盟平台提供广告位管理、广告代码、广告投放和统计分析等服务,帮助广告主有效投放推广产品和服务。联盟网站通过平台接入和自己网站内容相关的广告并进行展现,而后获得相应比例的收益。联盟平台的收益则主要来自广告主的广告投放费用和联盟网站的收益提成。

(五)增值服务模式

增值服务收费是搜索引擎运营商尝试突破的一种新模式。搜索引擎广告模式已被证实为一种成功的模式,搜索引擎运营商的增长空间随着搜索引擎市场的增长而增长,但是当增长触顶时,这种商务模式上的获利将到达极限。为了持续发展,搜索引擎运营商则可以通过为搜索用户中的优质人群提供各类增值服务而实现新的获利。搜索引擎数量所拥有的庞大用户基数和数据沉淀成为其拓展各类增值服务的先天优势。

第二节 谷 歌 案 例

Google 案例.mp4

一、谷歌简介

谷歌公司成立于 1998 年，目前总部设在美国加州山景城。该公司从最初以互联网搜索引擎为业务，逐步发展为可提供 50 多种产品和服务，包括电子邮件、地图、软件、云计算、在线广告技术、移动电话和平板电脑等的科技巨头公司。该公司产品种类多样，业务覆盖从娱乐到工作，从科学研究到生活服务，已经形成庞大且稳定的产品生态网络。近十几年来，其开发的 Android 系统已成为智能手机市场最受欢迎的操作系统之一，谷歌搜索的市占率一直位列搜索引擎市场第一。截至 2024 年 4 月，在全球所有平台的互联网搜索引擎市场中，谷歌占比 90.9%，必应占比 3.6%，雅虎占比 1.1%，百度及其他搜索引擎约占比 4.4%。

谷歌致力于尽可能改善更多人的生活，自 2017 年起，AI 逐步发展成为谷歌战略版图中最重要的模块。2023 年深度思考(DeepMind)与谷歌大脑(Google Brain)合并，共同探索 AI 发展边界。目前，谷歌在深度学习框架、算法模型、算力等多个方面展开布局，并已经构建起较高的技术壁垒。凭借深厚的技术积累和强大的软硬件生态协同，谷歌仍将继续引领新一轮的 AI 大模型浪潮。尽管谷歌拥有庞大的产品服务投资组合，但商业的核心优势依然是广告和搜索引擎。

二、谷歌发展历程

1998 年 9 月 7 日，谷歌公司成立；发明 PageRank 专利。

2000 年，谷歌以每天 1800 万次查询成为最大的互联网搜索引擎，雅虎选择谷歌作为默认的搜索结果供应商；推出 AdWords，开创了营收最高的广告业务。

2002 年，谷歌推出了新闻的测试版及关键词广告。

2003 年，谷歌收购了 Pyra 实验室，推出 AdSense，通过分析网站内容投放与之相关的广告。

2004 年，谷歌发布了免费电子邮件服务 Gmail 并在纳斯达克上市。

2005 年，谷歌地图发布；在中国设立研发中心；斥资 10 亿美元收购互联网服务供应商"美国在线"5%的股权。

2006 年，谷歌以 16.5 亿美元收购影音内容分享网站 YouTube。

2007 年，谷歌以 31 亿美元的价格收购网络广告服务商 DoubleClick，进一步发展在线广告业务；宣布开发基于 Linux 平台的开源手机操作系统，并命名为 Android 系统。

2008 年，谷歌发布网络浏览器 Chrome；谷歌与金融集团汇丰银行(HSBC)以及国际有线电视集团 LibertyGlobal 组成名为"O3bNetworks"的网络计划，通过发射 16 颗卫星将网络服务带入地球上还尚未连接上网络的地区。

2010 年，谷歌推出智能手机 Nexus One；宣布进军无人驾驶汽车领域；谷歌宣布关闭在中国大陆市场的搜索服务。

2011 年，谷歌正式推出 Chrome 操作系统；以 125 亿美元收购摩托罗拉移动。

2012 年，谷歌发布谷歌眼镜、谷歌 play、无人驾驶汽车；收购网络安全创业公司 Virus Total；斥资 1700 万美元收购电商储物服务公司 BufferBox。

2013 年，谷歌进军电商行业，推动物流快递服务；谷歌中国台湾数据中心开始运营，总建造成本约为 3 亿美元；收购 Flutter，该公司的主要业务是手势识别技术；谷歌正式宣布推出新版旗舰式手机 Nexus 5，此款手机搭载该公司最新的操作系统 KitKat Android。

2014 年，谷歌正式收购人工智能研究实验室 DeepMind；以 32 亿美元现金收购了设备公司 Nest；与通用汽车、本田、奥迪、现代和 Nvidia 联合成立"开放汽车联盟"，将谷歌开源系统 Android 应用于汽车领域。

2015 年，谷歌重组为母公司 Alphabet；发布围棋人工智能程序阿尔法狗(AlphaGo)。

2016 年，谷歌推出人工智能助手谷歌 Assistant；推出 Pixel 系列智能手机。

2017 年，谷歌正式宣布谷歌 AI 中国中心在北京成立，发布 Transformer。

2018 年，谷歌和腾讯签署覆盖多项产品和技术的专利交叉授权许可协议；宣布成立复旦大学-谷歌科技创新实验室，以 5.5 亿美元入股京东，双方将展开战略合作。

2019 年，普林斯顿大学与谷歌开展人工智能技术研发合作。

2021 年，收购 Fitbit，扩展可穿戴设备业务。

2022 年，收购 Raxium 获得 MicroLED 技术，推动公司头戴设备发展。

2023 年，Deepmind 和 Google Brain 合并，引领突破性的 AI 产品研究和进步。

三、谷歌的商务模式

1. 战略目标

从谷歌早期的整体业务来看，搜索、广告和应用是谷歌的主要核心业务，其中搜索是技术核心，广告是商业核心，应用是支撑面向未来竞争的战略核心。目前，谷歌扩展了更为广阔的业务领域，涵盖从消费硬件到汽车、电信、医疗以及风险投资等。2017 年，谷歌母公司 Alphabet 更是将未来发展战略从"Mobile First"调整为"AI First"。自此以后，AI 成为公司在投资、收购、内部支出以及申请专利方面的重点领域。这标志着谷歌将从以搜索引擎和安卓为代表的移动互联网时代，全面转向 AI 新阶段，并在算力、算法等多个层面展开布局并以此构筑确立公司在未来 IT 领域的领先地位。

2. 目标用户

谷歌主要有三大类用户：第一类是通过谷歌的产品或服务有效组织使用信息的全球用户或组织；第二类是能够以经济高效的方式，向客户提供线上和线下广告的广告商；第三类是使用 AdSense 服务的谷歌网络成员和其他内容提供商。除此之外，其他部分还包括移动设备用户、制造商以及开发人员等。

3. 产品与服务

根据谷歌 2022 年的年报，谷歌的产品与服务总体上可以分为两大类：谷歌服务和谷歌云。谷歌服务可以分为软件、硬件和网络服务。谷歌云可以分为谷歌云平台和谷歌 Work

Space，提供云服务和协助办公。

谷歌软件包括 Chrome 浏览器、安卓操作系统等。Chrome 浏览器无论在手机、平板还是电脑浏览器市场中，均居全球市场份额第一。截至 2023 年，Chrome 占据 64.8%的浏览器市场份额。Chrome 默认搜索引擎为谷歌搜索，这为谷歌在搜索引擎中投放广告提供了极大的便利。Chrome 会跟踪用户数据以分析用户行为，从而推送更符合用户偏好的广告。除此之外，Chrome 也会向谷歌其他应用引流，带来广告收入，提升用户数据价值。用户通过下载 Chrome 上的扩展应用，也联通了与其他企业的合作。目前 Chrome 上集成了超过 13 万个扩展应用，这些扩展应用进一步丰富了用户体验，同时也为谷歌带来丰盈的广告收入。

安卓操作系统是世界最大的手机操作系统，截至 2022 年 5 月，占据全球 71.45%的份额，在平板设备中，苹果 IOS 占据 53.63%，安卓占据 46.3%。安卓的开放性、设备的性价比和多样性以及背靠谷歌生态系统都为其带来了竞争优势。

谷歌硬件包括 Pixel 设备和 Fitbit 穿戴设备，Nest 家居设备和 VR 设备等；

谷歌网络服务以搜索引擎为代表，此外还包括广告网络、谷歌地图、谷歌邮箱、YouTube、谷歌地球等；

谷歌云平台(GCP)是仅次于 AWS 和微软的云服务"领导者"，其在广泛的使用场景中展现出强大的性能。通过扩展云平台能力、业务的规模和范围以及收购相关公司，谷歌逐步成为领先的 IaaS 和 PaaS 提供商。

此外，谷歌 AI 还在深度学习框架、算法模型、算力等多个方面展开布局。在 DistBelief 机器学习系统上推出的 Tensorflow 一度成为最流行的深度学习框架。算法模型方面，公司推出的 AlphaGo、Transformer 等对 AI 行业发展具有奠基性作用。算力方面，谷歌从 2016 年推出 TPUv1 开始布局 AI 模型算力，其最新一代 TPUv4 的算力水平全球领先，同时还通过推出 Edge TPU 和 Cloud TPU 实现对于更广泛场景的算力支持。2023 年 4 月谷歌宣布将 Deepmind 和 Google Brain 两大世界级 AI 实验室合并，成立 Google DeepMind 部门，通过加快团队的协作和执行，未来有望创造更具突破性的 AI 研究和产品。

4. 盈利模式

财报显示，谷歌 2023 年营收 3073.94 亿美元，同比增长 9%；净利润 738.0 亿美元，同比增加 23.1%。其中，谷歌广告业务(搜索引擎广告、YouTube 广告、广告网络)营收 2378.6 亿美元，同比增长 6.0%，在谷歌总营收中占比 77.4%，但正面临 Tiktok、奈飞、迪士尼等流媒体广告服务商的挑战。谷歌订阅平台和设备业务(YouTube 订阅、Google Play 应用商店抽成、手机设备等)营收 346.9 亿美元，同比增长 19.4%。该业务目前在谷歌总营收中占比 11.3%，表现总体稳定。谷歌云业务 2023 年营收 330.9 亿美元，同比增长 25.9%。谷歌云是谷歌的第二曲线，目前在谷歌总营收中占比 10.8%。2023 年全球市场份额为 10%，处于第三位。与竞争对手微软相比，谷歌云竞争力不够强。微软智能云 2023 年营收 962.1 亿美元，同比增长 17.7%。谷歌原本被市场视为 AI 市场的领导者，但微软利用 ChatGPT 为代表的大模型技术在 AI 市场引领了新一轮变革。

谷歌为各类用户提供的产品或服务大多是免费的。通过免费吸引尽可能庞大的用户群体使用平台，从而在不同用户、不同产品、不同市场之间获得交叉补贴。谷歌曾对外公布，其盈利离不开技术授权和广告。

第十章　搜索引擎

(1) 技术授权

由于搜索引擎对技术的要求很高，许多门户网站不愿将巨大的人力物力花费在搜索引擎的研究上，而是直接从搜索引擎公司购买搜索技术转为己用，这为搜索引擎公司带来不小的收益。宝洁、美国能源部等许多大公司、网站和政府机构均使用谷歌的搜索技术，谷歌按照搜索的次数来收取授权使用费。这种盈利方式虽然赚取金额较大，但频率一般较低。

(2) 关键词广告

这是目前采用较多的一种盈利方式。当用户向搜索引擎输入需要查询的关键词或主题后，可以得到相应的各类链接。如果厂商需要，搜索引擎可将相关的介绍性广告也一应搜索出来。但为了不影响用户快速寻找所需要的结果，这些链接广告一般单独排放在网页右边，用户可以选择性查看，不会影响使用体验。经过检验，这种区别于传统广告的营销方式具有非常好的效果，商家的产品广告可以准确送达他们期待的目标消费者群体中，搜索引擎公司则可以根据网络广告的点击量，按照事先约定的单价向厂商收取一定费用。关键词广告为搜索引擎公司带来了丰厚的经济利益，拓宽了其发展空间。

AdWords 服务是谷歌于 2003 年最先开创的盈利模式。该模式是针对企业客户而设计的一种在线广告服务，即关键词广告，允许广告商利用关键词自行发布广告并进行管理。谷歌按照"起价+点击数×每次点击的价格"来收费，费用较高。AdWords 通过用户搜索的关键词来提供相关的广告，这些广告以静态纯文本的形式出现在搜索结果右侧很小的一块空白处，不会出现动画甚至声音干扰用户。这种友好的广告界面更易被用户接受，而且是针对用户的关键词提供，因此往往具有很高的点击率。

(3) AdSense 广告

谷歌于 2004 年首创的比 AdWords 更为先进的广告盈利模式。这是一种通过使用关键字广告或者内容联盟网络的付费网络推广方式，针对众多网站发布商而设计。它可以让网站发布商在他们的网站展示与网站内容相关的谷歌广告，并将网站流量以及广告点击量转化为收入。如果一个网站添加了谷歌提供的广告，即成为谷歌的内容发布商，可以显示谷歌关键词广告，谷歌根据广告被点击的次数支付佣金。

(4) 其他新兴的盈利模式

安卓(Android)是目前全球使用人数最多的移动端操作系统。通过安卓系统积累用户基数，捆绑应用程序，植入广告也成为谷歌重要的收入来源。目前，安卓系统下的所有游戏，包括愤怒的小鸟、植物大战僵尸、水果忍者等，其间包含的所有广告均为谷歌投放。这使得全球数以亿计的安卓用户都成为谷歌的终端资源。

此外，谷歌从 2018 年开始持续加大对云业务的投入，云业务营收每年均保持高速增长，未来更多的企业业务云化需求，将推动谷歌云服务进一步升级发展，谷歌云业务或将成为谷歌收入的新增长极。

5. 核心能力

(1) 谷歌的人才优势

谷歌是以研发人员为中心的公司，公司一直秉承"只雇佣最聪明的人"的人才选用宗旨。在绩效管理方面，公司具有非常完善的考核机制；在员工晋升方面，公司强调民主和自由。谷歌让员工决定工作时间，拥有很大的自由度。此外，谷歌还给每位工程师 20%的自由支配时间，让他们选择感兴趣的课题进行研究，营造出以人为本、平等民主的企业文化，极大地调动了员工的积极性和创新精神。

(2) 谷歌的品牌优势

谷歌的使命是整合全球信息资源。在全球化的过程中，谷歌高度重视互利合作并且广泛建立合作关系，从而构建覆盖全球的价值网络。目前谷歌面向很多国家提供服务，开发出数十种语言的版本，其员工遍布全球，全球业务收入与日俱增，全球搜索市场份额超过50%。谷歌始终以提供最佳的用户体验为使命，注重树立在网民中的良好口碑，并借此提升品牌的知名度和美誉度。谷歌通过提供简单实用的搜索服务、准确客观的搜索结果来强化搜索功能，通过降低网络广告对用户的影响来淡化商业气息，从而赢得良好的口碑宣传效果。

(3) 谷歌的技术优势

谷歌在创立的初始阶段，技术创新大都集中在与搜索引擎业和广告业务相关的领域。现阶段，除了搜索引擎以外，谷歌拥有包括视频分享网站、社交网站、地图、安卓系统、智能手机应用、智能手机、智能穿戴设备、大数据、云计算、热气球网络、光纤网络、无人机、自动驾驶汽车、抗衰老药物、量子计算机、人工智能、机器人、医用隐形眼镜、电池、高空发电机等高科技产品。谷歌在技术创新方面一直不遗余力地坚持"不作恶"的理念，以用户为中心，打造坚固的专利技术壁垒。

四、成功之处

(一)独特的企业文化

企业文化是企业组织得以快速发展的驱动力，也是组织能够吸引汇聚优秀人才的关键。谷歌公司的企业文化理念影响了团队成员的价值观，并潜移默化地融入公司团队的创新行为中。谷歌推出了若干激发公司人才创造力的举措，如办公环境人性化、人员自由流动化、内部组织扁平化以及 20%自由支配时间等。谷歌从推行公司文化理念、激励优秀人才到推动公司创新过程形成了环环相扣的链条。优秀的文化聚拢了优秀人才，优秀的人才创造出了顶尖的技术和商务模式，而商务模式又成就了企业品牌。因此，用正确的文化理念管理企业是谷歌成功的关键之一。

(二)品牌口碑营销

谷歌是凭借市场口碑取胜的典型公司之一。谷歌搜索在创立之初一鸣惊人，得益于其创新的搜索算法重新定义了网页的重要性排序，极大地提高了搜索结果的正确性；其次，相较于竞争对手冗杂的界面和广告，谷歌简洁的界面以及用户友好的广告模式获得了用户的认可。

有别于其他的搜索引擎公司，谷歌永远站在客观的角度提供信息服务，尽量淡化网站的商业气息。谷歌搜索的迅速和准确性充分迎合了用户的心理，这也成为其广受欢迎的重要原因。谷歌注重树立在网民中的良好口碑，并借此提升品牌的知名度和美誉度，这种品牌营销战略产生了极佳的效果，使得谷歌在搜索领域的市场份额急速攀升。

(三)商业生态系统

谷歌的成功在很大程度上与其构建的世界级平台有关。谷歌斥巨资创建了一个基于互联网的操作平台并开发了相应的专有技术。该平台提供实验研究、即兴创作、分析型决策、参与式产品开发和其他创新业务。平台不仅能够确保公司达到规定的服务水准和亚秒级反应时间，还使得公司能够迅速开发并推广自己或合作伙伴发明的新服务。除此之外，谷歌平台支持第三方开发各种应用程序，第三方可以分享接入，创造新的、体现功能要素的应用程序，并与终端用户进行互动，从而确保更好的用户体验和更高的服务质量。因此基于该平台，谷歌公司、第三方开发者、广告客户、商业用户和个人用户之间充满活力的互动形成了完整的商业生态系统。在这个市场中，每天数以亿计的访客吸引了更多用户的参与和关注，从而形成互利互惠的双边市场机制。

五、结论与未来发展建议

谷歌作为全球最大的互联网搜索引擎，随着其业务的不断扩张，在垄断监管、数据隐私、AI技术挑战等问题上受到越来越多的质疑和挑战。

(一)面临的挑战

1. 遭遇垄断监管惩罚

欧盟竞争委员会历时8年调查，认定谷歌滥用其在搜索引擎市场的支配地位来为其电商业务提供较为有利的排名，曾对其开出巨额罚单。同时，欧盟竞争委员会还针对谷歌使用安卓系统来增强自身在搜索引擎市场的地位以及AdSense广告服务等多项业务展开反垄断调查。一系列的调查结果可能迫使谷歌改变开展移动业务的方式，不能在安卓系统中捆绑搜索等服务，从而影响其发布广告的能力。谷歌移动业务的创收和盈利能力都将因此受到严重影响。

2. 产品漏洞触发用户隐私

多年来，谷歌专注于收集更多的用户数据，以改善服务体验，并为广告客户提供更多的价值。然而，收集用户数据可能损害用户的隐私权益。谷歌开发的许多服务，如根据个人数据定制广告，利用某人的位置来呈现本地信息等，都被视为侵犯隐私。谷歌+存在的安全漏洞允许第三方开发者访问用户资料，这种情况从2015年就出现，但谷歌直到2018年3月才发现并修复，而且没有向外界公布。谷歌人工智能开发工具TensorFlow被发现安全漏洞。利用该漏洞，攻击者可以生成TensorFlow的恶意模型文件，对AI用户进行攻击，对使用者的AI应用进行窃取或篡改、破坏。这种攻击一方面成本低，普通攻击者就可以实施，另一方面迷惑性强，被攻击者可能毫无防备。随着AI的应用日益广泛，这些用户在隐私问题上的担忧也日益加剧。

3. 新一轮 AI 浪潮面临更多挑战

在上一轮深度学习的 AI 革命中，Google 和 DeepMind 是其中的引领者。由 Google 和 DeepMind 提出的 Word2Vec、AlphaGo 等模型、深度强化学习等技术是上一轮 AI 革命乃至这一轮 AI 浪潮的开创性、基础性工作。在这一轮预训练大模型的 AI 浪潮中，AI 展现出在更多具体场景中强大的应用性能，逐步从学术研究走向商业化落地，Google 和 DeepMind 也面临着更多竞争者的挑战。Google 提出的 Transformer 模型是这一轮预训练大模型的技术基础，其强大的能力推动了各个 AI 细分领域的快速发展，但后续对于 Transformer 的进一步研究与应用中，OpenAI 率先推出的 Decoder-only 成为更主流的路线，Google 的进展相对落后。对比 OpenAI 在应用和商业化层面的布局，谷歌错失了第一轮获取全球关注的机会。

(二)未来发展建议

1. 拆分重组业务，创新收益分配机制

由于安卓系统目前是开源免费状态，谷歌承担了系统源代码维护和更新的主要工作，因此预装的搜索应用、浏览器以及旗下各类软件程序作为主营广告收入的来源维系着谷歌与第三方的利益平衡。在谷歌对搜索市场以及安卓系统具有完全控制权的局面下，欧盟反垄断调查很可能导致谷歌对搜索算法进行重大调整并采用新的方式控制和引导安卓系统。未来在政府监管、互联网巨头公司和手机厂商三者的相互博弈之中，谷歌需要对现有业务进行拆分整合，并演化出不同的商业形态和收益分配机制。

2. 布局区块链技术，保护用户数据安全

谷歌中心化平台的隐私机制一直备受公众的关注，区块链则是可能的解决手段。从区块链技术进入商业领域以来，其独特的卖点一直是安全性和隐私性。通过取消中介和中央当局在交易中的作用，这项技术改变了活动进行的方式，也标志着安全性和隐私性新时代的开始。2018 年 3 月，谷歌已申请一项专利，应用区块链技术保护用户数据的安全性并用于谷歌的云业务。借助区块链记录签名信息，再用签名验证存放在数据库中的数据，从而了解数据是否遭到修改以及被修改的时间。因此，借助区块链新的技术机制，将有助于打造网络信息产业良性发展的长效机制并形成新的行业生态。

3. 继续发挥技术领先优势

凭借搜索服务的优势，谷歌在数字化广告领域具有其他企业缺乏的线上线下协同数据收集与多点营销的能力，侧面说明谷歌产品战略布局的成功和全方位的技术门槛与竞争优势。谷歌应继续加大扩张数字化生态系统的力度，与更多合作伙伴签约，从而形成行业竞争壁垒。在 AI 技术发展上，谷歌应继续完善 AI 生态布局，重点投入核心环节如 AI 芯片的自研，实现与算法模型研发的协同发展，同时也将有效避免 AI 竞争加剧后的算力供应风险。在商业化应用方面，凭借已有的应用生态所带来的巨大流量入口和海量数据，谷歌应加速相关 AI 技术的成熟和商业化落地，加速 AI 为谷歌生态中不同环节的深度赋能，增强整体业务的竞争力。谷歌将是下一轮 AI 变革中不可忽视的科技巨头，依然值得期待。

第十章 搜索引擎

第三节 百度案例

百度案例.mp4

一、百度简介

百度公司 2000 年 1 月 1 日创立于中关村，其拥有的"超链分析"技术专利，使中国成为除美国、俄罗斯和韩国之外，全球仅有的 4 个拥有搜索引擎核心技术的国家之一。百度每天响应来自 100 余个国家和地区的数十亿次搜索请求，服务 10 亿互联网用户，是网民获取中文信息和服务的最主要入口。目前，百度是全球最大的中文搜索引擎，已成为中国最受欢迎、影响力最大的中文网站。

基于搜索引擎，百度演化出语音、图像、知识图谱、自然语言处理等人工智能技术。近年来，百度在深度学习、对话式人工智能操作系统、自动驾驶、AI 芯片等前沿领域投资，使得百度成为一个拥有强大互联网基础的领先 AI 公司。

从创立之初，百度便将"让人们最平等、便捷地获取信息，找到所求"作为自己的使命，公司秉承"以用户为导向"的理念，不断坚持技术创新，致力于为用户提供简单且可依赖的互联网搜索产品及服务，其中包括以网络综合搜索为主的网页搜索，以贴吧为主的社区搜索，以及学术、视频、音乐、图片等搜索，几乎覆盖了所有的搜索需求。此外，百度创新性地推出了基于搜索的营销推广服务，并成为最受企业青睐的互联网营销推广平台。为推动中国数百万中小网站的发展，百度借助超大流量的平台优势，联合所有优质的各类网站，建立了世界上最大的网络联盟，使各类企业的搜索推广、品牌营销价值、覆盖面均大幅度提升。随着中国互联网从 PC 端向移动端转型，百度积极围绕核心战略加大对移动和云领域的投入和布局，不断地把 PC 端的优势向移动端扩展。如今，百度已经从一个纯获取信息和知识的搜索工具，发展成为连接内容、服务和交易创造服务价值的闭环移动生态。

2023 年，作为国内首家发布大模型产品、AI 技术积累最深的互联网企业，百度迎来了期盼已久的高光时刻。智能云作为其重要组成和明星业务，在百度的 AI 发展历程中，起到非常关键的作用。随着智能化体系的完善和产业机会的增加，面对未来，百度智能云将肩负重任。通过加速"云智一体"战略，率先建立云服务市场的新规则、行业进化的新逻辑，以及大模型引领的全新 AI 生态，百度将引领一场前所未有的变革。

二、百度的发展历程

2000 年，百度创建，推出独立搜索门户 baidu.com。

2001 年，百度推出独立搜索引擎，直接服务用户。

2003 年，百度成为中国网民首选的搜索引擎。同年，百度发布图片搜索、新闻搜索。百度贴吧正式上线，后成为全球最大中文社区。

2005 年，百度在美国纳斯达克成功上市，首日股价涨幅达 354%。

2006 年，百度百科上线，成为全球最大中文百科全书。

2011 年，百度知道合作开放平台上线，百度领跑云计算，获发改委专项最高支持。

2012 年，百度成立基于位置的服务(Location Based Service，LBS)事业部，向移动业务转型；同年收购爱奇艺。

2013年，百度收购糯米网、91无线，建立互动式数据语言(Interactive Data Language，IDL)深度学习研究院。

2014年，百度发布百度钱包，打通移动生态闭环；百度发布大数据引擎，首次对外开放大数据能力；百度云计算(阳泉)中心正式启用。

2015年，百度成为中国市场Windows 10搜索引擎；百度地图领跑行业，超70%的市场份额稳居第一。

2016年，百度发布智慧汽车战略；发布百度大脑AI平台，推出医疗大脑，将AI技术应用到医疗领域；同年7月，发布百度云计算战略；推出信息流广告；百度地图"国际化战略"正式覆盖全球209个国家和地区，完成从"中国地图"到"世界地图"的国际化布局。

2017年，百度推出阿波罗自动驾驶平台并举办全球首个AI开发者大会，发布AI开放平台的整体战略、技术和解决方案。百度以"All in AI"为指导，与华为、小米、中国农业银行、德国博世集团等签约合作，在智能硬件、智能金融、自动驾驶、智能交通、智能车联网等领域展开深入合作。

2018年，百度先后与上海市政府、北京市海淀区政府、天津市人民政府签订战略合作协议，共同推进智能城市、AI公园以及天津智港建设，实现由"AI技术领先"向"应用落地领先"强势进化。在自动驾驶领域，百度发布全球首个车路协同开源方案，推动自动驾驶进入"聪明的车"与"智能的路"相互协同的新阶段。

2019年8月，百度宣布投资知乎，双方达成战略合作关系，并将在百度APP上通过智能小程序提供知乎的所有内容服务。同年，百度APP日活破2亿。

2020年，率先提出"云智一体"战略，即以云计算为基础，以AI为引擎，以AI驱动云赋能千行百业。

2021年3月23日，百度正式在香港联交所上市，这是继2005年在纳斯达克上市后，百度在香港的第二次上市——16年间，百度已经从一家搜索引擎公司成长为具有强大互联网基础的领先AI公司。

2022年5月16日，百度发布《2021年环境、社会及治理(ESG)报告》显示，2021年百度年均拦截各类恶意信息560亿次，拦截涉诈网站及APP触达用户量2700万次，日均保障公民个人信息免遭恶意披露22万次。

2023年3月，百度正式推出新一代大语言模型、生成式AI产品文心一言(ERNIE Bot)，并开启邀请测试，宣布计划将多项主流业务与文心一言整合。

三、百度的商务模式

(一)战略目标

百度自成立以来便致力于成为一家服务于各个领域的高科技互联网企业。百度的使命是"用科技让复杂的世界更简单"，愿景是"成为最懂用户，并能帮助人们成长的全球顶级高科技公司"，核心价值观是"简单可依赖"。

通过横向布局百度APP、好看视频、爱奇艺、百度贴吧、百度地图等多个用户入口产品，扩大百度生态流量覆盖规模；采用纵向布局百度百科、百度知道、大健康、直播、电商、教育等深耕行业垂类，扩大百度移动生态供给，百度从提供信息成功转变为提供服务。多元化战略下，百度众多产品线中多个应用拥有过亿的用户量，成为各自细分领域中的领跑者。2012年，百度开始进入云计算领域，利用百度网盘重新积累了大量的用户数据，并在国内数家互联网企业的网盘扩容竞争战中取得胜利，为AI业务积累用户并打造使用场景。自2016年起，百度从平台型互联网公司转型为技术型互联网公司，提出"夯实移动基础，决胜AI时代"的核心驱动战略，完成了从围绕广告销售为核心向AI First的公司架构转变。打造最开放的AI技术平台是百度AI的发展思路与基本战略布局，公司逐渐呈现出AI技术同移动生态相融合的新格局，其投资逻辑也从过去的偏向文娱传媒、广告营销，向AI核心底层技术和AI应用场景相关企业转变，尤其在智能驾驶领域，已形成产业链上中下游的全面覆盖。

(二)目标用户

百度作为全球最大的中文搜索引擎公司，专注于通过互联网理念、技术、资源与各个行业进行融合创新，其用户主要分为个人用户与企业级用户两大类。个人用户可以在PC、Pad、手机上访问百度主页，通过文字、语音、图像多种交互方式瞬间找到所需要的信息和服务。同时，百度为企业级用户提供了PC、手机、云端三位一体的立体多维化产品与服务，通过百度用户模型、流量模型为企业提供涵盖数字化营销、数字安全等方面的智能化解决方案。随着AI技术的不断创新和迭代，以AIGC、数字人、多模态、AI大模型、智能决策为代表的热点将为百度已有的用户市场带来更多想象力和可能性。尤其是企业的"数字化"、"数智化"的转型将催生对百度AI技术的多元化需求。这些因素将为百度AI市场规模的长期增长奠定基础。个人用户与企业级用户是百度存在并发展至今的驱动力，二者缺一不可。

(三)产品与服务

百度提供的代表性产品包括以下几种。

全球最大的中文搜索引擎——"百度一下，你就知道"，致力于让网民更平等地获取需要的信息。百度是用户获取信息的最主要入口，随着移动互联网的发展，百度网页搜索完成了由PC向移动端的转型，由连接人与信息扩展到连接人与服务。

百度APP：是一款有7亿用户的手机"搜索+资讯"客户端，结合了搜索功能和智能信息推荐，依托百度网页、百度图片、百度新闻、百度知道、百度百科、百度地图、百度音乐、百度视频等专业垂直频道，"有事搜一搜，没事看一看"，为用户提供更多丰富和实用的功能与服务。

百度地图：百度地图是为用户提供包括智能路线规划、智能导航、实时路况等出行相关服务的平台。作为"新一代人工智能地图"，百度地图实现了语音交互覆盖用户操控全流程，上线了AR步导、AR导游等实用功能。

度小满钱包：业务架构主要包括消费金融、钱包支付、理财等。

百度贴吧：贴吧是一种基于关键词的主题交流社区，它与搜索紧密结合，准确把握用户需求，搭建别具特色的"兴趣主题"互动平台。贴吧目录涵盖社会、地区、生活、教育、娱乐明星、游戏、体育、企业等方方面面，目前是全球最大的中文交流平台。

百度百科：这是一个内容开放、自由的网络百科全书平台，百度百科强调用户的参与和奉献精神，充分调动用户力量，汇聚用户智慧，积极进行交流和分享。

百度知道：百度旗下的互动式知识问答分享平台，也是全球最大的中文问答平台。广大网友根据实际需求在百度知道上进行提问，可获得数亿网友的在线解答。

百度文库：这是供网友在线分享文档的知识平台，也是最大的互联网学习开放平台。百度文库用户可以在此平台上传、在线阅读与下载文档。

小度：这是中国对话式人工智能的开创者，涵盖小度系列智能硬件，小度助手软件服务(内置于第三方合作伙伴硬件及手机 APP 中)，以及小度对话式人工智能操作系统。

百度网盘：这是百度推出的一项云存储服务，不仅为用户提供免费的存储空间，还可以将照片、视频、文档、通讯录等数据在移动设备和 PC 客户端之间跨平台同步和管理；百度网盘还支持添加好友、创建群组，并可跨终端随时随地进行分享。

Hao123：作为百度旗下核心产品，Hao123 及时收录包括音乐、视频、小说、游戏等热门分类的网站，与搜索完美结合，为中国互联网用户提供最简单便捷的网上导航服务。

百度安全：是以 AI 为核心、大数据为基础打造的领先安全品牌。业务由 AI 安全、移动安全、云安全、数据安全、业务安全五大矩阵构成，全面覆盖百度各种复杂业务场景，同时向个人用户和商业伙伴输出领先的安全产品与行业一体化解决方案。

百度商业服务：整合了搜索、资讯、视频、线下场景屏、联盟流量等资源，形成全场景全用户覆盖的媒体矩阵，并依托 AI 技术和大数据能力提供消费者洞察、自动化创意、商家小程序等一整套智能营销解决方案。为企业提供品牌建设、效果推广及消费者运营的全方位商业服务。2019 年数字营销进入以 AI 智能营销为核心的 4.0 时代，百度商业服务将实现新连接、新场景、新流量、新品牌的"四新合力"升级，并全面应用于搜索推广、信息流广告、品牌营销、商品推广等核心商业产品。

此外，百度还提供导航服务、社区服务、游戏娱乐、移动服务、站长与开发者服务、软件工具等。

在"All in AI"发展战略下，百度 AI 总计研发投入超千亿，产出百度大脑、百度飞桨、智能驾驶平台阿波罗(Apollo)等旗舰性成果。

AI 开放平台百度大脑：百度大脑是百度 AI 核心技术引擎，包括视觉、语音、自然语言处理、知识图谱、深度学习等 AI 核心技术和 AI 开放平台。百度大脑对内支持百度所有业务，对外全方位开放，助力合作伙伴和开发者，加速 AI 技术落地应用，赋能各行各业转型升级，并通过百度智能云赋能行业客户。

深度学习平台百度飞桨：作为中国首个自主研发的深度学习框架，于 2016 年正式对外开源，旨在为企业、开发者和研究者提供易用、高效、灵活、可扩展的深度学习工具，以降低人工智能技术应用门槛，并推动 AI 领域的创新与发展。

智能驾驶阿波罗：智能驾驶技术的核心是计算机系统，它通过感知系统来检测汽车周围的环境信息，并基于此进行决策，需要搭配传感器、控制器、执行器、通信模块等设备从而实现辅助/替代人类驾驶员进行驾驶操作的功能。目前，随着算力能力的提升，百度的萝卜快跑无人驾驶乘用车初步达到 L4 级别，已获准在超 10 座城市进行商业化运营，这代表着无人驾驶已经正式进入现实出行生活。

百度智能云千帆大模型平台：该平台不仅提供"文心一言"及第三方大模型服务，还提供大模型开发和应用的整套工具链，能够帮助企业解决大模型开发和应用过程中的所有问题。"文心一言"已经具备语义检索、情感分析、对话、逻辑思考等功能，可以根据用户输入的文字、图片、音频等多种形式的信息，进行智能回复和交互，并生成高质量、有逻辑、有情感、有创意、有趣味性的内容。大模型的加入提升搜索引擎效率，满足搜索场景需求，丰富变现模式。

(四)盈利模式

百度凭借其搜索技术及信息资源库，吸引了广大个人用户，形成了品牌效应，包括稳定的百度检索使用率，相对较高的检索匹配率、检索结果的点击率等。因此，百度的盈利模式起源于关键词广告市场的开发。在百度的发展史上，以搜索为核心的广告收入占总营收的比例一度超过90%，但这个比例正在逐年降低。近年来，百度所提供的服务和内容呈日益多元的趋势。2023年百度总营收为1346亿元，同比增长9%，其中包括搜索服务与交易服务在内的核心收入达1035亿元，核心净利润274亿元。同比增长38%，占总营收的76.9%。百度的核心盈利模式分为如下五类。

1. 基于搜索的广告模式

基于百度搜索引擎的广告在搜索结果显著的位置展示企业的推广信息，如企业品牌推广信息、商品推广信息、APP推广信息以及本地推广信息等，帮助企业将搜索用户有效地转化为客户，百度根据搜索用户的点击数来进行收费。

竞价排名在为百度创收的同时，也一度带来许多负面影响。目前，百度已按计划启用搜索营销专业版，即凤巢系统，其在普通搜索结果的最上方和最下方分别开辟了两个广告区域，以较深的底色和右上角标注"推广链接"字样等方式，同搜索结果内容进行显著的区分，并且每个区域的推广链接一般不会超过三条。除了外在的表现形式，凤巢系统的竞价排名在结构方面也有了明显的变化。凤巢系统能够针对不同产品线、不同的推广战略、不同的地域市场，应用面向不同推广目标的精细化管理模式，这是百度商业产品的一次重大更新。

2. 基于信息流的广告模式

信息流广告充分利用了百度APP、百度首页、贴吧、百度手机浏览器等平台的资讯流资源。该模式在平台信息流当中穿插展现原生广告。基于上万家合作媒体及20万+大V的优质内容池，超过6亿+用户的海量覆盖，与各平台内容完全融合，并通过百度大数据和意图定向、流量分配等多重领先技术，使信息流内容进行千人千面精准匹配，从而实现精准投放降低用户抵触心理，获得高转化率。

3. 基于百意的广告模式

百意是网盟、DSP和MDSP整合的一个平台，囊括了60万家网站、APP联盟资源，横跨PC、移动、交通、电视多屏呈现，它提供品效合一的跨屏、全能、程序化投放服务，实现广告整合、精准、一站式程序化投放，让企业一站完成线上线下主流黄金流量购买。百意在移动端覆盖4.5亿用户、150万网站，每日100亿流量，在PC端覆盖5.5亿用户，每日100亿流量,提供Banner、插屏、开屏等多种广告形式,为企业精准营销和品牌曝光提供有效的渠道。

4. 基于爱奇艺的盈利模式

爱奇艺自2010年成立以来,借助百度的流量优势,已迅速成为国内主流视频网站之一。根据2023年的百度财报显示,爱奇艺目前是百度除广告业务以外的主要收入来源之一,达319亿元。其盈利模式从成立之初单一的广告收入,逐渐成为相对丰富的收入构成体系。其中,视频网站的付费会员制、电商合作板块、广告业务正不断多元化。一方面,用户的付费意识和付费习惯正在养成,同时网络游戏、视频衍生周边业务也带动了视频网站增值服务的发展,视频网站的盈利模式多元化趋势明显。另一方面,视频网站上所提供的广告形式正不断推陈出新,除传统贴片广告外,剧外原创广告、植入广告等新型创意式广告也得到广告主的认可。

5. 基于AI的盈利模式

百度凭借着强大的AI能力,成功地实现了从依赖搜索业务的互联网公司到AI公司的转型。财报显示,百度2023年第一季度营收为311.44亿元,同比增长10%,归属于百度的净利润(非美国通用会计准则)达到57.27亿元,同比增长48%。在核心收入方面,第一季度百度核心收入为230亿元,其中在线营销收入为166亿元,同比增长6%;非广告收入为64亿元,同比增长11%。也就是说,百度的非广告收入已经占到了核心收入的近1/3。尤其值得关注的是,在AI驱动下的云计算和创新业务——文心一言成为爆点之前,就已经展现出了新增长引擎的潜质。

(五)核心能力

1. 市场占位优势明显

百度在中国互联网企业中长期保持着市值前列的地位,这一成就不仅与其强大的技术实力相关,还与其卓越的市场占有能力紧密关联。从市场占有的角度来看,百度是中国最早涉足搜索引擎领域的公司之一。在搜狐、新浪等老牌互联网企业还专注于综合门户业务的时候,百度已经开始了搜索引擎业务,并提供稳定而可靠的搜索服务,这推动了其早期的快速发展。此外,百度的收购策略也对其市场占有产生深远的影响。通过一系列战略性的收购,百度不仅扩大了自身的影响力,还有效地遏制潜在竞争对手的实力扩张。这些收购加强百度在搜索引擎领域地位的同时,还为其进军其他相关领域,如AI、云计算和自动驾驶等,奠定坚实的基础。多元化的战略有助于降低市场风险,为百度提供更多的增长机会,从而巩固其在中国互联网的市场占有地位。综合来看,百度的成功除了依赖其卓越的技术实力,还取决于其在市场占位的卓越表现以及对市场动态的敏锐洞察。

2. 强大的生态协同发展战略

百度通过运用移动应用分发入口流量、组织架构升级和技术赋能等战略措施,在移动互联网时代获得一席之地。该战略建立以百度APP为核心、以搜索+信息流为双引擎、百家号+智能小程序+托管页为三支柱的移动生态布局。在原有搜索的基础上,通过完善内容生态、打通用户体系、提供智能小程序和泛生活服务,以及寻求增加非广告收入的途径等,实现了流量与商业的中间值平衡。从强调"连接人与服务"战略到强调"人与人"的连接，在移动生态布局中百度更注重提供个性化体验和优质的商业连接能力，从而将用户、创作者、企业纳入到一个更加兼顾多方利益的公共平台生态，促使内容与商业化形成良性循环，从而提升百度移动生态的商业扩容能力。

3. 持续的技术创新能力

百度以网页搜索为起点，经过十几年的发展，目前推出了近百种延伸搜索服务。其中部分服务的实用性非常强，形成了强大的客户黏性。作为全球最大的中文搜索引擎，百度已经覆盖了几乎全国的网民，每天响应数亿次搜索请求。搜索行为传递的消费和采购意向，产生了巨大的商业机会。在此基础上，百度创造了搜索引擎营销概念。搜索营销作为一种门槛低、精准高效、自主灵活的创新营销方式，特别适合规模较小、营销费用有限的成长型企业。百度推广系统建立起的匹配机制，一步步使企业推广行为与需求意向准确对接。而在百度错过移动互联网发展浪潮以及竞价排名的争议风波之后，百度大力投入底层技术，重新调整并加快 AI 发展战略布局，为产品和业务的发展保驾护航。在业务推进的基础上，百度智能驾驶事业群组(IDG)、百度 AI 技术平台体系(AIG)以及智能生活事业群组(SLG)齐头并进，重新将百度的市值拉回高点。这一系列对新技术追求和探索的举措，构筑了百度良好的创新能力，也为后来的百度 AI 战略前瞻布局。

四、成功之处

(一)集中精力发展搜索广告业务，夯实核心业务基础

百度发展早期，成功地将"竞价排名"商业模式引入中国，并在此基础上发展了本土化的盈利模式，占领中国搜索服务和搜索广告的大部分市场。搜索引擎技术升级带来流量，竞价排名利用信息带来营收，布局生态便是用户留存的关键。百度为了连接人和信息，2003年、2005年和2006年分别推出百度贴吧、百度知道和百度百科，让用户自行贡献信息，助力百度共建信息内容生态。百度从一家搜索引擎公司，变成了中文互联网世界的信息垄断者，也为后来百度布局移动互联网和工业互联网时代的生态提供了经验。因此，百度在 PC 阶段通过"连接人和信息"战略，选择定位 C 端客户，通过技术升级、竞价排名和共建信息生态打造搜索引擎信息巨头，应用式创新能力不断提升。

(二)移动生态横向开拓用户规模，纵向深耕行业垂类

百度借助在 PC 时代积累的大规模用户流量和技术优势，成功实现在移动场景下搜索的重新定义，实现由人与信息到人与服务的连接转变。百度从用户开始使用百度系 APP 移动分发应用检索开始，为用户提供相关软件，然后提供相关服务，如视频、地图、美食、住店等，最后提供百度钱包支付，形成闭环生态。为了打造 O2O 生态圈，百度抛弃平台的认知，深耕垂直领域，生活服务方面并购了糯米网，实现与 LBS 地图板块业务的合并；旅游方面战略投资的去哪儿网顺利上市；视频方面内部孵化爱奇艺，并收购 PPS，携手打造内容服务；教育方面内部孵化了作业帮，利用沉淀的搜索和 OCR 技术，成为在线教育的龙头。除此之外，百度还将贴吧、游戏等业务并入移动部门，与移动入口、移动搜索以及移动消

费服务达成联动，全面助力百度抓住移动互联网时代的机遇。内容生态业务布局成功地将其转型为多元化内容分发平台，实现信息变现。

(三)前瞻布局 AI 技术赋能，引领行业变革

百度自 2010 年开始在 AI 领域持续投入，先后成立百度深度学习研究院、认知计算实验室、大数据实验室、机器人与自动驾驶实验室、安全实验室等众多 AI 细分领域的研究中心。其在 AI 领域展现出强大的技术实力，百度智能云作为业界最大的计算资源池不仅支持 AI 技术，还填补了百度在企业级市场的短板，成为新的增长点。如今，百度已经从单一的搜索引擎企业演化成为中国领先的人工智能企业。百度不断深化 AI 技术商业化，重点发展自动驾驶领域，包括自动驾驶技术解决方案、百度造车和共享无人车等，成为自动驾驶领域的领导者，通过整合云服务和前沿科技，百度正在不断开拓新的收入增长点。

五、结论与未来发展建议

(一)面临的挑战

1. 移动应用矩阵疲软，缺乏爆款产品

移动互联网时代，用户的需求更多的集中于服务类产品，如社交、游戏和电商等。此类场景往往比较稳定，且用户需求高，造就了淘宝、微信、网易游戏和腾讯游戏等超级 APP。而以搜索著称的百度一方面没有开发出垂直类场景的超级 APP，信息搜索也不再是人们的日常需求。对于信息检索，用户仅仅需要使用搭载百度的内置搜索引擎浏览器即可，其他的信息可以在垂直领域的 APP 中获取，社交、服务和生活等垂类 APP 均会提供更精准的信息内容，这导致百度 APP 使用率下降，用户黏性低。

2. 行业面临增长压力，亟需降本增效

受高增长红利期退去及监管政策加速落地等众多因素影响，互联网行业整体面临较为严峻的形势。当互联网流量见顶、营收增长遭遇瓶颈等挑战接踵而至，对于降本增效策略，各家头部互联网公司的高层们几乎都保持了高度一致的态度。在广告收入承压的大背景下，百度能否自我造血和盈利成为其对抗不确定性的重要保障。降本增效、成本优化对于百度而言，并不意味着一项单独的财务措施，而与其各项业务的战略选择以及对环境的判断有关。

3. AI 市场潜力显现，亟待加速变现

百度以互联网时代的搜索技术为基础，在技术延展的边界内，不断地推动技术向产品和应用转化，实现技术变现。目前，百度所达到的千亿元人民币收入体量，大部分是来自互联网在线业务。根据百度 2023 年第二季度的财报数据，百度的利润主要还是来自搜索、内容分发等传统业务。AI 战略下的无人驾驶汽车等业务还仅是布局，AI 的商业化还需要依靠百度其他传统业务的支撑。

(二)未来发展建议

1. 夯实移动基础，AI战略转型

在原有移动产品的基础上，加大移动产品建设形成移动产品方阵，增强百度的市场竞争力。AI将是巨大机遇，为互联网和传统行业带来革命性的变化。百度拥有独一无二的技术基因、大数据优势和人才。通过对百度现有的平台产品，包括搜索引擎及信息流等进行AI技术应用优化升级，将搜索与信息流广告结合，打造百度原有业务的增长引擎。同时，加速AI生态的战略布局，实现百度在AI领域的优势，并形成新的愿景型业务。

2. 深耕AI赋能，重塑内容创作与消费模式

通过AI与内容、商业的连接实现从内容生产到内容消费的智能升级。此外，在百度整体内容生态下，继续整合资源为自媒体、达人平台以及众多的企业商家等内容合作者提供"微电商"能力：从商品页面到券卡、收银、结算等整套的电商闭环服务，全面降低内容创作者的变现门槛，并最终通过聚焦生活服务、构建完整生活服务内容生态，实现内容生态的全面AI化，同时结合AI技术探索出更多信息流变现形式。

3. 加快AI生态布局，形成商业模式闭环

从技术变现路径来看，需要经历技术、产品、渠道三个重要环节。其中，从技术向产品的转化是难点，也是目前各家AI企业大力投入的环节。而从技术向产品转化的前提是技术的成熟和稳定，因此，百度还应加大AI的技术研发研究。在产品化和应用方面，争取覆盖更多的产业，如能源、农业、制造、医疗、金融、物流等多个场景环节，建立AI生态形成强大壁垒，打造商业模式闭环，实现AI生态系统的良性循环。

自 测 题

1. 谷歌的广告业务面临来自亚马逊的巨大挑战，谷歌应如何整合广告业务，保持其竞争优势？
2. 区块链技术对谷歌中心化业务的商务模式有何影响？
3. 在人工智能的风口下，搜索引擎公司具有哪些优势？
4. 百度内容生态爆发的原因是什么？
5. 百度AI商业化的优势是什么？

第十一章 电子商务的研究方向

【学习要点及目标】

通过对本章的学习，进一步探讨电子商务模式创新的概念，并通过对过去10余年国际电子商务主流期刊论文的数据统计，总结其研究的主要领域，提出电子商务未来的研究方向。

【引导案例】

2022年，我国数字经济规模已达50.2万亿元，总量稳居世界第二。当前，经济增长内生动力有待充分提升，数字经济对经济企稳回升发挥着关键作用。有关学者认为，我国数字经济平台已形成的海量数据积累、智能分析研判、赋能企业发展、创造更多需求等优势有待充分释放。应对工业互联网、消费互联网、人工智能、跨境电商四类平台协同推进，促进数字技术与实体经济深度融合，为经济回升注入数字新动能。

互联网正在重构消费模式，以消费互联网提供高质量供给成为大势所趋。中国互联网络信息中心(CNNIC)发布的第50次《中国互联网络发展状况统计报告》显示，在消费行为方面，搜索型消费逐渐向推荐型消费转变。传统的网络消费行为主要基于对产品及服务的信息搜索展开，随着大数据、人工智能技术的发展，基于算法的个性化推荐逐渐成为主流。如何让中小企业捕捉并快速满足新消费需求，关键在于从消费数据中洞察用户和市场需求，推动企业提供以用户为中心、以市场为导向的高质量供给。

数字经济时代，互联网平台企业拥有海量用户和场景数据，以及大量掌握数据分析技能的数字人才，这两者恰恰是中小企业所缺乏的。要充分发挥平台企业在数据和数字人才方面的优势，为中小企业开展数字化赋能，助力传统中小企业转型升级，促进数据要素价值化。例如，2021年5月，阿里巴巴进行普惠降费活动，将付费服务"生意参谋"全部免费开放给所有商家。该项举措对淘宝商家月销售额的平均提升效果超过9300元。按照237万户自愿参与活动的商家推算，普惠降费让商家每月的销售额共增加了220.5亿元，月销售额10万元以下的中小商家获得了比大商家更高比例的增长。

2023年以来，海内外一系列AIGC成果的推出，代表着人工智能进入高速发展阶段。以ChatGPT为代表的人工智能技术通过智能算法和大数据分析，可以从全球范围内收集、分析和处理海量数据，大型AI模型的应用场景远远超出对话聊天范畴，甚至发展出推理、理解和抽象思考的能力，正在推动就业创业格局深刻变革。

因此，政府可充分利用政策的杠杆作用，给予一定的税费减免政策或专项资金，鼓励

第十一章 电子商务的研究方向

平台为广大中小企业提供数据智能和数字化转型赋能服务,帮助中小企业培养数字人才。

(资料来源:瞭望:数字经济潜力如何加快释放.)

第一节 电子商务模式创新研究

一、电子商务模式创新概述

电子商务模式创新概述.mp4

本书在全面介绍案例背景的基础上,以电子商务模式为主,结合网络经济学、物流与供应链管理等课程涉及的理论,紧紧围绕电子商务发展实际进行案例内容设计。从中可以发现,商务模式的内涵和功能能够成为解释企业如何从技术创新中获利、构建和保持竞争优势的战略性分析单元。企业发展是一个动态的过程,因此应随着客观环境的不断变化对商务模式进行创新,从而保持可持续的核心竞争力。大数据时代的到来为电子商务模式创新提供了更多的机遇,也引发了企业通过商务模式创新来获取竞争优势的热潮。

数字经济时代,互联网平台企业通过云计算、移动互联网、基于位置的服务等新兴技术获得海量商业数据,为平台商务模式创新提供了重要基础。在这种环境下,消费者在网络空间上的行为特征数据成为企业构建用户画像的重要基础,基于这些数据企业可以制定出精准的服务策略。这种在技术创新基础上进行的商务模式创新,是实现技术创新价值的重要方法,学者们也逐渐从产品技术创新领域转向商务模式创新领域的研究。

将内部资源、外部环境、盈利模式和经营机制这四种要素创造性地结合起来,有利于商务模式的形成。成功的商务模式,可以不断提升企业自身的盈利性、协调性、价值、风险控制能力、持续发展能力和所处行业地位。身处数字经济时代的企业,必须基于所拥有的资源,综合考虑内外部环境,选择一个适合发展的商务模式。对于电子商务平台所形成的双边市场而言,大数据时代的新技术可以更好地促进平台双方供需匹配,基于新技术的商务模式创新则成为电子商务平台关注的焦点。

二、商务模式创新的研究构想

商务模式创新是一个系统工程,不仅包括传统意义上的新产品开发与应用,更重要的是运用新的商业模式规则,从而建立创新的系统。商业模式创新的驱动力量包括市场驱动、技术驱动、价值链驱动以及范围经济效应的驱动。市场驱动是为了满足潜在市场需求而不断地改进或创新服务,技术驱动是新的市场需求随着新兴技术的诞生和演化而形成的。价值链驱动是由于现代消费者的需求更加个性化和差异化,这就要求企业构建全新的价值链。通过价值链重构,上下游企业间的合作响应更加迅速。此外,各参与方还通过资源与信息共享,提升了价值链的运行效率,从而更好地为差异化的用户需求服务。范围经济的概念基于交易成本,交易成本在生产过程中起着决定性作用。范围经济效应的驱动是通过提供不同类别产品和服务,实现了交易成本的内部化。此外,对范围经济的追求,也是电子商务平台向电子商务生态系统演变的重要诱因。

英国学者贝登夫勒(Baden-Fuller)和瑞士学者海夫利格(Haefliger)(2013)认为商务模式创新应关注四个方面,即顾客识别、顾客契合、顾客让渡价值和价值捕获。顾客识别是基于数据挖掘技术，对顾客属性特征、访问日志、购买记录、表单填写等数据进行分析，挖掘出企业的潜在顾客。针对这些顾客，更深层次地了解其需求是什么，哪类顾客能够为企业创造的价值更大，从而在后续的营销和顾客关系管理中制定相应的策略。顾客契合是指顾客对企业产品、服务、品牌的投入水平，是企业能够持续满足顾客需求和建立联系的重要表现。只有当顾客契合较高时，顾客才会更愿意持续使用该企业的产品。顾客让渡价值是指企业转移的、顾客感受到的实际价值，一般表现为顾客购买总价值与顾客购买总成本之间的差额。企业为了取得竞争优势，就必须向顾客提供比竞争对手具有更多"顾客让渡价值"的产品。为此，企业可从两个方面改进自己的工作：一是通过改进产品、服务、人员与形象，提高产品的总价值；二是通过降低生产与销售成本，减少顾客购买产品的时间、精神与体力的耗费，从而降低货币与非货币成本。价值捕获是指通过新技术的使用来促进商务模式的创新，基于新技术的商务模式创新可以更好地满足用户的需求，增加企业的价值捕获能力。商务模式创新有主动和被动两种动因，主动创新是企业自内而外、因势而动的创新，而被动创新则一般是源于市场竞争的压力，在现实中这两种动因可能会相互转化。驱动平台商务模式创新的动力包括技术、市场、价值链以及范围经济的作用。商务模式创新效果通过顾客识别、顾客契合、顾客让渡价值和价值捕获这四个维度来测量，最终实现包括平台、商家、消费者以及其他参与方在内的电子商务自组织生态系统。在以上讨论的基础上，提出电子商务模式创新"创新动因—驱动因素—创新效果"的研究构想。

三、电子商务平台商务模式创新演变

电子商务平台商务模式创新可以按照不同的阶段进行讨论，按照引入期、成长期、调整期和成熟期进行划分，如图 11-1 所示。新技术进入市场可以带来新的需求，因此在引入期商务模式创新一般是由技术驱动。进入者只有通过主动创新，形成独特的商务模式才能进入现有的市场，而在位者则为了应对进入者或潜在的进入者选择被动或者主动的商务模式创新。在成长阶段的市场必须具备诚信的商业环境，否则优胜劣汰的生存法则以及交易成本的增加会制约平台的发展，故市场驱动商务模式创新可用于成长期。现有的模式发展到一定阶段会出现瓶颈，由于价值链的整合可以实现平台战略的调整并创造新的发展空间，故价值链整合适用于调整期。众多的参与者进入平台带来了范围经济，但如果没有互利共生的生态机制，则可能出现恶性竞争和短期行为，故范围经济驱动适用于成熟期。

(一)引入期

技术驱动商务模式创新。推荐系统在电子商务平台中已获得广泛的应用，旨在简化用户的购物路径，解决商品信息过载的问题。商家应设计新的数据挖掘方法，更好地辅助消费者的购买决策。移动互联网与 LBS 等新兴技术的发展使得消费者行为从时间和空间两种维度被记录下来。这种新兴技术为平台进行精准营销提供了可能，此阶段以吸引商家入驻平台和提升销量为目的。

(二)成长期

市场驱动商务模式创新。技术驱动可以获得短期的优势，但长期而言市场机制会导致优胜劣汰的结果。成长阶段不可避免地会有良莠不齐的参与者加入，而这个阶段也是平台从野蛮生长向品牌声誉建立的过渡阶段。负面信息相较于正面评论更易于在网络中传播，严格的审核机制就是向市场发送信号，避免了信息不对称的市场，即"柠檬市场"的逆向选择问题。

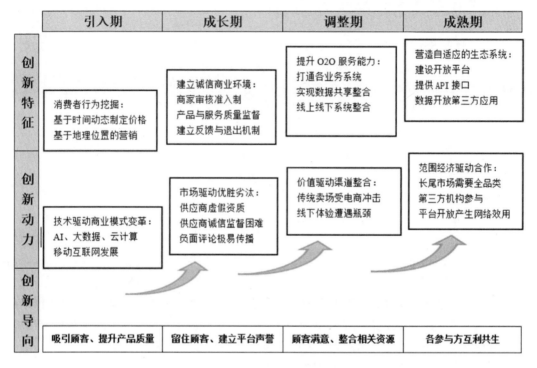

图 11-1 电子商务平台创新演变

(三)调整期

价值链驱动商务模式创新。实现业务系统的打通、线上线下合作方的数据共享是破解 O2O 问题的关键。由于产品需求因消费者网络的扩散而变得不确定，为了减轻或消除渠道上下游成员由于决策的外部性所造成的双重边际效应问题，国内外学者已经提出了相应的协调机制。

(四)成熟期

范围经济驱动生态系统形成。竞争市场理论有三个假设：进入是自由的，进入是完全的，进入没有沉没成本。由于电子商务生态系统的进入壁垒几乎为零，有大量的第三方机构参与到电子商务生态系统中。而范围经济效应的存在促使平台对外开放，表现为 API 接口开放，鼓励第三方应用开发，为营销策略制定提供经过隐私处理的数据。营造互利共生的自组织生态系统是范围经济驱动的关键，否则即便是有着众多的参与者，但相互之间恶性竞争和短期行为也将会破坏平台的生态系统。

第二节　学术领域中的电子商务研究

一、基于电子商务相关期刊的统计

通过聚焦在 SSCI 索引库，以"e-commerce"作为主题关键词，文章发表的时间跨度为 2013—2023 年进行检索，共计获得文献 6467 篇，来自 694 个期刊。以文献计量指标 h-index≥90、SSCI 分区三区及以上为门槛(threshold)，筛选出发文量排序前 18 名的非开源重要刊物，结果如表 11-1 所示。其中，电子商务研究与应用(Electronic Commerce Research and Applications，ECRA)是发文量最多的刊物。该刊物由国际电子商务学会出版，聚焦于电子商务领域的研究和应用，强调电商研究与实务结合的重要性，是电商研究的新兴刊物之一。从 2013—2023 年，ECRA 总发文量达到 218 篇，且发文量呈现逐年递增的趋势，可以说是近十年来 EC 研究最活跃的期刊。涉及总作者数 634 位、总机构数 319 个、总关键词数 1092 个，前三名的高频关键词分别是："E-commerce" 74 次，占比 5.92%；"Trust" 13 次，占比 1.04%；"Recommender system" 9 次，占比 0.72%，表明该期刊的研究侧重点在于顾客信任和推荐系统，符合电商研究的主流趋势。其中，信任是电子商务发展的关键因素之一，用户对在线商家和平台的信任程度直接影响其购买和交易行为。德国学者霍维利舍克(Hawlitschek)等(2018)阐明了同行之间的信任在共享经济互动中的重要作用，并探讨了区块链技术在解决共享经济中的信任问题方面的潜力。同时，推荐系统是电子商务领域中的重要应用之一，它可以帮助用户根据其历史行为和兴趣，提供个性化的产品或服务推荐。事实上，ECRA 的相关研究文章涵盖了推荐系统的设计、算法、评估和应用等各个方面。中国台湾学者廖智伦(2016)等基于协同过滤推荐系统，提出了一种应用自建聚类算法来降低与产品数量相关维度的新方法，使得提出建议的处理时间大大减少，推荐系统的效率大大提高。数据库中来自 ECRA 的论文总计被引频次达到 5664 次，其中有 9 篇文章的被引用的次数超过 100 次，有 2 篇文章的被引用的次数超过 300 次。综合上述指标，ECRA 被评为电商研究领域的翘楚当之无愧。在 ECRA 当中被引用次数最高的文章是渥太华大学黄昭和本优素福(Huang 和 Benyoucef)等(2013)发表的《从电子商务到社交商务：近距离观察设计特性》(From e-commerce to social commerce: a close look at design features)，阐述了社交电商的概念，提出了一套指导社交电商设计的原则，并应用于亚马逊和星巴克两个领先的企业。该文迄今在 SSCI 数据库中记录被引用 477 次，是电商研究中少数被引用次数接近 500 的文章。近期，ECRA 也刊登了关于直播电商的研究，如香港大学陈海亮等(2023)以阿里巴巴直播平台为研究对象，描述了主播的行为，并探讨了以 GMV 和粉丝增长来衡量直播电子商务成功的关键驱动因素。

发文量在第 2~5 名的分别是：《零售与消费者服务》(Journal of Retailing and Consumer Services，JRCS)、《人类行为中的计算机》(Computers in Human Behavior，CHB)、《商业研究》(Journal of Business Research，JBR)、《决策支持系统》(Decision Support Systems，DSS)。

学术领域中的电子商务研究 mp4

第十一章 电子商务的研究方向

这些均是涉及管理学、心理学和计算机科学的重量级学术期刊等，每本期刊所收录的以"e-commerce"为主题的文章的总被引用次数超过 3400 次。可见，每年都有电商相关研究被刊登在不同学科的重量级刊物上，说明电商课题是近 10 年间不同领域的研究重点之一。其中，CHB 和 DSS 均是 SSCI 一区的 TOP 刊物。数据库中电商相关研究中被引频次最高的文章《推荐系统应用发展调查》(Recommended system application developments: a survey)就来自于期刊 DSS，总计被引频次 805 次。这篇文章以电子商务推荐系统为研究对象，回顾了八大类推荐系统的最新应用发展情况，并总结了每一类使用的相关推荐技术，同时通过推荐方法、推荐系统软件、实际应用领域和应用程序平台四个维度研究相关的推荐系统。

表 11-1 发文量前 18 的电商期刊(发文数超过 30 篇以上者)

序号	期刊名称	发文量	h-index	Times Cited(WoS)	分区	发表年份
1	电子商务研究与应用 Electronic Commerce Research and Applications	218	91	5664	3	2013—2023
2	零售与消费者服务 Journal of Retailing and Consumer Services	182	120	5057	2	2015—2023
3	人类行为中的计算机 Computers in Human Behavior	118	226	7513	1	2013—2023
4	商业研究 Journal of Business Research	108	236	3477	2	2013—2023
5	决策支持系统 Decision Support Systems	90	170	4925	1	2013—2023
6	信息与管理 Information & Management	90	182	3874	2	2013—2023
7	国际信息管理 International Journal of Information Managment	88	152	5728	1	2013—2023
8	互联网研究 Internet Research	77	101	2072	3	2013—2023
9	运输研究 E 部分：物流与运输评论 Transportation Research Part E: Logistics and Transportation Review	63	134	1528	1	2016—2023
10	技术预测和社会变革 Technological Forecasting and Social Change	58	155	2400	1	2014—2023
11	欧洲运筹学研究 European Journal of Operational Research	56	288	2109	2	2013—2023

续表

序号	期刊名称	发文量	h-index	Times Cited(WoS)	分区	发表年份
12	国际电子商务 International Journal of Electronic Commerce	51	91	1687	3	2013—2023
13	信息系统研究 Information Systems Research	50	177	1298	3	2013—2023
14	计算机与工业工程 Computers & Industrial Engineering	46	148	1296	2	2013—2023
15	国际生产经济学 International Journal of Production Economics	44	214	1702	1	2013—2023
16	远程信息处理和信息学 Telematics and Informatics	42	93	2479	2	2013—2023
17	管理信息系统季刊 MIS Quarterly	36	257	2169	2	2013—2023
18	管理信息系统 Journal of Management Information Systems	32	161	1072	2	2013—2023
	发文量大于30(18个)*	1449		56447		
	其余676个期刊	5018		83589		
	总共694个期刊	6467		140036		

*备注：文章选取发表量大于30篇的18本期刊，仅占期刊总数的0.259%，但总计发文量1449篇(占总发文量的22.4%)，总计被引用次数达56447次(占总被引用数的40.31%)。此外，这些刊物平均被引用3136次，远高于总平均值202次，说明这些顶尖期刊的电商研究论文引领了研究方向。

排名第六位和第七位的分别是《信息与管理》(Information & Management，I&M)和《国际信息管理》(International Journal of Information Management，IJIM)。《信息与管理》是一本以工程技术、计算机及信息系统综合研究为特色的国际期刊，致力于为信息系统领域的研究人员以及设计、实施和管理信息系统应用程序的经理、专业人员、行政人员和高级管理人员提供服务。期刊影响因子从2015年的2.163逐年稳步上升至2021年的10.328。其中，印度学者班赛尔(Bansal)等(2016)发表的论文《背景和个性重要吗？在线披露私人信息时的信任和隐私问题》(Do context and personality matter? Trust and privacy concerns in disclosing private information online)被引用次数最多，共208次，强调在线业务中的隐私问题，探究披露私人信息的环境敏感性和客户个性两个因素对客户的信任程度，以及披露私人信息意愿的影响。IJIM是新一代信息管理的顶尖刊物，聚焦信息管理领域，涵盖各种相关话题，包括信息系统、知识管理、商业智能、数据分析、信息安全、电子商务、企业信息化等。其中，韩国学者金(Kim)等(2013)发表的《社交电商的特征对消费者信任和信任绩效的影响》(Effects of various characteristics of social commerce (s-commerce) on consumers' *trust and trust performance*)一文被引用次数最多，共 487 次。文章基于 371 名用户样本进行了实证研究，确定影响韩国消费者对社交电商信任的关键因素。与此同时，一些相关的研究也显示出 IJIM 收录电商研究的特色——国际化。例如：芬兰学者哈利凯南(Hallikainen)和劳卡宁(Laukkanen) (2018)抽样调查了国情文化和电子商务消费者信任水平的关系，研究发现中国和芬兰网络消费习惯不同，或许可从这两国的文化差异得到解释。此外，IJIM 还收录了一系列对于电商信任的研究，包括：中国学者史雅妮(Shi)等(2013)基于社会认同理论(social identity theory)和信任转移过程(trust transference process)的理论基础，提出利用社会分组和社会关系为外国电子商务公司建立信任的五种策略。美国学者苏利文(Sullivan)和韩国学者金(Kim)(2018)有关消费者的产品评估(consumers' product evaluations)和信任对电子商务环境中的回购意图的影响。通过这一系列对信任的研究，可看出 IJIM 是从不同角度进行深度讨论的。

排名第 8～12 名的刊物，分别是《互联网研究》(*Internet Research*，IR)、《运输研究 E 部分：物流与运输评论》(*Transportation Research Part E-Logistics and Transportation Review*，TRPETR)、《技术预测和社会变革》(*Technological Forecasting and Social Change*，TFSC)、《欧洲运筹学研究》(*European Journal of Operational Research*，EJOR)和《国际电子商务》(*International Journal of Electronic Commerce*，IJEC)。这五本刊物的总发文量在 50～80，总被引次数在 1500～2500，较前述刊物有较大差距，但仍能够体现近十年电商相关的研究走向。

其中，《互联网研究》是跨学科期刊，着眼于互联网的社会、伦理、经济和政治影响。在电商方面的研究主题主要包括：电子商务创新和趋势、电子商务用户行为和用户体验、在线购物和消费行为、电子商务平台和技术发展、电子商务营销和广告等。近期的研究问题主要集中于社交媒体。例如中国学者陈昊等(2022)指出社交购物特征的丰富性，通过提供信息信号来满足获取效用和交易效用，从而促进顾客消费。中国学者王盼盼等(2022)利用一种混合方法，通过实地访谈、在线调查、二手数据来验证假设，揭示数据在影响在线社交电商消费者参与和购买行为方面的作用。中国学者张凯等(2023)基于自适应结构理论(AST)，探讨利用性创新和探索性创新在社交媒体使用与组织敏捷性之间的潜在机制，阐明学习目标导向(LGO)在上述关系中的调节作用。

《运输研究 E 部分：物流与运输评论》(*Transportation Research Part E-Logistics and Transportation Review*，TRPETR)和《技术预测和社会变革》(*Technological Forecasting and Social Change*，TFSC)分别是工程技术和管理学领域的 SSCI 一区的 TOP 刊物。其中，TRPETR 主要收录发表来自物流和运输研究范围的高质量文章。2017—2021 年的期刊影响因子分别为 3.289、4.253、4.690、6.875 和 10.047，一直呈现稳步增长的趋势。其收录的 63 篇关于 EC 的文章中，累计排名前三名的高频关键词分别是："e-commerce"(13 次)、"Last-mile delivery"(7 次)、"Supply chain management"(5 次)，说明该期刊的研究侧重点在于电商物流管理。数据库中来自 TRPETR 的论文总计被引频次达到 1528 次，其中被引用次数最高的文章是美国学者杜达(Dutta)等(2020)发表的《区块链技术在供应链运营中的应用、挑战和研究机遇》(*Blockchain Technology in Supply Chain Operations: Applications, Challenges and Research Opportunities*)，累计被引用 294 次，该文表明区块链在改变供应链(SC)功能方面具有巨大的潜力，许多相关行业都可以通过增强可见性和业务流程管理，使用基于区块链的技术加以改造。

TFSC 专注于技术预测和社会变革方面的研究。该期刊自 1969 年创办以来，一直是该领域的重要出版物之一，发表了许多关于技术和社会相互作用的研究论文。它所收录的 58 篇与电商相关的文章涉及广泛的研究主题。例如：电子商务创新和战略、电子商务的社会效应和影响、电子商务的安全和隐私问题、电子商务的消费者行为和市场研究等。同时，期刊还包括其他相关主题的研究，如电子支付、社交商务、移动商务和在线平台等。其中，印度学者班赛尔(Bansal)等(2016)发表的论文《社会支持对关系质量和社交电商的作用》(The role of social support on relationship quality and social commerce)被引用次数最多，共 282 次，强调了社会支持对恋爱关系质量和社交电商均有着积极的影响，理解并积极寻求社会支持可以改善人际关系并促进商务活动的成功。

《欧洲运筹学研究》(European Journal of Operational Research，EJOR)在运筹学领域具有重要影响力。研究主题涵盖线性和非线性优化、多目标优化、整数规划、非约束和约束优化、决策分析和决策支持系统、运输和物流管理、生产和供应链管理等。期刊的 h-index 值达 288，是 18 个期刊中的最高值。其研究的核心问题包括仓储管理、物流配送和动态定价等。其中，丹麦学者博伊森(Boysen)等(2019)发表的论文《电子商务时代的仓储调查》(Warehousing in the e-commerce era: a survey)获得最高的引用次数，共 232 次。文章介绍适合电子商务零售商的仓储系统，如自动拣选工作站，机器人和 AGV 辅助订单拣选系统。近期，EJOR 的研究重点主要集中于全渠道和在线零售。美国学者曼达尔(Mandal)(2020)研究了三种全渠道配置，探究在线零售商管理产品退货的策略。中国学者胡一红等(2023)采用博弈论框架研究线下零售商与在线零售商竞争的渠道结构。

《国际电子商务》(International Journal of Electronic Commerce，IJEC)是一本专注于电子商务领域研究和发展的国际性的学术期刊。IJEC 与 EJOR 的共同点在于，重视全渠道零售在电商领域的作用。例如，美国学者皮奥特罗维奇(Piotrowicz) (2014)讨论了渠道整合的需求、移动技术的影响、社交媒体日益增长的作用、实体店不断变化的角色、响应不同客户需求等关键问题。总被引次数 305 次，是 IJEC 关于电商研究的最高被引文章。西班牙学者布拉兹克斯(Blázquez) (2014)探讨了在线体验水平对时尚消费者在多个渠道购买动机的影响，表明有必要重新定义店内购物体验，提升技术使用水平，在各渠道之间创造引人入胜的综合体验。近年来，该期刊研究主要集中于跨境电商、生鲜农产品电商、共享住宿等研究对象。

排名第 13～18 名的刊物，分别是《信息系统研究》(Information Systems Research，ISR)、《计算机与工业工程》(Computers & Industria Engineering，C&IE)、《国际生产经济学》(International Journal of Production Economics，IJPE)、《远程信息处理和信息学》(Telematics and Informatics，T&I)、《管理信息系统季刊》(MIS Quarterly，MISQ)和《管理信息系统》(Journal of Management Information Systems，JMIS)。刊物的总发文量在 30～50，总被引次数在 1000 以上。 这些期刊都是与计算机、信息技术和工程、以及生产与管理等领域相关的高水平学术期刊，同时在电子商务领域研究方面也取得了不错的成就。期刊关于电商研究的共同特点包括：①关注电子商务领域的理论发展和实践应用；②强调技术与管理的结合，探讨技术创新对商务模式和管理方式的影响，以及管理对技术实施和应用的指导作用；③倡导学科交叉融合，将计算机科学、经济学、管理学、行为科学等有机结合；④注重实证研究和案例分析，通过实践案例和数据支持理论观点，推动电子商务领域的研究进展；

⑤具有国际化的视野，关注全球范围内电子商务发展趋势，涵盖不同地区和文化背景下的研究成果。期刊累计被引用次数 10016 次，其中，获得最高引用次数的文章是由中外学者联合发表的一篇来自 MISQ 的文章：《信任、满意度与网络复购意愿：电子商务制度机制感知有效性的调节作用》(Trust, satisfaction, and online repurchase intention: the moderating role of perceived effectiveness of e-commerce institutional mechanisms)，该文研究了电子商务的主流趋势：信任问题。文章通过关键的调节因素——电子商务制度机制的有效性，来研究信任、满意度和回购意愿之间的关系，累计被引频次达到 395 次。

二、电子商务的未来研究方向

基于文献计量分析，本书排序出刊登电商研究的 18 本高影响力的国际期刊，并针对这些刊物的高被引论文及近期刊登文章的研究方向进行分析，供读者参考。通过对重要期刊进行关键词频次统计可知：在研究背景上，文章紧密结合大数据(Big data，17 次)、人工智能(AI，12 次)和新冠肺炎疫情(Covid-19，9 次)。在研究主题上，主要包括"信任(Trust，127 次)"、"隐私及安全(Privacy and security，27 次)"、"供应链管理(Supply chain management，23 次)"、"满意度(Satisfaction，22 次)"和"推荐系统(Recommende system，16 次)"。同时，文章运用了许多不同的研究方法，如"文本挖掘和在线评论(Text mining and online reviews，分别为 15 次和 25 次)"、"机器学习(Machine learning，10 次)"、"PLS-SEM(7 次)"、"深度学习(Deep learning，7 次)"和"质性比较分析(fsQCA，5 次)"。此外，注重理论和实践相结合，即注重案例研究(Case study，9 次)的同时也注重相关理论探讨，如"博弈论(Game theory，27 次)"、信号理论(Signaling theory，10 次)、隐私悖论(Privacy paradox，9 次)、"游戏化(Gamification，9 次)"、"价值共创(Value co-creation，8 次)"等。在研究对象上，包含了许多新兴的电商模式，包括：旅游电商、直播电商、跨境电商、农村电商、社交电商、生鲜电商、VR 电商、医药电商、女性微电商等。而电子商务人工智能化、跨境电商全球化、全渠道零售、电子商务的环境可持续性更可能是未来电商研究的利基市场。未来可以从不同的观点、理论切入产业细分领域提出电商领域可能的研究方向。读者可参考本节的研究方法，持续追踪电商研究期刊最新的发展脉络，亦可比较国与国之间不同索引库的电商研究方向，如 CSSCI 与 SSCI。此外，还可通过追踪更高频的索引库，如科学技术会议录索引(Conference Proceedings Citation Index- Science，CPCI-S)，以及会议论文集观察更前沿的学术研究方向。相对于本节提供期刊层次的观察，后续读者可关注本节所述研究方向在电子商务实践中的发展情况。

参 考 文 献

[1] 徐迪，翁君奕. 商务模式及其创新研究[J]. 商业时代，2004(29)：43-44.

[2] 荆林波. 解读电子商务[M]. 北京：经济科学出版社，2001.

[3] 雷兵，司林胜. 电子商务案例分析教程[M]. 2 版. 北京：电子工业出版社，2016.

[4] Dubosson-Torbay M, Osterwalder A, Pigneur Y. E-Business model design, classification and measurements[J]. Thunderbird International Business Review, 2010，44(1)：5-23.

[5] Timmers P. Business Models for Electronic Markets[J]. Electronic Markets, 1998，8(2)：3-8.

[6] Weill P, Vitale M R. Place to space: Migrating to e Business Models[M]. Harvard Business School Press Books, 2001.

[7] Shafer S M, Smith H J, Linder J C. The power of business models[J]. Business Horizons, 2005(48)：199-207.

[8] 电商报. 未来 20 年怎么走？京东提到了这 5 个目标！[EB/OL] (2023-06-20)[2023-08-10]. https://www.sohu.com/a/687417921_465282.

[9] 谢晨，陈相合. 京东集团研究报告：最大自营电商平台，壁垒坚固稳健前行. [EB/OL] (2022-11-01) [2023-08-10]. https://zhuanlan.zhihu.com/p/579327813.

[10] 陈彦茹. 唯品会盈利模式优化研究[D]. 天津：天津财经大学，2021.

[11] 每日经济新闻. "折扣电商"红利还能持续多久？[EB/OL] (2023-08-19) [2023-08-22]. https://www.nbd.com.cn/articles/2023-08-19/2968861.html.

[12] 36 氪研究院. 2022 年中国在线旅游行业洞察报告. [EB/OL] (2022-11-29) [2023-08-12]. https://baijiahao.baidu.com/s?id=1750784510763004403&wfr=spider&for=pc.

[13] 新浪财经. 旅游景区数字化升级 创造新消费成趋势. [EB/OL] (2022-11-03) [2023-08-12]. https://baijiahao.baidu.com/s?id=1748405648657756712&wfr=spider&for=pc.

[14] 每日经济新闻.携程集团 CEO 孙洁：新时代新目标，坚定建成全球最大国际旅游企业. [EB/OL] (2022-10-17) [2023-08-10].https://baijiahao.baidu.com/s?id=1746933983538017836&wfr=spider&for=pc .

[15] 岳雷，崔晓林. 屡陷大数据"杀熟"疑云的携程，到底怎么了？[J/OL] (2023-6-8) [2023-08-10]. https://baijiahao.baidu.com/s?id=1768117869016447167&wfr=spider&for=pc.

[16] 李纯青，陈泓霖，张洁丽. 第三方买单的商业模式价值共创内在机理分析——以马蜂窝为例[J]. 广西财经学院学报，2020, 33(01)：117-126.

[17] 杨松. 马蜂窝跃级[J]. 21 世纪商业评论，2018(10)：60-61.

[18] 新京报(电子版). 马蜂窝 大数据赋能旅游产业 助力贵州脱贫攻坚. [J/OL] (2019-6-28) [2023-08-10]. http://epaper.bjnews.com.cn/html/2019-06/28/content_758315.htm.

[19] 王坤，相峰. "新零售"的理论架构与研究范式[J]. 中国流通经济，2018, 32(01)：3-11.

[20] 王丽平，李艳. O2O 商业生态系统的价值共创过程模型与机制[J].企业经济, 2018, 37(4):42-49.

[21] 人人都是产品经理. 从战略角度看美团的过去，现在和未来[J/OL] (2020-04-18) [2023-06-10]. https://baijiahao.baidu.com/s?id=1664240630598846209&wfr=spider&for=pc.

[22] 国盛证券. 深度之五：美团的战略、战术和能力圈 [J/OL] (2020-05-21) [2023-6-12]. https://www.fxbaogao.com/pdf?id=2040021.

[23] 荆兵，李梦军. 盒马鲜生：阿里新零售业态[J]. 清华管理评论，2018(03)：78-84.

[24] 每日经济新闻. 对话侯毅：首次拆解盒马全面盈利 聊透新业态、还有未来新十年 [EB/OL]. (2023-4-11) [2023-7-12]. http://www.stcn.com/article/detail/838259.html.

[25] 邢昊. 生鲜电商 O2O 模式网络营销研究——以"盒马鲜生"为例[D]. 北京：首都经济贸易大学，2018.

[26] 紫金财经. 盒马鲜生 CEO 侯毅发布内部信：2023 年盒马的五大目标. [EB/OL]. (2023-1-4) [2023-7-12]. https://baijiahao.baidu.com/s?id=1754073546034189414&wfr=spider&for=pc.

[27] 曾紫萱. 盒马鲜生新零售战略 SWOT 分析[J]. 企业研究，2018(05)：26-28.

[28] 新零售财经. 商品力依然是盒马的"盒芯"竞争力 [EB/OL]. (2022-11-16) [2023-7-15]，https://cj.sina.com.cn/articles/view/1721303853/6699032d019010zz2.

[29] 钟旺. 盒马鲜生：探索未来新零售模式[J]. 北方经贸，2018(07)：30-31.

[30] 黄奕凡，胡付照."新零售"背景下生鲜零售新模式的分析研究——以盒马鲜生为例[J]. 市场周刊，2018(07)：65-66.

[31] 易倩. 基于"新零售之轮"理论的盒马鲜生新零售模式研究[J]. 物流科技，2018, 41(07)：35-37.

[32] 王岩，高小涵. 中国新零售业的发展现状与对策研究[J]. 经济师，2018(11)：50-52.

[33] 凤凰网科技. 九牧：开启"数智卫浴"新时代 奔向千亿新征程[EB/OL]. (2023-3-26) [2023-7-10]. https://i.ifeng.com/c/8OSk4aQ5zu7.

[34] 九牧集团官网. https://www.jomoo.com.cn/.

[35] 翟虎林，谭蓉. 敦煌网跨境电子商务经营模式研究[J]. 中国集体经济，2019(04)：107-108.

[36] 雨果网. 敦煌网全新上线 MyyShop，为全球中小微企业开启跨境新通道[EB/OL]. (2020-8-11) [2023-6-30]. https://baijiahao.baidu.com/s?id=1674677578911655370&wfr=spider&for=pc.

[37] 敦煌网. https://seller.dhgate.com.

[38] 钱玉. 中国出口跨境电商产业链研究[D]. 合肥：安徽大学，2017.

[39] 陈治扬. 互联网平台企业的商业模式成功要素研究——以亚马逊为例[J]. 市场营销，2017(2)：39-40.

[40] 钟惟楚. 亚马逊网站经营模式研究分析[J]. 中国集体经济，2017(36)：56-57.

[41] 李静. B2C 电子商务企业盈利模式研究——以亚马逊公司为例[J]. 财会通讯，2017(20)：63-67.

[42] 孟庆博，王磊. 亚马逊经营模式研究[J]. 科技创新与应用，2017(9)：278-278.

[43] 刘江伟，于立，郑旸. 基于亚马逊成功发展案例分析[J]. 科技创新与生产力，2016，42(8)：39-42.

[44] 艾瑞咨询. 2018 年中国跨境进口零售电商行业发展研究报告[EB/OL]. (2018-6-9) [2018-6-10]. http://www.100ec.cn/detail--6453894.html.

[45] 刘琛. 新媒体运营[M]. 北京：电子工业出版社，2020.

[46] 胡钰，王嘉婧. 中国新媒体发展：特征、趋势与调整[J]. 中国编辑，2021(03):10-15.

[47] 赵婧宏. 新媒体电商的发展现状及趋势探讨[J]. 商业经济研究，2021(12):75-78.

[48] 傅毅. 新媒体营销背景下的网红直播电商模式研究[J]. 中国传媒科技，2021(11):109-111.

[49] 余娟娟. 新媒体营销背景下的网红直播电商模式探析[J]. 电子商务，2020(05):11-12.

[50] 刘鸣童. B 站发展战略分析[D]. 武汉：华中科技大学,2021.

[51] 吕家慧. 社群经济视角下二次元社区企业商业模式研究——以哔哩哔哩为例[D]. 青岛：青岛大学，2018.

[52] 高婷，王淑霞. "哔哩哔哩"的投资价值分析[J]. 现代营销(经营版)，2021(07)：74-75.

[53] 吴娜. 直播营销中主播沟通风格对购买意愿的影响——基于"人、货、场"视觉[D]. 长沙：中南财经政法大学，2021.

[54] 艾瑞咨询. 2023 年中国红人新经济行业发展报告[R]. (2023-8-17) [2023-8-30] https://report.iresearch.cn/report/202308/4226.shtml.

[55] 冯雯璐，杨静，李妍. 从内容电商到数据库电商：传统媒体电商的直播化探索[J]. 青年记者，2021(14)：45-47.

[56] 网经社. 2021 年度中国社交电商市场数据报告[R/OL]. (2022-03-22) [2023-06-27]. http://www.100ec.cn/zt/2021zgsjdsscsjbg/.

[57] 亿邦动力研究院. 2019 中国社交电商白皮书[R/OL]. (2019-09-22) [2023-05-20]. http://www.199it.com/archives/909604.html.

[58] 拼多多：狂奔的电商黑马[J]. 互联网经济，2018，34(3)：96-99.

[59] 拼多多. 拼多多 2021 年财报[J/OL] (2022-04-25) [2023-05-27]. https://investor.pddholdings.com/static-files/fd20e450-1dfb-416d-b39d-784b071f6bd6.

[60] 网易. 小红书：产品设计逻辑及运营推广模式[EB/OL]. (2018-08-28) [2018-09-20]. http://www.163.com/dy/article/DQA8TPUA05311QOA.html.

[61] 小红书官网. https://www.xiaohongshu.com/protocols/about.

[62] 千瓜数据. 2022 年千瓜活跃用户画像趋势报告(小红书平台)[J/OL]. (2022-03-29) [2023-05-28]. http://www.qian-gua.com/blog/detail/1594.html.

[63] 李昆昆，李正豪. 互联网大厂们都想做出一个"小红书"[N]. 中国经营报，2023-02-27(C01).

[64] 国家信息中心. 中国共享经济发展报告(2023) [R/OL]. (2023-02-23) [2023-05-28]. http://www.sic.gov.cn/News/557/11823.htm?eqid=c08d75bc0006b926000000036431758f.

[65] 田帆. 共享经济分析框架的构建及应用研究[J]. 中国软科学，2018(12)：178-186.

[66] 张加顺，安秀荣. 共享经济在我国的发展现状与建议[J]. 经营与管理，2018(2)：96-98.

[67] 隋春花，伍晓霖，黄凤英，杨珊. 基于共享经济的短租住宿发展研究——以 Airbnb 为例[J]. 旅游市场研究，2018，(04)：152-155.

[68] 环球旅讯. Airbnb 实现首个 Q1 盈利，预计下季度业绩放缓，提出三大战略方向[J/OL]. (2023-05-10) [2023-06-28]. https://baijiahao.baidu.com/s?id=1765489702820496450&wfr=spider&for=pc.

[69] 赵春芳. Airbnb 运营模式分析及对中国在线短租行业的启示[J]. 江苏商论，2016(8)：20-22.

[70] 蓝鲸财经. 滴滴出行，老大难当[J/OL]. (2023-05-12) [2023-06-10]. https://www.163.com/dy/article/I4I1ERKM05198R91.html.

[71] 滴滴官网. https://www.didiglobal.com/.

[72] 陈应龙. 双边市场中平台企业的商业模式研究[D]. 武汉：武汉大学，2014.

[73] 傅翠晓，黄丽华. 我国 B2B 电子商务服务模式的分类探讨[J]. 中国科技论坛，2010(10)：100-106.

[74] 李松霖，由芙洁，吴佩芸. 中国 B2B 电商发展史话[J]. 互联网经济，2018，39(5)：90-97.

[75] 王文瑶. B2B 类电子商务企业的商业模式研究[D]. 济南：山东大学，2015.

[76] 秦子原. 上海钢联 B2B 电子商务的盈利模式及盈利水平研究[D]. 安徽工业大学，2016.

[77] 王知津，潘颖. 中文搜索引擎商业模式比较：以百度和谷歌为例[J]. 图书馆工作与研究，2012(11)：4-11.

[78] 孙大珩. 互联网企业成功因素分析——谷歌公司分析[D]. 上海：上海交通大学，2010.

[79] 搜狐. 全面拆解谷歌 AI 战略布局(vit、bert 和 palm)[EB/OL].(2023-05-07)[2023-09-19]. https://roll.sohu.com/a/673509695_121709768.

[80] 杨明春. 百度创新生态系统演化及其创新效率比较研究[D]. 北京：商务部国际贸易经济合作研究院，2021.

[81] 环球网.百度移动生态发布 X+Y 战略布局：全面向服务化、人格化生态升级[EB/OL]. (2021-04-26) [2023-09-25]. https://m.huanqiu.com/article/42sLcflqs8G.

[82] 信息化观察网. AI 大模型风起云涌 未来应着力推动数实融合[EB/OL]. (2023-08-14) [2023-09-19]. https://www.infoobs.com/article/20230814/60431.html.

[83] 光明网. 百度 Q2 财报：营收 341 亿元实现加速增长净利润高速增长 44%[EB/OL]. (2023-08-22) [2023-09-19]. http://tech.caijing.com.cn/20230822/4954683.shtml.

[84] 东方财富网.百度集团研究报告：牵手 AI，破局未来[EB/OL]. (2023-05-04) [2023-09-25]. https://caifuhao.eastmoney.com/news/20230504113746549450480.

[85] Tang K Y, Hsiao C H & Chen M C. A Research Survey of Electronic Commerce Innovation: Evidence from the Literature[J]. Advances in Technology Innovation，2019(07)：247-259.

[86] 邵鹏，胡平. 电子商务平台商业模式创新与演变的案例研究[J]. 科研管理，2016，37(7)：81-88.

[87] Liao C L, Lee S J. A clustering based approach to improving the efficiency of collaborative filtering recommendation[J].Electronic Commerce Research & Applications, 2016:1-9.

[88] Huang Z, Benyoucef M. From e-commerce to social commerce: A close look at design features[J]. Electronic Commerce Research &Applications, 2013, 12(4):246-259.

[89] Bansal G, Zahedi F M, Gefen D. Do context and personality matter? Trust and privacy concerns in disclosing private information online[J].Information & Management, 2016, 53(1):1-21.

[90] Kim S, Park H. Effects of various characteristics of social commerce (s-commerce) on consumers' trust and trust performance[J]. International Journal of Information Management, 2013, 33(2):318-332.

[91] Sullivan Y W, Kim D J .Assessing the effects of consumers' product evaluations and trust on repurchase intention in e-commerce environments[J].International Journal of Information Management, 2018, 39(APR.):199-219.

[92] Hajli M N. The role of social support on relationship quality and social commerce[J].Technological Forecasting & Social Change, 2014, 87:17-27.

[93] Marta Blázquez. Fashion Shopping in Multichannel Retail: The Role of Technology in Enhancing the Customer Experience[J].International Journal of Electronic Commerce, 2014, 18(4):97-116.

[94] Fang Y , Qureshi I , Sun H ,et al.Trust, satisfaction, and online repurchase intention : the moderating role of perceived effectiveness of e-commerce institutional mechanisms[J].MIS Quarterly, 2014, 38(2):407-427.